HISTOIRE

LANGUES VIVANTES
(Méthode directe)

LANGUE ANGLAISE

Primer of English Grammar, par J.-E. Arnaudet et
F.-L. Benassy, professeurs agrégés au lycée Carnot. In-16. » 90
Cahier d'Exercices Anglais, par F.-L. Benassy (6ᵉ). In-4°. 1 25
Cahier Vocabulaire Anglais par Jarach et Verrier. In-4°, br. » 90
English Reader for the 6th form, par R. Travers, pro-
fesseur au Lycée Hoche. In-16, ill. toile 1 60
English Reader for the 5th form, R. Travers. In-16, ill. t. 1 75
English Reader for the 2ⁿᵈ stage (4th and 3th), avec
vocabulaire, par Ch. M. Garnier, professeur au lycée Henri IV.
In-16, ill., toile 2 50
English Recitations. par A. Guillaume. Petit in-16 illus-
tré, toile. 1 60
Le Touriste Français en Angleterre, Grammaire
d'usage, Vie pratique, Formules, Renseignements, Diction-
naire commercial par Arnaudet et Benassy. In-16, toile . 3 »
Auteurs Anglais prescrits pour le Brevet supérieur.
— Waslling ou Irving. Longfellow. Wordsworth. Tennyson.
Charles Kingsley. Par A. Guillaume, professeur au
collège Chaptal. In-12, toile. 1 25

DICTIONNAIRE CLASSIQUE

I. FRANÇAIS-ANGLAIS
à l'usage des établissements d'instruction publique et des gens du monde
par Alfred ELWALL
Professeur à l'École supérieure des Mines et au Lycée Henri IV
Nouvelle édition, refondue et augmentée, in-8°, toile 6 50

II. ANGLAIS-FRANCAIS
à l'usage des établissements d'instruction publique et des gens du monde
par Alfred ELWALL
Professeur à l'École supérieure des Mines et au Lycée Henri IV
Nouvelle édition, refondue et augmentée. In-8°, toile. . . . 6 50
Ces deux Dictionnaires se vendent réunis en un volume, toile. · **12 fr.**

PETIT DICTIONNAIRE
ANGLAIS-FRANÇAIS et FRANÇAIS-ANGLAIS
par A. ELWALL
In-18, toile . . . . 5 »

LANGUES VIVANTES
(Méthode directe)

LANGUE ALLEMANDE

Kleine Deutsche Schulgrammatik, par L.-W. Cart et
M. Nicolas, professeurs agrégés au Lycée Carnot. In-16, toile. » 90
Lesebuch, par L.-W. Cart et M. Nicolas. In-16, ill., toile . 1 25
   Avec vocabulaire allemand-français 1 50
Lesebuch für die quinta, par L.-W. Cart et M. Nicolas.
In-16, ill., toile 1 25
   Avec vocabulaire allemand-français 1 50
   Livre du Maître pour ces deux ouvrages 2 50
Cahiers d'Exercices Allemands, par L.-W. Cart. Cl. de 5ᵉ 1 25
   —   —   —   — Cl. de 6ᵉ 1 25
Cahier vocabulaire d'allemand, par Cart et Jarach. In-4°. » 90
Lehrbuch, par L.-W. Cart et Dorfeld. In-16, toile . . . . 3 »
Deutsches Marchenbuch für die französischen Jü-
gend, par P. Bruet et G. Varenne, professeurs agrégés
au lycée de Dijon. In-16, toile 1 50
Das Moderne Deutschland, par Andler. In-16 ill., toile. 3 »
Le Touriste Français en Allemagne, Grammaire d'usa-
ge, Vie pratique, Formules, Renseignements, Dictionnaire
commercial, par Cart et Nicolas. In-16, toile. . . . . . . 3 »
Auteurs allemands prescrits pour le brevet supé-
rieur. — W. Heinrich Riel, Gœthe, Schiller, Heine,
Uhland. Par L.-W. Cart. In-12, toile. 1 75

DICTIONNAIRE CLASSIQUE

I. FRANÇAIS-ALLEMAND
par **J.-N. CHARLES,** Inspecteur honoraire de l'Académie de Paris

Un volume petit in-4°, imprimé sur trois colonnes

Broché . . . . 6 50   Relié toile anglaise . . . . 8 »

II. ALLEMAND-FRANÇAIS
par **L. SCHMITT,** Professeur au Lycée Condorcet

Un volume petit in-4°, imprimé sur trois colonnes

Broché . . . . 6 50   Relié toile anglaise . . . . 8 »

Des mêmes Auteurs

Abrégé du Dictionnaire Français-Allemand, in-16, r. toile 4 75
Abrégé du Dictionnaire Allemand-Français, in-16, r. toile 4 75

BIBLIOTHÈQUE DES ÉCOLES NORMALES

Publiée sous la direction de FÉLIX MARTEL

INSPECTEUR GÉNÉRAL DE L'INSTRUCTION PUBLIQUE

HISTOIRE

(TROISIÈME ANNÉE)

Ouvrage rédigé conformément aux programmes officiels
du 4 août 1905

PAR

H. VAST

Professeur agrégé d'histoire, Docteur ès lettres

ET

R. JALLIFFIER

Agrégé d'histoire
Professeur à l'Ecole normale supérieure d'instituteurs
et au Lycée Condorcet

PARIS

LIBRAIRIE CH. DELAGRAVE

15, RUE SOUFFLOT 15

HISTOIRE

CHAPITRE PREMIER

L'Égypte ancienne.

I. — L'Egypte a été le berceau et le théâtre d'une des civilisations les plus anciennes et les plus originales de l'histoire : tout contribue à rendre cette histoire intéressante, l'étrangeté de son milieu physique, la longue série de ses rois, la perfection relative de son organisation politique, l'influence de la religion sur les mœurs de ce peuple, un art enfin souvent puissant, toujours curieux.

L'Egypte est, comme l'a dit Hérodote, « un don du Nil » : elle consiste tout entière dans une longue et étroite vallée, terminée par un delta et fertilisée par les inondations régulières du fleuve. Les vingt-six dynasties qui l'ont gouvernée ont résidé tour à tour à Memphis (non loin de la capitale moderne, le Caire), à Thèbes (dont les ruines de Karnak et de Louqsor marquent l'emplacement), dans la région deltaïque, notamment à Saïs. Sous certains Pharaons, elle a formé un vaste empire, s'étendant d'une part, sur le Nil moyen, jusqu'à l'Ethiopie (aujourd'hui l'Abyssinie); d'autre part, à travers la Syrie, jusqu'au bassin de l'Euphrate. A partir du sixième siècle avant Jésus-Christ, ouverte à l'influence et aux entreprises des étrangers, elle a été conquise par les Perses (Cambyse), elle est devenue un Etat grec (Alexandre et ses successeurs); elle a été enfin absorbée dans l'empire romain, sous Auguste.

II. — De très bonne heure, alors que partout ailleurs les sociétés humaines étaient en formation, livrées aux ravages des grandes hordes ou aux mêlées obscures des tribus sauvages, les Egyptiens connaissaient l'ordre, les lois, la paix sociale; ils étaient soumis à une hiérarchie de fonctionnaires relevant du souverain, le Pharaon. Celui-ci, représentant et interprète des dieux, s'appuyait sur un sacerdoce fortement constitué et très puissant.

III. — Les Egyptiens étaient, en effet, très religieux. Ils adoraient les éléments, les animaux mêmes, tout ce dont ils attendaient un bienfait ou redoutaient un mal. Au lieu de s'affirmer, comme dans d'autres pays, par des pratiques sanguinaires, leurs croyances les inclinaient à l'humanité et adoucissaient leurs mœurs.

Le culte des morts était surtout en honneur chez eux. Ils croyaient à l'au delà, à la justice suprême qui récompense les bons et châtie les méchants. Pour assurer la survivance, ils conservaient par des procédés ingénieux les restes de leurs ancêtres, faisaient de leurs tombes de véritables demeures, les entouraient de toutes les images de la vie.

IV. — C'est à cette piété envers la Divinité et envers les morts que nous devons presque tous les monuments de l'art égyptien : des temples d'une puissante structure, des tombeaux gigantesques, comme les Pyramides, ou de véritables cités mortuaires, d'innombrables galeries creusées dans le rocher, des statues des dieux et des Pharaons en qui ils s'incarnent, des portraits de morts illustres ou obscurs, enfin des peintures où sont figurées toutes les scènes de la vie familière.

V. — Cette société revit ainsi pour nous, en d'innombrables représentations : le travail des humbles, les loisirs des riches, le labour, les métiers, les fêtes, les pompes officielles, les guerres et les conquêtes lointaines, les joies et les peines de ce peuple attaché à son sol et résigné à son sort, nous apparaissent comme en une série inépuisable d'illustrations disposées tout le long du Nil.

Mais pendant de longs siècles ces images étaient pour nous inintelligibles, parce que les caractères qui les accompagnaient (les hiéroglyphes) étaient indéchiffrables. C'est au commencement du dix-neuvième siècle que la science a enfin réussi à percer ce mystère. C'est à un Français, Champollion le Jeune, qu'est due la première lecture des hiéroglyphes, et l'égyptologie, qui a reculé d'une façon invraisemblable les limites de nos connaissances sur l'antiquité, est encore une science, sinon exclusivement, du moins essentiellement française.

I. **L'Ègypte.** — Situation. — La situation de l'Egypte explique le rôle considérable qu'elle a joué à plusieurs reprises. Elle est comme le lien des diverses parties de l'ancien continent. La vallée du Nil lui ouvre l'accès de l'Afrique intérieure; l'isthme de Suez la rattache à l'Asie

occidentale, à la région phénicienne et syrienne ; le delta
et le littoral l'introduisent dans le monde méditerranéen.
Aussi sa civilisation originale s'est-elle mêlée, pour donner et pour recevoir, à toutes les grandes civilisations de
l'histoire. Tour à tour dominante ou conquise, elle est en
contact, dans l'antiquité, avec les empires chaldéo-assyriens, les Juifs et les Phéniciens, la Grèce alexandrine,
l'empire romain. Au moyen âge, elle jette un vif éclat avec
le kalifat du Caire ; l'islamisme et la chrétienté se la disputent au temps des croisades ; elle reste, jusqu'aux découvertes du xviᵉ siècle, l'un des principaux marchés
d'échange entre l'Orient et l'Occident. Après une assez
longue période d'inactivité, l'expédition de Bonaparte la
ressuscite, et elle devient au xixᵉ siècle un des éléments
essentiels de la question d'Orient.

Le Nil : l'inondation. — Mais, si elle doit à sa situation son importance, c'est au Nil qu'elle doit son existence même. L'Egypte, en effet, n'est pas autre chose que
la vallée du fleuve, large de 20 kilomètres en moyenne, et
terminée par le Delta, ancien golfe comblé par ses alluvions. A droite et à gauche, derrière la barrière peu élevée des collines arabiques et des collines libyques, c'est
le désert de pierre ou le désert de sable, et le désert en-
vahirait tout le pays si, à ce long et étroit couloir, évasé
à son extrémité, le Nil n'apportait, par ses crues périodiques, la terre, l'engrais et l'humidité à la fois, car il
pleut rarement en Egypte. Ces crues se produisent avec
une régularité qui devait paraître merveilleuse aux anciens. Ceux-ci ne connaissaient rien des conditions atmos-
phériques qui déterminent à époques fixes le phénomène
de l'inondation. Ils ignoraient l'existence du vaste plateau où se condensent les vapeurs de l'océan Indien char-
riées par la mousson ; ils ne savaient pas que les grands
lacs, gonflés par les pluies diluviennes ou la fonte de la
neige sur les hautes cimes, laissent échapper à la fin la
masse énorme de leurs eaux, qu'alourdissent les débris
corrompus d'une végétation exubérante. La science a

expliqué ces mystères, mais leur manifestation est toujours saisissante.

Au commencement de juin, le *khamsin*, le vent brûlant du sud qui charrie le sable, dessèche le sol et abat toutes les énergies, cède brusquement au vent du nord, qui rend à l'atmosphère sa transparence, au feuillage sa verdure ; mais le Nil n'est encore qu'un mince ruban bleu entre des berges desséchées. Le 6 juin, un flot verdâtre et gélatineux atteint lourdement le Caire : c'est l'avant-garde de la crue bienfaisante. Dans la nuit du 17, comme si une goutte céleste y était tombée pour le purifier, le Nil vert se change en Nil rouge, aux reflets de sang, tout gonflé des précieuses alluvions. Le fleuve s'élève et s'élargit à vue d'œil, crevant l'une après l'autre sur ses rives les digues de boue séchée qui limitent les propriétés ; les villes et les villages émergent à peine, comme des îles, au-dessus de cette mare immense, où s'ébat tout un peuple ivre de joie. Lentement, la crue, ralentie par toutes les saignées pratiquées sur ses bords, arrive à son maximum : c'est le 26 septembre que le nilomètre du Caire enregistre sa hauteur ; présage d'une récolte bonne ou médiocre : trop faible, la crue ne laisse pas assez de son limon bienfaisant ; trop forte, elle l'emporte vers la mer[1].

Les saisons. Les productions. — C'est la crue du Nil qui règle, pour ainsi dire, le rythme de la vie égyptienne. L'année se divise en trois saisons, au cours desquelles le pays revêt trois aspects caractéristiques. De la fin de

---

1. Des travaux modernes ont permis de remédier à ces variations dans une certaine mesure : le barrage Mougel, au nord du Caire, élève le niveau de la crue avant de la répandre dans le delta ; surtout les magnifiques travaux construits par les Anglais à Assouan accumulent à l'entrée de l'Égypte des réserves considérables qui influeront de plus en plus sur la culture égyptienne. Pour les terres que n'atteint pas la crue, et pour les cultures qui exigent de l'eau toute l'année, les Égyptiens, peuple fidèle à ses habitudes, se servent de procédés d'irrigation absolument identiques à ceux que nous voyons figurer sur les plus anciens monuments : le *chadouf*, un bassin de cuivre suspendu à une perche que le fellah baisse, élève et fait pivoter ; le *sakieh*, chapelet de godets mis en mouvement par un treuil que fait tourner un bœuf.

juin à la fin d'octobre, il n'est que le large lit d'un fleuve
sans profondeur, et sous la nappe noirâtre qui le recouvre
il s'imprègne de limon; il s'engraisse des alluvions et des
résidus des forêts tropicales. Le flot passé, sur la boue à
peine séchée, les semailles sont faites. De novembre à la
fin de février, la végétation rapide, intense, transforme
la vallée en un fleuve de verdure et de moissons. Puis, de
mars à juin, la moisson faite, la récolte emmagasinée, la
terre se dessèche, les hommes et les animaux languissent.
L'Egypte entière attend les nouveaux « présents du
fleuve ».

Ces présents, ce sont des céréales, blé, orge, sorgho,
de qualité excellente; des légumes, fèves, pois chiches,
lentilles, etc.; des fruits : abricots, grenades, figues, dat-
tes, vigne, olives; pas de forêts, mais des bouquets d'ar-
bres fruitiers, de tamaris, de sycomores, de palmiers, qui
donnent au paysage sa physionomie; certaines végétations
sont spécialement égyptiennes : dans le delta, le papyrus, dont l'écorce préparée fournissait aux anciens, pour
l'écriture, une matière légère, peu coûteuse, incorruptible;
le lotus, spécial à la haute Egypte, avec sa fleur élégante
et sa fève qui sert encore à clarifier l'eau du Nil[1].

Les animaux. — Parmi les animaux indigènes, il faut
citer surtout le bœuf à longues cornes, la chèvre, le
chien, le chat, l'âne, que sa silhouette fine et nerveuse
distingue de tous ses congénères. Le cheval, le chameau,
le mouton, ont été successivement acclimatés. Les fauves
et les antilopes, dont la chasse était un des grands plaisirs de la vie antique, ont reculé devant la civilisation.
L'hippopotame a abandonné les eaux du Nil, et les crocodiles sont devenus rares. Les oies et les canards abon-
dent dans la basse-cour, les poissons dans le fleuve; sur
les rives, les oiseaux pêcheurs, pélicans, cormorans, et,
pour compléter le tableau, un peu partout, ces animaux

---

1. L'Egypte contemporaine s'est enrichie de cultures nouvelles : le coton,
la canne à sucre, le tabac, le riz, qui ont singulièrement accru son importance économique.

auxquels le peuple reconnaissant avait fait une place dans son culte, l'ibis au blanc plumage, l'épervier, l'ichneumon, le scarabée, chargés de purifier l'air et le sol des parasites et des matières en putréfaction.

La race. — L'homme enfin. On n'est pas d'accord sur l'origine de la race. Mais la vie toujours semblable pendant de longs âges, l'habitude séculaire des mêmes gestes, ont marqué ce peuple d'une empreinte ineffaçable.

« L'Egyptien était, en général, grand, maigre, élancé. Il avait les épaules larges et pleines, les pectoraux saillants, le bras nerveux et terminé par une main fine et longue, la hanche peu développée, la jambe sèche, les pieds longs, minces, aplatis à l'extrémité par l'habitude d'aller sans chaussure. La tête, souvent trop forte pour le corps, présentait d'ordinaire un caractère de douceur et même de tristesse instinctive ; le front est carré, peut-être un peu bas, le nez court et rond ; les yeux sont grands et bien ouverts, les joues arrondies, les lèvres épaisses, mais non renversées ; la bouche, un peu longue, garde un sourire résigné et presque douloureux. » (Maspéro.) Tel était le corvéable des grandes pyramides, ou le laboureur du temps de Ramsès ; tel est aujourd'hui le fellah des bords du Nil ; il semble, lui aussi, un produit du sol, un don du fleuve [1].

Hymne au Nil. — On comprend maintenant la reconnaissance infinie de cette race pour ce bienfaiteur, ce créateur, ce père. L'hymne au Nil est vraiment le cantique de tout un peuple : « Salut, ô Nil, toi qui te manifestes sur cette terre, et qui viens en paix pour donner la vie à l'Egypte, flot qui t'épanches sur les vergers qu'a créés le soleil. Sitôt que tu te lèves, la terre se récrie d'allégresse ; tout ventre se réjouit, tout dos est secoué par le rire,

---

1. Lorsqu'on découvrit à Saqquarah une statue représentant un chef des travaux, les ouvriers crurent y reconnaître le chef de leur village, et ils le baptisèrent (le nom lui est resté) le cheik el Beled. C'était comme s'ils avaient dit : « Voilà M. le maire ! » Cela prouve à la fois la constance du type et la fidélité de l'art à le reproduire.

toute dent broie... O toi, créateur de toutes les bonnes
choses, maître de toutes les semences de vie, agréable à
tous les élus, les générations de tes enfants se réjouissent
de toi, car tu règnes comme un roi dont les décrets sont
écrits pour la terre entière, et par toi sont bus les pleurs
de tous les yeux. »

II. L'histoire de l'Egypte. — L'ancien empire. —
En même temps qu'il est la vie de l'Egypte, le Nil est
aussi son histoire. C'est en remontant et en descendant sa
vallée que se sont déroulées les annales de ces vingt-six
dynasties, dont il suffit de rappeler quelques faits essentiels. A l'origine, les groupes indépendants, les *nômes,*
qui se sont développés dans l'obscurité de la période préhistorique, se fédèrent, acceptent un maître : ce créateur
de la royauté égyptienne est Menès, le légendaire fondateur de Memphis, et cette première capitale est située un
peu au sud du Delta, non loin de la capitale actuelle, le
Caire. Après bien des siècles, la 4ᵉ dynastie nous offre
les noms de Chéops, de Chéphrem, de Mykérinos, qui
firent construire, pour leur tombeau, les grandes pyramides de Giseh; ils furent maudits par les générations,
à cause des durs travaux que leur orgueil avait imposés à
des centaines de milliers d'hommes.

Le moyen empire. Les Hycsos. — Des siècles encore.. :
un ouragan s'abat sur la basse Egypte : c'est l'invasion
des Hycsos, peuple pasteur, ou nomade, venu de l'Asie,
qui détruit ou accapare cette primitive civilisation de
l'ancien empire. Mais une sorte de royauté nationale se
forme dans la moyenne Egypte, avec Thèbes pour centre :
c'est le moyen empire (de 2000 à 1050 ?). Elle affranchit
toute la vallée du Nil : la 18ᵉ dynastie (les Touthmès, les
Amenhotep) est la dynastie libératrice; elle expulse les
Hycsos, dont les Juifs furent probablement les derniers
débris évadés de la servitude égyptienne. La 19ᵉ et la
20ᵉ (Séti Iᵉʳ, Ramsès II, autour duquel s'est formée la
légende de Sésostris) sont les dynasties conquérantes et
triomphales. Avec elles, la puissance égyptienne atteint

ses extrêmes limites. Elle arrête sur le littoral, aux bouches du Nil, les «peuples de la mer», Phéniciens, Ioniens; elle refoule au delà de l'Euphrate la domination chaldéoassyrienne, et bâtit des citadelles en Syrie pour la contenir; elle va fonder un sanctuaire d'Ammon dans les sables du désert libyque; elle creuse des temples dans les rochers de Nubie et atteint la noire Ethiopie. Ses souverains magnifiques couvrent l'Egypte de leurs monuments fastueux. La civilisation arrive avec eux à son apogée.

Le nouvel empire : l'Egypte ouverte et conquise. — Puis ce sont des luttes confuses entre les prêtres et les Pharaons, entre le sacerdoce et l'empire. La royauté redescend le fleuve. Le centre du nouvel empire (après la 20ᵉ dynastie), déchiré par les guerres civiles, se déplace fréquemment de Tanis à Bubastis, à Saïs. Bientôt les rois, Psammétique, Néchao, ne peuvent se soutenir qu'en s'appuyant sur les « peuples de la mer », en enrôlant des mercenaires grecs. La vieille Egypte s'entr'ouvre et se dissout. La fin est proche. Bientôt ce sera la conquête étrangère, et dès lors, pendant vingt-cinq siècles, l'Egypte ne se ressaisira pas. Après les Perses, les Grecs, les Romains, viendront les Arabes, les Turcs, les Français, les Anglais. Et cependant ce peuple original est resté lui-même en appartenant à tout le monde; il n'a rien perdu des caractères ineffaçables de sa vie nilique.

Le Pharaon. — Une riche documentation historique, dont chaque jour accroît le trésor, un art qui est comme une imagerie inépuisable, une abondante littérature extraite des papyrus, nous permettent aujourd'hui non seulement de fixer les faits, mais de reconstituer la société de ce passé si longtemps ignoré. Nous connaissons un Pharaon de la 19ᵉ dynastie (XIIᵉ siècle avant J.-C.) comme un roi de France du XVIIᵉ siècle. On a pu photographier l'auguste momie de Séti Iᵉʳ ou de Ramsès II. Ces rois portent la double couronne, le *pschent* blanc et rouge, symbole de leur domination sur la haute et la basse Egypte.

Ils ont sur les monuments une taille colossale au milieu
des mortels qui « flairent la poussière » à leurs pieds.
Bossuet aurait pu leur dire : « O rois! vous êtes des
dieux! » Ils sont des dieux, en effet, les fils d'Ammon,
« la chair du soleil ». Ils sont aussi les prêtres de leur
propre culte; seuls ils pénètrent dans le sanctuaire et
en rapportent l'ordre de la Divinité. Sont-ils exposés à
périr au milieu des armées ennemies : ils implorent leur
père Ammon qui les délivre (voir le poème de Pentaour[1]).
Ils sacrifient, sans compter, les vies humaines à leurs
fantaisies, mais ils ne sont pas féroces; ils n'ont pas le
goût du sang et du carnage comme les rois assyriens.
A l'amour des conquêtes et du faste ruineux, ils joignent
l'ambition des travaux utiles; on leur doit le lac Mœris,
le canal du Nil à la mer Rouge, ancêtre du canal de Suez.
Enfin ils ont des ministres, mais pas de maires du palais
ni de grands vizirs. Ils « communiquent leur autorité »,
mais ne l'abandonnent pas.

Leur gouvernement est un curieux mélange de choses
que nous retrouverons à travers les différents âges.
Comme des rois de l'époque féodale, ils vivent des revenus de leurs immenses domaines : un peuple de serfs les
cultive pour eux et apporte les tributs en nature, car la
monnaie n'est pas d'un usage général et n'a pas de frappe
officielle; une armée de scribes enregistre ces tributs et
les emmagasine dans des locaux spéciaux : hôtel du blanc
(pour les étoffes), hôtels des bœufs, des fruits conservés,
des grains, etc.

Les prêtres, les grands. — Au-dessous de ce roi féodal, une double féodalité possédait ou gérait le reste du
territoire. D'une part, un puissant sacerdoce, adminis-
trant les domaines des dieux et les revenus des temples,
mais, aux beaux temps du moins, docile et fidèle à la
royauté, comme un clergé gallican au grand roi. D'autre
part, la féodalité laïque, les hauts barons, dont la vie

---

1. Cette œuvre d'un poète officiel, qui célébra la victoire de Ramsès II
« sur les vils Khétas », fut gravée sur plusieurs temples.

était comme une réduction de la vie royale. Ils avaient, eux aussi, leurs serfs, leurs revenus en nature, leur cour. Ils devaient au roi certains tributs, le service militaire, pour lequel ils amenaient leur contingent; ils lui devaient aussi le gîte, comme des barons du moyen âge à un Capétien.

Les scribes. — Mais voici qui n'est pas du moyen âge : tous ces vassaux exercent leur pouvoir sous le contrôle vigilant d'une administration savante qui, par sa centralisation, fait penser à l'empire romain; par sa multiplicité et sa hiérarchie compliquée, aux Etats modernes. Le ressort de cette administration, c'étaient les scribes, c'est-à-dire les fonctionnaires : l'originalité du régime réside dans l'existence de cette classe nombreuse, influente et orgueilleuse. La vie de bureau plaisait en effet aux Egyptiens par sa régularité et sa minutie : tout le monde pouvait arriver aux fonctions publiques, sorte de mandarinat très envié, par le travail, par une préparation spéciale dans les écoles ou dans les bureaux; tout le monde pouvait s'y élever par le zèle et par l'adresse. Il y avait des scribes de tous les degrés, dans les villages, les villes, chez les grands; les postes convoités étaient ceux de la maison du roi[1]. Le scribe est exempt de corvée et de milice, avantage très apprécié. Il méprise l'artisan, livré à de grossiers travaux, et les mœurs rudes des soldats; il se moque de ses collègues; il fait sur son chef des remarques malicieuses : « Petit, il était souple comme un chat; âgé, il est raide comme un bâton. » Il écrit des lettres d'un ton lyrique pour obtenir un

---

1. Nous avons ce qu'on pourrait appeler la *notice individuelle* d'un de ces personnages, Anten. Il est d'abord dans son village préposé à l'enregistrement des fruits et légumes, puis *fort de la voix* (crieur), **taxateur**; le voici dans la maison du Pharaon, chef des huissiers, ensuite **directeur du lin royal**; il accède aux hauts emplois; il porte la canne, emblème du pouvoir; il est gouverneur de ville, préfet de nôme, *préposé à la porte occidentale*, c'est-à-dire préfet de la marche de Nubie. Il s'enrichit, reçoit des domaines, une rente de 100 francs par jour; il se fait bâtir une maison superbe et un riche tombeau, où l'on a retrouvé sa statue d'homme grave, important et avisé.

congé qui lui permette d'aller se distraire à la ville ; il attend la fortune et les honneurs, l'avancement : c'est un *rond-de-cuir* antique.

Ainsi, à la différence de la plupart des sociétés de l'ancien Orient, et contrairement à l'opinion qui a longtemps régné, il n'y a pas en Egypte de caste fermée ; le sacerdoce et la noblesse ne se recrutent pas seulement par la naissance, mais par le choix ; les *offices* ouvrent une porte à côté de celle de l'hérédité. En somme, l'histoire politique de l'Egypte évoque dans ses divers traits celle de l'empire romain, du moyen âge, de notre monarchie des Bourbons ; elle a même des traits communs avec nos sociétés modernes : nous dirions que c'est l'histoire de nos institutions en *raccourci,* si nous pouvions oublier qu'elle a rempli quarante siècles.

III. La religion. — Les dieux. — Les Egyptiens furent le peuple le plus religieux de l'histoire : l'hommage à la Divinité domine leur existence, inspire leur art. Religion très compliquée, qui se simplifia, pendant le moyen Empire, sous l'influence du sacerdoce thébain, tout en restant très touffue, et qui se spiritualisa, tout en gardant des traces de l'idolâtrie et même du fétichisme primitifs. A l'origine, chaque groupe politique, chaque nôme, avait des dieux, déjà innombrables ; au XIIIe siècle, ils se sont fédérés, associés, assimilés ; il reste un certain nombre de fonctions divines, avec des dénominations et des figures multiples.

Au sommet de la hiérarchie, une puissance créatrice, Phtah, une sorte de Père éternel, dont la notion reste un peu vague pour le vulgaire, parce qu'elle est trop élevée. Au-dessous, la *triade* sacrée, l'époux, la mère, l'enfant ; le premier est Osiris, ordinairement identifié avec Ammon-Râ ; Isis est son épouse ; Horus, son fils. Comme ces divinités personnifient les forces de la nature, leur existence est un drame, un *mystère* qui se joue chaque jour, éternellement. Au début, Osiris ou Ammon-Râ, le soleil, monté sur « la bonne barque des millions d'années », apparaît à l'orient et verse sur le monde sa bienfaisante lumière. Au bout de douze heures, la barque s'enfonce dans les flots et disparaît à l'occident. C'est la nuit, pleine de dangers, propice au crime. Osiris est sous terre, en butte aux embûches du dieu mauvais Set, qui par deux fois le tue, le met en pièces et disperse les lambeaux de son corps; deux fois aussi la piété d'Isis et le courage d'Horus triomphent du mal, recueillent et ensevelissent les divins débris; le jour renaît enfin, la barque reparaît à l'orient radieux. Ce mythe émouvant, qu'Hérodote a vu représenter par les prêtres, est le symbole à la fois de la lutte entre la lumière et les ténèbres et du combat entre le bien et le mal : c'est aussi, comme on le verra, l'image des épreuves par lesquelles le mort arrivera à la vie future; c'est la poésie et c'est la morale de la religion égyptienne.

Il y a bien d'autres dieux : *Schou*, l'organisateur du chaos, qui d'un beau geste sépare la terre du ciel étoilé : *Thot*, l'intelligence, « le maître de la vérité »; *Imhotep,* la science, représenté avec un papyrus sur ses genoux. A *Set*, chef de l'armée du mal, et à ses satellites hideux, serpents, singes à tête de chien, etc., s'opposent les dieux secourables, Anubis à tête de chacal, la bonne vache Hathor et bien d'autres. On sent qu'un peuple de caractère humain et de mœurs douces a mis sa confiance dans ces protecteurs, qui l'aideront à triompher des épreuves.

Le culte des animaux. — Comme on le voit, les formes animales sont associées dans la représentation des dieux aux formes humaines. Ammon-Râ lui-même est représenté avec une tête de bélier. Beaucoup d'animaux sont l'objet d'un véritable culte : au premier rang, le bœuf Hapis, que les prêtres, à certains signes, reconnaissaient comme une incarnation de la Divinité; il l'incarnait pendant vingt-cinq ans; après quoi, on lui donnait un successeur; on le transformait en momie et on le déposait dans le *Sérapéum,* découvert par Mariette en 1851.

Il y avait aussi le Phénix, oiseau fabuleux, qui, après avoir reçu pendant cinq cents ans les honneurs divins, se consumait lui-même sur un bûcher et renaissait de ses cendres. Une multitude d'autres animaux, l'ibis, le crocodile, le chat, l'ichneumon, l'épervier, le scarabée, étaient l'objet d'un culte. Ce fétichisme populaire et assez enfantin au début fut relevé plus tard par la doctrine sacerdotale : elle considérait ces êtres inférieurs, mais utiles, comme des déguisements que les dieux pouvaient emprunter. Bossuet a dit : « En Égypte, tout était dieu, excepté Dieu lui-même. » Il serait plus exact de dire que Dieu était partout, et qu'on multipliait à l'infini les formes sous lesquelles il se manifestait. C'est une sorte de panthéisme sous des espèces polythéistes. En tout cas, les animaux dans lesquels pouvait s'incarner l'essence divine n'étaient pas maltraités, et cette religiosité bizarre imprégnait encore d'humanité l'âme populaire.

Le culte des morts. — C'est ici la partie originale et essentielle de la religion : c'est à ce souci passionné de l'au-delà que nous devons de connaître, avec une précision et un détail presque invraisemblables, l'histoire, la vie, l'âme de l'Égypte.

Là encore, il faut distinguer deux âges. Le premier est dominé par cette seule croyance que l'homme est composé d'une partie matérielle et d'une partie immatérielle, le corps et le *double* ou *kha;* la mort, en séparant ces deux éléments, laisse subsister un lien entre eux; le double continue à vivre d'une vie plus ou moins heureuse, suivant que le corps est plus ou moins bien conservé. Il importe donc de le préserver de la mutilation, de la corruption. Il faut aussi que les survivants, parents et amis, venant au secours de ce corps inerte, pourvoient aux besoins et à la protection du double. De là tous les rites de ce culte et tout l'art funéraire mis à son service.

La momie. — Aussitôt après la mort, le corps est embaumé. Il y a trois classes d'embaumement, suivant la fortune du défunt. Pour la première classe, le corps, entièrement vidé de ses parties corruptibles, est injecté de résine de cèdre, bourré de parfums, puis plongé pendant 70 jours dans un bain de sel et de natron. Quand on l'en a retiré, durci et desséché, on le remplit de sciure de bois, de linge, puis on l'enveloppe de bandelettes aromatisées, d'un double ou triple linceul, lié par d'autres bandelettes qui enserrent étroitement les membres rigides; et cette momie, qui défie désormais l'action du temps, on l'enferme dans un coffre en bois reproduisant sa forme et presque ses traits; on multiplie, en effet, les images du mort, statues ou statuettes, bas-reliefs ou peintures, pour que le double ait toujours la vision consolante de ce qu'il fut ici-bas. C'est en cet état qu'on le confie à la terre, à cette terre d'Egypte qui, sèche et poreuse, partout où n'atteint pas l'inondation, protège les restes humains contre la putréfaction. On reste confondu aujourd'hui lorsque, sous des centaines de mètres de bandelettes déroulées, on retrouve, au lieu de squelettes et de têtes de morts, des chairs noires, mais fermes, et des traits qui semblent encore respirer dans le sommeil éternel.

Les funérailles; les tombeaux. — Le mort est désormais *un Osiris;* il va suivre la même route que ce dieu, subir les mêmes épreuves. C'est à l'occident qu'on le conduit pour l'ensevelir, c'est-à-dire sur la rive gauche du Nil, et on le transporte au delà du fleuve sur une barque semblable à la barque divine, au milieu de la douleur bruyante des parents, des serviteurs, des pleureuses. Les tombeaux sont très divers, suivant les conditions et les époques. Au début ce sont, pour les Pharaons, les colossales pyramides; pour les grands personnages, des *mastabas,* constructions de briques ou de pierres, en forme de pyramide tronquée de quelques mètres de hauteur. Plus tard, on creuse dans les roches qui avoisinent Syène et Thèbes des grottes et des hypogées, immenses cités des morts, en avant desquelles de somptueuses chapelles funéraires, comme le *Ramesseum,* des colosses comme ceux de Memnon, parlent de la gloire du mort. Mais toujours le tombeau comprend deux parties : d'abord une salle où le mort, représenté par ses images, entouré d'objets familiers et de peintures qui lui donnent l'illusion de la vie, reçoit les hommages pieux de ses proches et leurs offrandes ; puis, derrière une porte éternellement murée, au bout de longs couloirs, dans un puits qui déroute les recherches, la momie elle-même, mise à l'abri des curiosités sacrilèges.

Le jugement des morts ; la vie future. — Beaucoup plus tard, à l'époque où les prêtres de Thèbes travaillent à épurer la conception religieuse, une idée morale très haute vient se joindre à ce culte encore un peu matériel des morts : c'est celle de la sanction, des récompenses et des peines attribuées aux bons et aux méchants. Chaque âme alors, représentée par un oiseau à tête d'homme, joue pour son propre compte le mystère d'Osiris. Au moment où elle pénètre dans l'empire des ténèbres, la bonne déesse Nouït, du haut d'un sycomore, la réconforte avec le pain et l'eau. Il lui faut traverser des marais, des torrents, affronter des serpents, des crocodiles, des larves hideuses ; mais les animaux secourables l'assistent et la guident, les scarabées, les papillons, la vache Hathor. Elle serre précieusement sur sa poitrine le *Livre des morts,* qui doit la diriger dans le périlleux voyage, « son Guide Joanne de l'autre monde », a-t-on dit ; elle récite les incantations qui conjurent le péril... Elle arrive enfin devant le véritable Osiris. La scène du jugement est imposante et a été mille fois reproduite par l'art égyptien. Au tribunal suprême sont rangés quarante-deux assesseurs, juges des quarante-deux péchés. L'âme récite sa confession : nous en avons le texte dans le Livre des morts. Confession très curieuse, toute négative, tantôt touchante, tantôt puérile : « Je n'ai commis aucune fraude ; je n'ai pas tourmenté la veuve ; je n'ai pas enlevé le lait de la bouche des nourrissons ; je n'ai pas fait pleurer ; je n'ai pas desservi l'esclave auprès de son maître ;... je n'ai pas pris au filet les oiseaux divins ; je n'ai pas pêché les

poissons sacrés dans leurs étangs... Je suis pur, je suis
pur, je suis pur! » Les péchés sont mis dans un plateau
de la balance divine, le cœur dans l'autre. Si les péchés
l'emportent, c'est la condamnation, la série des tortures,
des mutilations, et finalement l'anéantissement, particulièrement redouté d'une race qui aime la vie. Si c'est le
cœur (et souvent Anubis et Thot, patrons indulgents, font
pencher le plateau de ce côté), c'est la vie heureuse, dans
la vallée d'Aarou, dans le *champ* des fèves. Ce paradis est
comme une Egypte idéale, aux jardins ombragés, aux parcs
giboyeux, aux récoltes abondantes. Et le pauvre fellah
lui-même, admis à cette félicité, aura la joie de voir labou-
rer et peiner à sa place des ombres de fellahs, quelques
statuettes à bon marché qu'une main amie aura déposées
dans son pauvre tombeau.

IV. L'art égyptien. — Les Pyramides. — Le culte
des dieux et le culte des morts sont à peu près les seules
sources de l'art égyptien : des temples, des tombeaux,
voilà surtout ce qui nous reste de cette civilisation, car
nous avons peu de monuments de l'architecture civile et
militaire.

Les œuvres les plus anciennes et les plus saisissantes
sont les Pyramides. C'étaient les tombeaux que se faisaient construire les rois des premières dynasties, « l'enveloppe gigantesque et à jamais impénétrable d'une momie de Pharaon ». Toutes les précautions étaient prises
(en vain) pour dérouter les recherches et protéger le cer-
cueil contre la violation : des couloirs étroits, sans entrée
apparente, s'enfoncent dans les profondeurs de l'édifice,
montent, descendent, se croisent, semblent se perdre. Il
y a plusieurs groupes de pyramides; le plus admiré est
celui de Gizeh, en face du Caire. Là, entre les pyramides
de Chéphrem et de Mykérinos, celle de Chéops s'élève à
137 mètres. On a amoncelé pour la construire deux millions et demi de mètres cubes de matériaux : à vrai
dire, ce sont « moins des œuvres d'art que des chaînons
intermédiaires entre l'ouvrage de la nature et celui de

l'homme ». En avant du plateau calcaire où se dressent les trois pyramides, est assis le Sphinx colossal, œuvre extraordinaire, sans date, qui garde, sur ses traits mutilés, une intense expression de vie et semble veiller au seuil de la mystérieuse Egypte.

Les temples. — Les plus beaux appartiennent au moyen empire et se trouvent auprès de Thèbes, à Louqsor et à Karnak. On accédait à ce dernier par une allée de deux kilomètres bordée de mille sphinx ; des obélisques, des mâts à banderoles, signalaient au loin l'entrée. Celle-ci était une porte monumentale, encadrée de deux pylones hauts de 44 mètres, énormes plans inclinés de granit, couverts d'inscriptions et de décorations polychrômes. Une enceinte de 2,400 mètres de tour entourait le domaine du dieu. Le temple lui-même, long de 365 mètres, large de 113, se compose d'une suite de salles hypostyles, véritables forêts de colonnes dont quelques-unes mesurent 10 mètres de circonférence et 22 de hauteur : leurs chapiteaux ont tantôt la forme d'une fleur de lotus, tantôt celle d'une cloche, parfois d'une tête de vache, en l'honneur de la déesse Hathor. Sous cette gigantesque futaie de pierre, se trouve une construction étroite et sombre : c'est le sanctuaire, où seuls le Pharaon et les chefs des prêtres vont interroger le dieu.

Les caractères de cet art, très saisissants encore dans la dislocation de ses ruines puissantes, sont l'impression de la durée éternelle, l'orgueil du démesuré, le goût du mystère et de l'ombre. Il y a d'autres types de temples : les temples souterrains d'Ipsamboul en Nubie, taillés dans le roc, et dont l'entrée est formée de statues de 20 mètres ; les temples d'Edfou et d'Eléphantine, dont les débris, par leurs proportions plus restreintes et leur ensemble plus harmonieux, font songer à l'architecture grecque. Mais la conception même du temple est différente en Egypte et en Grèce. A Athènes, en pleine lumière, le Parthénon est le terme du cortège des Panathénées, dans lequel la cité se glorifie elle-même ; Karnak est la forteresse du dieu et de ses prêtres, et ne prête son ombre qu'au colloque mystérieux d'Ammon et du Pharaon.

La sculpture. — La sculpture égyptienne sert à glorifier les rois et les dieux, ou bien aide les morts à ne pas périr tout entiers. Cet art a atteint à la perfection, non par la beauté des lignes et l'élégance des formes, mais par l'expression fidèle du mouvement, de l'attitude, de la vie. Obligé par son objet même à poursuivre la ressemblance la plus exacte du modèle, il a serré de près la nature, et produit avec des matériaux très variés, calcaire, granit, bronze, des chefs-d'œuvre de vérité. On admirera toujours les deux bons époux, Sépa et Nésa, dans leur simplicité tranquille, le *Cheik el Beled,* dans son geste d'autorité, le Chéphrem, si noble d'allure, le Scribe agenouillé, inquiet, soumis, souriant sans joie; mais rien n'est au-dessus du Scribe écrivant qui est au Louvre : les yeux brillants, les traits tendus par l'attention, la main prête à employer le roseau pour écrire, le papyrus étendu sur ses jambes croisées, il écoute, comme on l'a dit, de ses oreilles, de son geste et de toute son attitude. L'extrême sobriété de l'exécution est encore un des traits essentiels de cet art. Chose curieuse, c'est aux temps les plus anciens qu'il a donné toute sa mesure. Plus tard, à l'époque thébaine, les belles œuvres sont plus rares; on reproduit des types consacrés, ou bien on taille des colosses : quelques morceaux cependant sont encore de premier ordre, comme l'exquis portrait de la reine Taia, ou la physionomie si fine de Séti Ier. A la sculpture, il faut joindre une riche floraison d'art industriel : des bijoux, des objets de toilette, des statuettes pleines de verve, montrent une fantaisie curieuse dans cette race qu'on imagine toujours grave et asservie à la tradition.

La peinture. — Quant à la peinture, elle n'est pas à proprement parler un art, mais plutôt une écriture figurative. Par l'emploi de procédés conventionnels (par exemple l'œil de face dans la tête de profil, la chair de femme toujours peinte en jaune, celle d'homme en brun, les dimensions des personnages proportionnées à leur importance hiérarchique), on trace des pages d'histoire ; on reproduit des scènes familières d'une infinie variété soit sur les murs des temples, soit sur les parois des chambres funéraires.

V. La vie égyptienne. — Voici, par exemple, le laboureur derrière sa charrue, le chasseur à l'affût, l'esclave portant une antilope sur ses épaules ou des œufs d'autruche dans une corbeille, le berger à demi sauvage sur la lisière du désert, le pêcheur jetant son filet. Voici l'artisan au travail, le tisserand, le potier, le verrier soufflant dans son tube, le tourneur de sièges, le tailleur de pierres précieuses ; voici le marché, l'échange d'un collier contre des parfums, ou le compte des rondelles de métal qui servent de monnaie. Puis c'est l'armée des préparateurs de denrées alimentaires, viande de bœuf, poissons salés, conserves d'oiseaux, confitures au miel, pâtisserie. A côté du gargotier qui fait sa cuisine en plein air, nous voyons la cuisine des riches, les cuisiniers à leur fourneau ; et, près de là, le festin magnifique égayé par les danseuses en robes de mousseline et les joueuses de théorbe. Ailleurs ce sont les scènes de la vie officielle, payement de l'impôt, recrutement de la corvée, marche de l'armée ; plus souvent encore, les épisodes du roman religieux d'Osiris ou de l'âme en quête de la félicité future. Ce peuple s'est ainsi livré à nous, conservé pour nous, avec une sincérité et une abondance de détails qui le font revivre : d'humeur douce, résigné à son sort, mais recherchant les petites joie de la vie, docile, mais non exempt de malice, mêlant ses rêves à la réalité, attaché par-dessus tout à son sol, à son fleuve, à ses tombeaux ; tel il fut, tel à peu près il est resté, malgré tant de siècles écoulés et de conquêtes subies[1].

----

1. On verra plus loin comment le déchiffrement des hiéroglyphes et la lecture des papyrus ont permis d'éclairer par des textes ces documents. (V. les ETUDES et LEÇONS, à la fin de ce chapitre, *Histoire de l'histoire égyptienne,* et, à la fin du chapitre III, *Histoire de l'écriture dans l'antiquité.*)

DIRECTIONS ET BIBLIOGRAPHIE

Un savant qui n'a pas dédaigné d'être un vulgarisateur, Maspéro, a composé pour l'enseignement plusieurs précieux volumes qui peuvent tenir lieu d'une bibliothèque : l'*Histoire ancienne des peuples de l'Orient* (consulter de préférence la 7ᵉ édition, 1905, mise au point des plus récentes découvertes) ; des *Lectures historiques* sur l'ancien Orient ; enfin l'*Archéologie égyptienne* [1] :

Les élèves et les maîtres qui auraient à leur disposition les grands ouvrages dont les titres suivent feront bien d'en analyser quelques chapitres, pour s'initier aux méthodes de la science contemporaine, et prendre le goût des études précises : Maspéro, la grande *Histoire des peuples de l'Orient* (3 volumes). — F. Lenormand (revu par E. Babelon), *Histoire ancienne de l'Orient jusqu'aux guerres médiques*, 5 vol. (V. les t. II et III). — G. Perrot et Chipiez, *Histoire de l'art dans l'antiquité*, 7 vol. parus (V. le t. Iᵉʳ). L'abondante documentation illustrée de ces ouvrages de haute valeur sera d'ailleurs pour le lecteur comme un voyage d'exploration à travers le passé de l'Egypte.

Sur son présent, sa physionomie, sur les efforts des savants qui lui arrachent un à un ses secrets, on aura plaisir à lire les fines études de Gabriel Charmes, *Cinq Mois au Caire et dans la basse Egypte* (1 vol., 1880) ; et l'*Egypte, archéologie, art, littérature* (1 vol., 1891).

Mais nous avons aussi chez nous une bonne et belle partie de l'Egypte antique : une visite au Musée égyptien du Louvre s'impose ; rien ne vaut la vision directe du *Scribe écrivant*, d'un beau sphinx de granit, d'un mobilier funéraire, d'un de ces magnifiques sarcophages où les scènes dessinées et les caractères gravés ont gardé une netteté qui étonne toujours, enfin une longue station (au premier étage) devant les vitrines remplies de bijoux, de statuettes, de toute sorte d'objets de la plus rare fantaisie.

ÉTUDES ET LEÇONS

I. — Histoire de l'histoire égyptienne.

C'est une histoire très curieuse que celle du progrès de nos connaissances sur l'Egypte ancienne ; elle se divise en deux périodes, très différentes de durée et de valeur : la *période classique* et la *période archéologique*. Jusqu'à la fin du XVIIIᵉ siècle, nous n'avons eu de ce passé, d'après les *textes des historiens anciens*, qu'une vision réduite et déformée. Au XIXᵉ siècle, les *monuments* interrogés ont parlé, et l'Egypte vraie nous a été révélée avec les prodigieuses profondeurs de son passé.

1° **L'histoire classique.** — Elle commence avec *Hérodote* (Vᵉ siècle avant J.-C.). Ce « père de l'histoire » est, à vrai dire,

---

1. Celui-ci fait partie de la *Bibliothèque pour l'enseignement des beaux-arts,* publiée sous la direction de M. Jules Comte ; il serait désirable que les écoles normales pussent acquérir les principaux volumes de cette collection, qui constitue une sorte de petit musée à domicile.

moins un historien qu'un explorateur curieux, qui s'en va cherchant à travers tout l'Orient l'explication des guerres médiques. Quand il dit : « J'ai vu, j'ai entendu, » on peut l'en croire sur parole : il note avec une extrême fidélité les choses observées, l'aspect, les richesses, les mœurs du pays ; il reproduit les récits qu'il a recueillis, mais sans contrôle: il est très friand d'anecdotes, mais d'esprit très peu critique. Les prêtres surtout lui ont fait sur les Pharaons des contes assez semblables aux sornettes que les cicerones débitent dans nos musées (*Histoires*, livres II et III).

Mieux inspiré que ces prêtres bavards, un prêtre égyptien du IIIe siècle avant Jésus-Christ, *Manéthon*, dressa une liste des *Trente dynasties* ayant régné sur l'Egypte. Malgré des erreurs que la science rectifie tous les jours, c'est un document de haute autorité, mais qui paraissait de peu de valeur, alors que les monuments n'avaient pas révélé l'extraordinaire antiquité de cet empire.

La *Bibliothèque historique de Diodore de Sicile* (historien grec de l'époque d'Auguste) est une vaste compilation, dont les cinq premiers livres sont consacrés à l'Orient et à l'Egypte. Il y a là beaucoup de renseignements, mais aussi des erreurs capitales, sur le régime des castes en particulier. Pendant dix-huit siècles, on commenta ce mélange de faits exacts et de fables.

Les pages de BOSSUET (*Histoire universelle*), de VOLNEY (*les Ruines*), ne sont que des amplifications éloquentes ou ambitieuses.

2° **Période archéologique.** — C'est l'expédition française d'Egypte (1798-1801) qui a soufflé sur la poussière des siècles, dans ce pays où toutes les pierres parlent, où tout coin de terre recèle un fragment du passé. Le *premier document,* celui d'où est sortie toute la science archéologique, est la *pierre de Rosette* découverte par un officier d'artillerie, Boussard, en 1799, et qui devait fournir à Champollion la clef des hiéroglyphes. D'autre part, un des membres de cet *Institut français d'Egypte* qui fut une des conceptions les plus géniales de Bonaparte, Denon, diplomate, littérateur, artiste, publia dans un magnifique recueil (*Voyage dans la haute et la basse Egypte,* 2 vol., 1802), le dessin des monuments qu'il avait visités au cours de l'expédition ; car nos soldats, et, le plus illustre de tous, Desaix surtout, avaient été des archéologues sans le savoir. Dès lors, la curiosité, éveillée sur l'histoire et sur l'art de cette vieille terre du Nil, a poursuivi son œuvre, depuis la découverte de l'entrée de la grande pyramide en 1818 et celle du Sérapéum en 1851, jusqu'aux fouilles heureuses de MM. Maspéro, de Morgan et Gayet. Les inscriptions monumentales, les stèles, les papyrus, ont été interprétés par milliers, grâce à de Rougé, Maspéro et leurs élèves en France, à Lepsius, Brugsh, Ebers en Allemagne. Les musées égyptiens du Louvre, du *British Museum* de Londres, de Berlin, de Turin, se sont enrichis des trouvailles des explorateurs. Mais aujourd'hui l'Egypte garde ses trésors et devient elle-même un immense musée. « Nous ne bornons pas notre ambition, a récemment écrit Maspéro, à creuser des trous dans le sol, afin d'en tirer, la fortune aidant, des documents historiques ou des objets de musée. Nous voulons déblayer à fond les sites que nous attaquons, les protéger contre les amas de décombres, les consolider sans excès, où cela se peut, en ouvrir l'accès aux visiteurs, et, par des mesures de défense discrètes, leur restituer des chances de durée telles, qu'après nous avoir assuré présentement la jouissance de la découverte, elles demeurent exposées pendant des siècles, sinon à l'admiration, du moins à la curiosité des générations futures. » (*Journal des Débats,* 10 juillet 1907). C'est là le très noble programme de l'égyptologie nouvelle.

II. — Trois grands égyptologues français.

La France n'a pas eu seulement l'initiative de ces études; elle y a conquis et gardé la primauté : trois grands noms peuvent résumer les services qu'elle a rendus à l'égyptologie.

Champollion le Jeune (1790-1832) eut de bonne heure la passion des langues orientales. A dix-sept ans, il publiait une étude sur la *Géographie copte de l'Egypte.* C'est, en effet, dans l'antique langue copte, dont plusieurs dialectes sont encore parlés au bord du Nil, qu'il cherchait une base d'opération. En 1822, professeur de la faculté de Grenoble, il publia sa *Lettre à M. Dacier,* « modeste plaquette de 52 pages, qui est aujourd'hui la relique vénérée de tous les égyptologues ». En opérant sur l'inscription bilingue de la *pierre de Rosette,* et en isolant les noms royaux qui se trouvaient désignés par des cartouches, il avait déterminé quelques caractères, et à l'aide de ceux-là composé un alphabet presque complet et définitif : les travaux de tout un siècle dérivent de ce puissant effort. De même qu'il s'était servi d'une simple copie, le monument original étant à Londres, il ne vit l'Egypte que longtemps après l'avoir ressuscitée. Il venait de créer à Paris le Musée égyptien, lorsque, chargé d'une mission en 1828, il put enfin contempler cette terre dont il avait révélé les premiers secrets, et boire avec une sorte d'ivresse l'eau du Nil.

Mariette, au contraire (1821-1881), a fait ses conquêtes sur le terrain, et non dans le silence du cabinet. Gabriel Charmes a dit de lui que sa vie se divisait en deux parties, la partie romanesque et la partie régulière. C'est un roman, en effet, que son initiation à l'égyptologie : professeur de dessin et de latin au collège de Boulogne-sur-Mer, il tombe en arrêt devant une momie échouée

par hasard au musée de sa ville natale; cela décide de sa vocation. Il se procure des livres, pâlit sur des textes, publie des mémoires, et, en 1848, est attaché au Musée du Louvre, à titre de
colleur d'étiquettes. Il monte en grade : on lui confie une mission
en Egypte pour trouver dans une bibliothèque de moines des
manuscrits coptes : pas le moindre manuscrit. Seulement il
trouve sous le sable (1851) le fameux *Sérapéum* de Memphis. Il
lui a fallu, pour cela, lutter contre les autorités, se débattre contre le dénuement, faire le coup de feu contre les Arabes voleurs
des tombeaux, persévérer où tout autre aurait désespéré.

Célèbre alors, il repart pour l'Egypte en 1857. Sa carrière officielle commence ; son œuvre féconde est tantôt secondée, tantôt traversée par le gouvernement fantasque de Saïd et d'Ismaïl pacha,
souvent suspendue faute de ressources, mais poursuivie avec une
sagacité et une méthode également admirables. Il s'attaque à la
région de Thèbes ; successivement Edfou, Karnak, Dendérah,
Déir-al-Bahari, Abydos, Saqquarah, sortent de la poussière.
Puis il revient à la région de Memphis, déblaye le Sphinx, les
abords des grandes pyramides, met au jour les tombes des rois,
de leurs ministres, de leurs serviteurs, prépare, comme on l'a dit,
les matériaux d'*un Almanach de Gotha* de l'ancien empire. Enfin,
il inaugure dans de vieux magasins abandonnés le musée de
Boulaq (1863), cadeau royal qu'il fait à sa chère Egypte. Et c'est
là que le petit professeur de Boulogne, devenu Mariette-pacha,
meurt épuisé de travail à moins de soixante ans.

Maspéro est né en 1846. Champollion avait été le déchiffreur,
Mariette l'explorateur. Il fut, lui, l'un et l'autre. Comme ses
deux illustres prédécesseurs, il eut la vocation égyptologique
précoce et irrésistible. En rhétorique, sur les bancs du lycée
Henri IV, il lisait des hiéroglyphes. Il résolvait de difficiles problèmes d'archéologie en préparant son agrégation à l'Ecole normale : un de ses maîtres, M. Desjardins, le présenta en 1867 à Mariette, qui devina en lui son héritier. Sa thèse de doctorat (1873)
portait ce titre piquant : *Du genre épistolaire chez les Egyptiens*.
Professeur au Collège de France, mais sans cesse chargé de missions, il rapporta de chacune de ses campagnes des découvertes
qui rectifiaient les erreurs commises, fixaient la chronologie, ou
nous faisaient pénétrer dans l'intimité de la vie égyptienne. Il
poursuivit son œuvre sans défaillance. Des articles de journaux
et de revues, tous d'un vif intérêt, nous tiennent au courant de
ses travaux; les beaux ouvrages que nous avons mentionnés en
consacrent les résultats. Sa création à lui, c'est l'*Ecole française
du Caire* (1883), qui perpétuera au moins notre prestige scientifique dans ce pays passé sous une autre influence...

CHAPITRE II

L'Assyrie et la Chaldée. — Le culte sidéral.

I. — La civilisation chaldéo-assyrienne est au moins aussi ancienne que celle de l'Egypte, et elle n'a pas eu une moindre influence sur les destinées de l'humanité. Elle est née sur les rives de deux grands fleuves, le Tigre et l'Euphrate; elle s'est développée dans deux régions contiguës : au nord et à l'est, l'Assyrie, haute et âpre; au centre et au sud, la Chaldée, immense plaine, riche en fruits, en prairies, en moissons, à l'époque du moins où elle était savamment irriguée et cultivée avec soin. Enfin elle se résume dans l'histoire de deux cités, Ninive et Babylone, et de leur perpétuelle rivalité.

II. — Après les âges fabuleux où la légende a placé le récit d'un déluge semblable à celui de la Genèse, les exploits de Nemrod le fort chasseur, et le roman de Sémiramis, la vie religieuse, sociale, agricole, s'éveille dans les plaines de la Chaldée. On a pu, grâce à d'heureuses découvertes, reconstituer cet âge proto-chaldéen, autour du palais de Goudéa à Tello, et cette société, avec les lois de Hammourabi, roi de Babylone.

Puis, autour d'Assur, de Ninive, les forces assyriennes se groupent. C'est alors l'histoire monotone et atroce des guerres sans fin, des conquêtes sans limites, des ravages effroyables. Salmanazar, Sennachérib, Assurbanipal, rappellent ces souvenirs avec orgueil dans leurs palais, par les bas-reliefs et les inscriptions qui célèbrent leurs cruautés. A la fin, Ninive périt, et sa chute est saluée par les cris de joie de tous les peuples.

Babylone la remplace et la continue. La Chaldée, redevenue puissante, a pris à l'Assyrie le goût des conquêtes : mais elle a gardé de son passé l'amour des sciences et des travaux utiles. L'orgueilleux Nabuchodonosor résume cette double mentalité de l'empire chaldéo-assyrien. Il détruit Jérusalem; il fait de Babylone un monde prodigieux, qui tombera en poussière dans la suite des siècles (604-561). Puis toute cette puissance s'écroule sous les coups de Cyrus (538).

III. — Moins dramatique, mais autrement intéressante est l'histoire des trois âges de cette civilisation. La Chaldée primitive surtout a eu un génie fécond et puissant. La religion est faite de deux éléments : la magie, un ensemble de pratiques superstitieuses destinées à conjurer l'influence des mauvais génies, et le culte des grands dieux, des astres surtout. Des temples à sept étages, dédiés aux sept corps célestes, les *zig-gurats,* servaient à la fois d'autels et d'observatoires.

L'astronomie était, en effet, la science favorite des Chaldéens : nous leur devons l'origine de presque toutes nos connaissances sur les mondes qui peuplent l'espace. C'était aussi un peuple de législateurs : ils ont légiféré sur tout, sur la culture et le commerce, la propriété, la famille, l'administration.

IV. — La civilisation assyrienne, dont Ninive fut le centre, n'a pas cette originalité : elle a emprunté à la Chaldée tout ce qui est d'ordre intellectuel, social, religieux. Elle n'a vécu réellement que par la guerre et pour la guerre. Toutefois elle a créé un art que nous font connaître les ruines des palais de Khorsabad, de Koyoundjik, sur les bords du Tigre. Cet art porte l'empreinte de son génie inhumain. Sa barbare royauté l'emplit tout entier.

V. — La civilisation de l'empire chaldéo-assyrien fut comme la synthèse des deux génies. La guerre emplit Babylone, comme Ninive, de troupeaux de captifs ; mais la religion, les sciences, l'activité économique, y refleurirent, ainsi que son art, dont nous ne pouvons qu'évoquer la vision fastueuse. C'est que, si l'Assyrie était riche en carrières et en métaux, la Chaldée n'avait que l'argile pour ses grands travaux. La pierre a sauvé Ninive de l'éternel oubli : la brique n'a pu résister aux assauts des peuples et du temps. C'est là surtout qu'on peut dire que « les ruines mêmes ont péri ».

Cependant la science de notre siècle a recueilli, rapproché des millions de ces fragments brisés. Les textes cunéiformes qui les recouvrent ont été déchiffrés ; on a éclairé les profondeurs d'un passé invraisemblable. Ce sont des conquêtes plus belles que celles des maîtres du Tigre et de l'Euphrate.

I. **Le pays.** — Entre la civilisation égyptienne et la civilisation chaldéo-assyrienne, les ressemblances sont nombreuses. Toutes les deux remontent à une très haute antiquité et ont eu une très longue durée ; toutes les deux ont gardé une empreinte profonde des conditions physiques au milieu desquelles elles se sont développées ; toutes les deux ont été ressuscitées sous nos yeux et presque en même temps par la découverte des monuments et la lecture de textes longtemps réputés indéchiffrables : l'assyriologie est, comme l'égyptologie, une conquête du xixe siècle. Mais les différences ne sont pas moins intéressantes.

Le Tigre et l'Euphrate. — La région chaldéo-assyrienne est, comme l'Egypte, une sorte d'oasis, entre le désert de Syrie à l'ouest, et, à l'est, les pentes rapides qui escaladent les parois du plateau de l'Iran, premier étage des hautes terres de l'Asie centrale. Sur un espace beaucoup plus vaste que la vallée du Nil, ce sont aussi les eaux fluviales qui ont créé la vie : seulement, et c'est le premier fait physique essentiel, au lieu d'un fleuve, il y en a deux; ils naissent l'un et l'autre dans le puissant massif arménien. Le Tigre prend vite sa direction définitive, vers le sud-est; le plateau de l'Iran lui fournit, tout le long de la rive gauche, de nombreux tributaires. L'Euphrate fait, au sortir de l'Arménie, un long détour à l'ouest; c'est là qu'il reçoit tous ses affluents; puis il entre dans l'immense plaine, et il y coule, puissant et solitaire, à peu près parallèlement au Tigre. Dans la haute antiquité, les deux fleuves finissaient à quelque distance l'un de l'autre : peu à peu, leurs énormes dépôts se sont mêlés en formant une plaine d'alluvions de 400 kilomètres; leurs eaux se sont confondues en une seule branche, le Chatt-el-Arab, qui se jette dans le golfe Persique. Gonflés par les pluies et la fonte des neiges, ils débordent tous les deux en avril et reviennent dans leur lit à la fin de juin : bienfaisantes quand elles sont réglées par le travail humain, ces inondations périodiques, abandonnées à elles-mêmes, ravagent la contrée et y sèment la fièvre : le « don des fleuves » devient alors le fléau du pays.

La Chaldée et l'Assyrie. — A un autre point de vue encore, celui du relief, la région est double. Au sud du massif arménien et au pied du plateau iranien, sur le haut Euphrate, sur la rive gauche du Tigre, elle est fortement accidentée, coupée de vallées nombreuses, âpres, mais variées et pittoresques : c'est l'antique pays d'Assur, l'Assyrie. Entre les deux fleuves (c'est ce que signifie le nom grec de Mésopotamie) et jusqu'à leur embouchure, s'étend une plaine sans fin, légèrement accidentée d'abord, puis, à mesure qu'on se rapproche de la mer, de plus en plus monotone et morne, à peine hérissée de quelques tertres ou *tells,* que couronnèrent jadis les plus vieilles cités du monde, aujourd'hui remplacées par de misérables villages. C'est la Chaldée. Leur fortune se résume en deux noms, qui évoquent à eux seuls des idées d'effrayante puissance et de chute tragique, Ninive la Féroce, Babylone la Superbe. On peut encore distinguer un troisième pays, l'Elam : du bas Tigre, il s'élevait en gradins successifs vers l'Iran ; riche et riant, il fut, à l'aube des temps historiques, puissant et conquérant ; mais il était entre l'enclume et le marteau, entre la haine des Chaldéens, qu'il avait d'abord soumis, et la convoitise des Assyriens. Sa capitale, Suse (Chouchâ la Grande), est une ville à éclipses, qui, à plusieurs reprises dans le cours des siècles, a brillé et disparu.

Climat; produits. — Pour le climat, la Chaldéo-Assyrie, avec ses violents contrastes, ne rappelle en rien la douceur du ciel égyptien. Sous l'aigre vent du nord, l'hiver y est souvent glacial, l'été toujours brûlant, desséché par des tourbillons de sable ; parfois des pluies diluviennes. Aux temps antiques cependant, c'était un pays de production intense. L'Assyrie avait ses forêts, ses vergers, ses champs de cultures diverses. La terre babylonienne, partout où un savant régime d'irrigation portait les eaux fertilisantes, était un incomparable champ de moisson : le blé, l'orge, avaient, suivant Hérodote, des feuilles larges de quatre doigts et donnaient deux ou trois cents grains pour un. « Je ne dirai pas, ajoute-t-il, quelle hauteur atteignait le millet, pour ne pas être accusé de mensonge. » Pas d'oliviers ; le sésame les remplaçait pour la fabrication de l'huile ; pas de figuiers ni de noyers, mais le précieux palmier-dattier, qui, suivant Strabon, pouvait servir à trois cent soixante usages. Aujourd'hui, par suite de la demi-barbarie des habitants et de l'incurie proverbiale du régime turc, c'est presque une misérable steppe, que rongent comme une lèpre les végétations parasites et les marécages pestilentiels.

La faune a peu changé : c'est à peu près celle de l'Egypte ancienne : des troupeaux de bœufs, des troupes d'ânes sauvages, d'antilopes, de cerfs, d'autruches, des sangliers, quelques lions. La pêche est toujours abondante. Les légendes chaldéennes plaçaient parmi les plus anciennes divinités le dieu poisson *Ea,* « qui sortit des eaux pour enseigner aux hommes les choses utiles ». Le sous-sol offrait peu de ressources : l'Assyrie seule avait des carrières de pierre ; en Chaldée, l'argile était partout et servait à tous les usages ; peu de métaux, mais de nombreux dépôts de bitume. L'art et l'industrie avaient, en somme, beaucoup à emprunter aux pays voisins. Telle quelle, la Chaldéo-Assyrie nous apparaît comme une Egypte plus vaste, plus inégale, plus dispersée et surtout divisée contre elle-même.

II. Les grands événements : premières légendes. Nemrod, Sémiramis. — On peut trouver dans cette esquisse géographique les grandes lignes de l'histoire chaldéo-assyrienne. Le dualisme du pays se traduit par des luttes acharnées entre les peuples de la montagne et ceux de la plaine, entre la grande cité du Tigre et celle de l'Euphrate. Les rudes contrastes du climat sont pour quelque chose dans la férocité des mœurs. Le ciel, le sol, fournissent à la religion ses principaux éléments ; à l'art, à l'industrie, leurs matériaux essentiels. Une sorte de civilisation barbare, qui n'est ni sans grandeur ni sans résultats utiles pour l'humanité, se développe sur les ruines qu'elle accumule, et succombe à la fin sous la conjuration des haines qu'elle a provoquées. Quelques noms suffiront à marquer les grandes phases, pour la Chaldée primitive, pour l'empire assyrien, pour l'empire babylonien.

Les deux premiers noms sont ceux des fondateurs légendaires : pour Babylone, c'est Nemrod, que la Genèse appelle « le fort chasseur », et que l'art représente sous les traits frustes d'un géant étouffant sans efforts un jeune lion entre son bras et sa poitrine. Il se confondra dans

la suite avec Melkarth, l'Hercule tyrien, le destructeur
des fauves. Pour Ninive, c'est Sémiramis, héroïne d'un
véritable roman fabriqué beaucoup plus tard par l'imagination des Perses : elle a grandi miraculeusement, sauvée des eaux et nourrie par des colombes. Elle épouse
Ninus, séduit par sa beauté; elle le fait périr et lui
élève un tombeau magnifique. Alors elle conquiert le
monde; son empire atteint la frontière de l'Inde, la Méditerranée, l'Ethiopie (ce seront justement les limites
du royaume des Perses). Elle se livre ensuite aux travaux utiles et magnifiques, embellit Ninive et Babylone, crée des jardins superbes, trace des routes, perce
des rochers, endigue des fleuves. Elle se livre aussi à
la fougue de ses passions; les tertres de la Chaldée
auraient été élevés par elle pour ensevelir royalement
ses amants d'une nuit. On dirait, et le rapprochement n'a
pas échappé à la malice de Voltaire, une Catherine II
préhistorique. Elle meurt enfin, soit par ordre de son fils
Ninyas, vengeur de Ninus, soit changée en colombe par
les dieux.

Les cités primitives de la Chaldée. — Après la
légende, les origines brumeuses de l'histoire. C'est la
Chaldée qui émerge d'abord de l'ombre. Des cités apparaissent, que nomme la Genèse, et dont les explorateurs
ont retrouvé quelques débris dans les *tells* épars dans la
plaine de l'Euphrate : Our, d'où part Abraham; Ourouk,
où Sargon l'Ancien fonda une *cité des livres;* Larsam,
Agadé, Tello (aujourd'hui Sirtella), où régnait Goudéa;
Babylone, dont le roi Hammourabi fut un grand législateur. Ces cités, tantôt isolées et en lutte, tantôt fédérées
ou subordonnées entre elles, étaient gouvernées par des
patésis, vice-rois ou vicaires religieux. Une civilisation
d'une extrême originalité s'y développe, pendant un
nombre de siècles impossible à évaluer. A la fin, Babylone l'emportait sur ses rivales, quand surgit la puissance
de l'Assyrie, la fortune de Ninive, à laquelle tout va
céder.

L'empire assyrien. — Ces peuples du moyen Tigre et de la montagne sont des peuples de proie ; leur histoire, c'est la guerre perpétuelle et la destruction portée partout ; leur art n'a d'autre fonction que d'élever des trophées à leurs victoires. Des premières dynasties se détachent quelques noms que leurs luttes contre d'autres peuples permettent de dater avec précision : Teglat-Phalasar (1120), qui écrasa les Babyloniens, et son fils Salmanazar III, qu'on peut voir, dans l'obélisque de Nimroud, présidant au défilé des captifs et recevant les présents des vaincus. Mais la dynastie triomphante et terrible est celle que fonda en 722 un soldat de fortune, Sargon l'Assyrien. Son fils Sennachérib (704-650) porte ses armes jusqu'au seuil de l'Egypte, où il est arrêté, suivant la tradition, par une armée de rats. On signale encore Assurbanipal (667-625), qui aurait détruit la puissance égyptienne et régné sur le Nil, jusqu'au delà de Thèbes. C'est toujours la même histoire, ou à peu près. Ces conquérants ne font que rarement la guerre aux pays pauvres et belliqueux, l'Arménie, l'Iran. Le plus souvent, ils s'acharnent sur la Chaldée, qui cherche à secouer le joug ; sur les Juifs, qui soutiennent dans Jérusalem l'assaut de toutes les forces assyriennes. Par delà, ils vont imposer le tribut aux riches cités phéniciennes, piller l'Arabie, ou se mesurer contre la puissance des Pharaons. Ces grands destructeurs sont aussi de grands bâtisseurs : au retour de leurs campagnes, ils élèvent dans Ninive ou aux environs des palais dont on verra plus loin quelle était la magnificence.

La chute de Ninive. — Une légende, qu'aucun monument n'a confirmée, donne à Ninive une fin à la fois tragique et honteuse. Assailli dans sa capitale par les Mèdes et les Chaldéens, une sorte de roi fainéant, Sardanapale, enferme ses femmes et ses trésors dans son palais, y met le feu et périt dans les flammes avec ce luxe monstrueux fait des dépouilles du monde oriental (608).

Telle est l'histoire de l'empire assyrien. Quelques textes donneront mieux encore l'idée de sa cruauté : « J'élevai, dit Assur-Nazir-Pal, une pyramide devant la porte de la ville; je fis écorcher vifs quelques-uns des chefs; d'autres furent murés vivants dans la maçonnerie; d'autres furent empalés le long des remparts. J'en fis écorcher sous mes yeux un grand nombre, et je tapissai la muraille de leurs peaux. Je fis des couronnes avec leurs têtes, des guirlandes avec leurs membres. J'emmenai le roi à Ninive et j'étendis sa peau sur le rempart. » Après l'ivresse du carnage, la poésie du néant : « J'ai balayé, dit Assurbanipal, le pays d'Elam dans toute son étendue : de la voix des hommes, du passage des bœufs et des moutons, du son de la musique joyeuse, j'ai privé à jamais ses campagnes : je n'y ai laissé que les bêtes sauvages, les serpents, les gazelles, les hôtes du désert. »

Aussi, quand la ville malfaisante s'écroule à son tour, un long cri de joie s'élève du sein des nations opprimées, et le prophète juif Nahum le traduit en strophes ardentes :

« Malheur à la cité sanguinaire, qui ne cesse ses rapines. — Ecoutez le fouet, écoutez un bruit de roues, un galop de chevaux et de chars qui bondissent : les cavaliers se ruent, l'épée brille, la pique étincelle. Quelle multitude de tués ; quelles montagnes de cadavres! Des morts à n'en pas finir, on bute partout contre leurs corps. Et tout cela pour les intrigues de cette cité perverse, de cette belle et artificieuse enchanteresse, qui séduisait les peuples par ses caresses et les nations par ses enchantements. — Me voici, c'est mon tour! dit Jéhovah. Je relèverai ta jupe sur ton visage, pour montrer ta nudité aux nations, ta honte aux royaumes! Je jetterai des ordures sur toi, je cracherai sur ton visage, je t'exposerai en spectacle, et quiconque te verra fuira en disant : Ninive est ruinée! — Porte de l'eau pour le siège, refais tes remparts, foule l'argile et la glaise, répare le four à briques. — Malgré tout, le feu te dévorera. Point de remède à la blessure : ta plaie est mortelle. Tous ceux qui te connaissent applaudissent à ta destinée, car sur quel peuple ta férocité n'a-t-elle pas passé? »

L'empire babylonien. Nabuchodonosor. — L'Assyrie ruinée, la puissance de la Chaldée renaît sous le sceptre de Babylone. Nabonassar ouvre l'ère du nouvel empire chaldéen (747), qui atteint sous Nabuchodonosor (604-561) son plus grand développement. Mais c'est une Chaldée *assyrianisée,* qui a hérité de sa rivale l'amour des conquêtes et l'orgueil des dévastations. Les temps étaient favorables à son ambition. « Toutes les grandes puissances du monde oriental étaient alors à l'agonie. » La résistance la plus opiniâtre fut celle du peuple juif, sous Joachim et Sédécias. Nabuchodonosor n'en triompha qu'en prenant Jérusalem, en pillant le temple, en emmenant le peuple captif au bord de l'Euphrate. Du génie de l'antique Chaldée, toutefois, Nabuchodonosor avait gardé le goût des grands travaux et de la haute culture. Avec lui, Babylone n'est pas seulement la ville immense dont les proportions nous semblent fabuleuses : c'est un foyer d'activité religieuse, intellectuelle, économique. La Bible, qui semble avoir pour ce vainqueur plus d'estime que pour les misérables rois de Ninive, entoure ses dernières années de légendes : il aurait été pendant sept ans changé en bête; il aurait prédit la ruine de son empire, et disparu mystérieusement.

La chute de Babylone. — Cependant les Juifs, sur les bords de l'Euphrate, suspendant leurs harpes aux saules de la rive, attendaient; et déjà leurs prophètes annonçaient la chute du « colosse aux pieds d'argile ». Des princes pieux et faibles succèdent au grand conquérant. Le vengeur promis par Jéhovah à son peuple grandit : c'est Cyrus, à la tête des forces jeunes de la Perse. Hérodote a fait de la prise de Babylone un récit tout humain, une page d'histoire militaire. Les Perses pénètrent la nuit dans la ville par le lit de l'Euphrate dont le cours a été dérivé en amont; ils égorgent le peuple et son roi Balthasar au milieu d'une fête (538). Daniel donne à cette dernière heure de la cité impie une couleur extraordinaire. L'arrêt de mort prononcé par le Dieu des Juifs éclate en lettres de feu sur les murs du palais, et Babylone disparaît dans une orgie suprême et une agonie de terreur.

III. Civilisation de la Chaldée primitive. — La magie. — A ces trois âges de l'histoire chaldéo-assyrienne correspondent trois civilisations proches parentes, distinctes cependant, et qui ont chacune leurs traits caractéristiques. Mais la première seule est vraiment importante et féconde pour l'humanité : c'est celle de la Chaldée primitive, ou, comme on dit, la civilisation *proto-chaldéenne*. Elle se résume en quelques mots : la religion, la science, l'organisation sociale.

Un sacerdoce puissant, dont nous connaissons mal l'organisation, préside à la vie chaldéenne. La religion comprend deux éléments : d'abord le culte des démons ou génies. Tout ce qui arrive de bon et surtout de mauvais aux hommes vient de ces esprits. Il y en a de la tempête, du vent du sud-est, de la grêle, du feu, de l'eau, de la fièvre, des ulcères, de la peste, de la folie. Ils sont représentés par des combinaisons fantastiques d'animaux différents, grimaçants et hideux, par des statuettes, ou sur des cylindres d'argile, qui servent à chaque Chaldéen de sceau et de talisman à la fois. On conjure leur méchanceté par des amulettes, des formules d'incantations, des recettes de toute sorte : oignon brûlé, datte pulvérisée, morceau de laine déchiré, etc. L'ensemble de ces procédés constitue la magie. Les mages, qui en connaissent les secrets, et qui de plus interprètent les songes, perpétuelle inquiétude des rois, sont puissants par la terreur qu'ils entretiennent et qui est le fond de cette religion populaire.

Le culte des morts. — On a cru longtemps que les Chaldéo-Assyriens n'avaient pas pratiqué le culte des morts. On n'avait pas découvert une tombe en Assyrie. On a fini par en trouver des centaines de milliers dans la basse Chaldée, à Warka notamment. Là d'énormes collines ne sont que des dépôts de restes mortuaires. Elles sont soigneusement drainées pour empêcher la corruption des corps. Ceux-ci, entourés de bandelettes, sont déposés dans des étuis ou des jarres d'argile, avec leurs armes, leurs bijoux, des provisions. Mais point d'inscription funéraire, point de représentation des scènes familières, rien de cette tendresse fidèle que nous a montrée la bonne Égypte. La tombe chaldéenne est muette et reste solitaire. D'ailleurs, sur les reliefs des palais assyriens qui nous offrent le spectacle des supplices les plus variés, point d'image de la mort naturelle et des funérailles. On dirait que ce peuple, en se délectant à la vue des tortures des vaincus, ne veuille pas laisser croire à la mort des vainqueurs.

Les grands dieux : le culte sidéral. — L'originalité de la religion est dans le culte des grands dieux : ce sont des forces de la nature plutôt que des forces morales, terribles plutôt que bienfaisantes. Les prêtres, qui semblent être arrivés à une conception assez haute de la Divinité, gardaient en partie leurs secrets ; ils révélaient cependant un Dieu supérieur, un *démiurge,* Ilou, représenté par une sphère ailée, et qui se confondait avec les dieux nationaux, Assur pour Ninive et Bel pour Babylone. Il y avait encore Anou (l'abîme), Ramann (le tonnerre). Il y avait surtout les sept divinités sidérales. Les Chaldéens connaissaient et adoraient cinq planètes : Istar (Vénus et la Volupté), Ninip (Saturne et la Force), Nebo (Mercure et l'Intelligence), Nergal (Mars et la Guerre), Marduk (Jupiter et la Puissance). Ils y ajoutaient Samas (le Soleil), Sin (la Lune) ; détail caractéristique : l'astre brûlant et souvent malfaisant du jour était placé, par la religion chaldéenne, au-dessous de celui qui éclaire de sa douce lumière la terre reposée et permet de contempler le ciel étoilé.

L'astronomie. — Les Chaldéens furent d'admirables observateurs du ciel. Ils n'ont pas seulement inventé l'astrologie, qui détermine la destinée des hommes d'après la conjonction des astres ; ils ont créé l'astronomie en contemplant le ciel, au-dessus de leurs vastes plaines, dans la sérénité des nuits, et cela *pendant des centaines de siècles peut-être!* Ils ont distingué les planètes des étoiles fixes, donné un nom à plusieurs constellations, calculé le retour des éclipses, établi la précession des équinoxes, déterminé la semaine des sept jours consacrés aux sept divinités sidérales, le mois lunaire, l'année solaire. Leur calcul du temps est servi par un système numérique déjà très savant, décimal et duodécimal. L'humanité leur doit l'origine de toute sa science des mondes.

La législation. — Ce qui n'étonne pas moins, dans cette société primitive, c'est une législation très minutieuse, touchant les personnes et les biens. L'héritage et la dot, les ventes et les contrats, les baux de fermes, les prêts à intérêt, sont réglés dans tous leurs détails en vertu de principes généraux. Nous possédons en quantité innombrable de véritables actes notariés, gravés sur des briques en caractères cunéiformes et sur lesquels les parties ont apposé leur sceau ou cylindre. Ce peuple avait, au même degré que le goût de la science, l'instinct de la propriété et le sens de la loi[1].

Les arts. Les temples, les palais. — Il avait un art aussi : mais ses monuments n'ont guère survécu. La Chaldée n'a point de carrières de pierres; mais on y trouve partout de l'argile, et sur beaucoup de points du bitume. « A ces peuples, dit la Genèse, l'argile servait de pierre, le bitume de ciment. Ils employaient la brique crue (argile séchée au soleil) pour les constructions médiocres, la brique cuite pour les grands édifices, la brique émaillée (enduite de couleur avant la cuisson) pour l'ornementation. Cela leur permit de construire très rapidement, et aussi d'élever des voûtes formidables et d'audacieuses coupoles. Mais le temps, qui brise la pierre, dissout ou pulvérise la brique, et nous n'avons guère que la poussière de cette architecture. Cependant on a

---

1. Sur les lois chaldéennes, voir à la fin du chapitre les lois de Hammourabi; sur l'écriture cunéiforme, voir à la fin du chap. III.

retrouvé en plusieurs endroits les assises des temples élevés aux divinités sidérales. Ce sont les *ziggurats,* pyramides à sept étages, en l'honneur des sept astres ; chaque étage était revêtu de la couleur de son astre (Vénus, le blanc ; Mars, le vermillon ; la Lune, argent, etc.). Le sommet était à la fois un autel et un observatoire. On a découvert aussi à Tello (aujourd'hui Sirtella) les ruines encore imposantes d'un palais (fouilles de M. de Sarzec), celui du roi Goudéa, et, dans une des salles, onze statues : la plus remarquable est celle du roi Goudéa, simplement vêtu, assis dans une attitude pleine de gravité, une tablette sur ses genoux. L'exécution, d'une force et d'une sobriété rares, met cette œuvre très près des plus belles productions de l'art égyptien. Quelques statuettes, en bronze ou en terre, fort originales, montrent aussi que l'élégance et la fantaisie n'étaient pas étrangères à ces artistes, qui vécurent vingt siècles avant l'ère chrétienne.

La vie chaldéenne. — Ainsi nous apparaît dans son cadre grandiose, sans être gigantesque, dans son luxe d'une certaine sévérité, et qui n'est pas fait encore des dépouilles des nations, un de ces *patésis,* administrateurs et prêtres tout ensemble, Goudéa grave et simple ; et nous pouvons nous figurer à son image Sargon l'Ancien, avec lequel commence à poindre l'aube de l'histoire, ou Hammourabi, le législateur de la primitive Babylone. Ce ne sont point encore les grands ravageurs qui se prétendent les maîtres du monde, mais des pasteurs de cité. C'est dans ces territoires relativement limités qu'est née la civilisation chaldéenne, qui se déformera plus tard dans les monstrueux empires. La guerre est sans doute, pour ces cités, une nécessité quotidienne, contre les Elamites, contre les peuples de la montagne ; mais elle est de défense plus que de conquête, et elle n'est pas toute la vie. Il y a d'autres occupations : assainir le sol, le fertiliser par l'irrigation, le partager entre les propriétaires, établir les conventions sociales qui protègent ceux-ci et qui fondent la famille, assurer le repos aux morts, se défendre des mauvais génies, honorer les grands dieux, demander aux éléments et surtout aux astres les secrets de la vie, enfin perpétuer dans le lointain avenir le souvenir de toutes ces choses pieuses ou utiles. La vaste plaine qui produit jusqu'à trois récoltes par an est sillonnée de grands fleuves, par lesquels se font les échanges au moyen de bateaux ronds (les *koufas*), rayée d'innombrables canaux dont les eaux sont distribuées suivant des règles fixes, hérissée de *tells* : les uns portent les palais-forteresses, avec leurs dômes et coupoles ; les autres, nus et sans parure, enferment les tombeaux, cités des morts à côté de celles des vivants ; d'autres servent de piédestal à des tours à étages, qui escaladent le ciel et vont essayer de percer les mystères des dieux sidéraux. Au-dessus des forces naturelles que le peuple implore ou redoute, les prêtres conçoivent peut-être une divinité suprême, unique, Ilou ; ils esquissent des systèmes sur la formation des mondes. Et, pendant vingt ou trente siècles que des travaux récents ont tirés du néant, s'élaborent, par un labeur constant et méthodique, la religion, la science, l'art, la société, tout cela marqué du sceau, du *cylindre* de cette race forte. En vérité nos modernes savants ont fait une très belle œuvre en remontant ainsi jusqu'à leurs premiers ancêtres !

IV. **Civilisation assyrienne. — La royauté.** — La civilisation assyrienne n'a pas cette puissance créatrice : religion, science, législation, art, elle a tout emprunté à la Chaldée. Mais, animée d'un esprit tout différent, elle a tout déformé, comme nous l'avons dit. Ce peuple de proie, dont la sanguinaire Ninive est le repaire, n'a vécu que par la guerre et pour la guerre. Il n'a glorifié que la force, et il l'a incarnée dans ses rois, qui ramènent tout à eux, qui absorbent tout : la religion, car les dieux ne sont plus que leurs auxiliaires dans le péril et les complices de leurs œuvres de ruine : l'art, qu'ils asservissent à leurs superbes fantaisies ; l'histoire même, qu'ils envahissent, qu'ils encombrent du récit de leurs victoires et des témoignages mille fois répétés de leur grandeur. Toute l'originalité de la civilisation assyrienne réside dans ce monstrueux développement de la royauté.

Les palais. — Souvent ces souverains déplacent leur résidence : toujours ils bâtissent de nouveaux palais; au besoin ils détruisent l'œuvre de leur prédécesseur pour la remplacer et la dépasser. Après la légendaire cité d'Assur, la première capitale est bâtie par Assur-Nazir-Pal à Kalach-Nimroud, sur une colline dont le Tigre baigne le pied, à 25 kilomètres au sud de Mossoul. Salmanazar élève sur les ruines de celle-là sa propre demeure. L'usurpateur Sargon plante son palais (Dar-Sarioukin) sur le pourtour de Khorsabad, à 15 kilomètres nord-est de Mossoul. Sennachérib se rapproche du fleuve et couvre d'orgueilleuses constructions le *tell* de Koyoundjik : désormais Ninive est le centre de la puissance des Sargonides; elle brillera sous Assurbanipal de son plus vif éclat.

Khorsabad. — C'est le palais de Khorsabad qui peut le mieux nous donner l'idée de cette civilisation. Découvert en 1842 par un Français, M. Botta, il a été l'objet de très curieuses études, qui permettent d'en évoquer la vision au milieu des ruines. Il est adossé à la grande ville et couvre à lui seul une superficie de dix hectares : près d'un million et demi de mètres cubes de matériaux ont été charriés là. On y accède soit par un escalier monumental et une porte ornée de génies ailés, soit par une longue et large rampe. L'ensemble des bâtiments enferme 209 chambres, réparties en trois groupes, répondant aux besoins de la vie orientale qui n'a pas changé. Il y avait alors, comme aujourd'hui, les appartements privés (le harem), les communs ou bâtiments de service (le khan), les salles de réception officielle (le sérail), où l'art de la décoration épuisait sa splendeur par l'emploi du bronze, des bois précieux, des briques polychromes, des tentures. L'aire très vaste de la terrasse comprend aussi un temple à étages, et peut-être des jardins suspendus. Des génies bienfaisants, les *kérubins*, taureaux ailés à tête humaine (qu'on peut voir au Louvre), gardaient la porte monumentale. A l'intérieur on n'a pas trouvé de statues isolées, mais d'immenses surfaces murales étaient couvertes de sculptures en relief.

La vie royale en Assyrie. Les reliefs. — Pour faire revivre cette royauté au milieu de son peuple de serviteurs, d'ouvriers, de gardes, de femmes, d'eunuques, nous n'avons qu'à lire sur les murs du palais. En deux mots, ces rois ont toujours des proportions surhumaines et des occupations inhumaines. Partout ils dépassent de la tête leurs serviteurs. Ils apparaissent gigantesques devant les vaincus prosternés ou égorgés. Leur taille a parfois la hauteur de la forteresse qu'ils assiègent. Les voici sur leur char de guerre avec les soldats qui les protègent, ou dirigeant les sièges, puis présidant aux supplices et crevant les yeux des captifs de leurs augustes mains. Ou bien ils sont assis devant les souverains vaincus, qui leur apportent leur soumission et leurs tributs. Là ils donnent leurs ordres à leur *tartan* (grand vizir). Deux eunuques les suivent toujours, avec le chasse-mouches et la coupe des libations. Ici ils offrent aux dieux un taureau en sacrifice, là ils font des libations sur le corps des lions abattus. Ils sont à la chasse et bravent la fureur des fauves. Ils sont assis sur le lit du festin, la reine en face d'eux; la tête d'un ennemi vaincu est suspendue dans le feuillage qui encadre ce tableau familial. Partout l'obsédante vision de leur orgueil et de leur férocité.

C'est un art bien singulier, à la fois colossal et minutieux. L'infini détail du costume, de l'ameublement, de l'ornement, précieux pour la documentation, est d'un effet esthétique médiocre. Les sculpteurs assyriens n'ont atteint la perfection que dans les figures animales : la *Lionne blessée,* qui, une flèche au flanc, se traîne en hurlant, peut être considérée comme un chef-d'œuvre.

Ninive. — Tels furent les Louvre, les Versailles, les

Fontainebleau de ces monarques. De la grande ville qui fut leur capitale, nous savons peu de chose. Elle était très vaste (Jonas aurait mis trois jours à la traverser). Etait-elle fortifiée ? Les rois parlent sans cesse des enceintes qu'ils ont élevées, mais on n'en a pas retrouvé la moindre trace. Là encore, le peuple s'efface derrière la royauté. Les palais ont absorbé la ville : en tout cas, ils ont attiré sur elle l'exécration des hommes, et ils ont préparé sa fin misérable. Elle disparut tout entière. Après la clameur de haine suscitée par sa chute, son souvenir même fut perdu. Les Grecs (retraite des Dix mille) qui, au IVe siècle, passèrent près de son emplacement, n'en entendirent pas prononcer le nom. Après vingt-cinq siècles d'oubli, ses palais exhumés, les pages de pierre qui les couvraient l'ont sauvée du néant.

V. Civilisation de l'empire chaldéo-assyrien. — Nous aurons peu à dire de la Babylone de Nabuchodonosor. La civilisation de ce nouvel empire est, comme son rôle politique, un résumé brillant des deux âges précédents. Ce type de « grand roi », au sens presque moderne du mot, détruit et fonde, conquiert et gouverne, restaure la religion, remet en honneur la culture scientifique. C'est surtout un prodigieux bâtisseur ; il a voulu faire de Babylone un cadre digne de sa personne. C'est par centaines de milliers qu'on a remué de nos jours les briques portant son empreinte, signature de ses travaux. On a pu reconstituer aussi de longues listes des temples et des palais qu'il se glorifie d'avoir élevés.

Les listes seules, hélas ! subsistent. La fastueuse Babylone est maintenant mêlée à la boue et au sable des bords de l'Euphrate, près de la petite ville de Hillah, dans une plaine presque déserte, boursouflée de monticules qui ne livrent pas leurs secrets.

Babylone. — A défaut de belles ruines comme celles de Khorsabad, nous avons des textes, surtout celui d'Hérodote, dont les descriptions sont d'ordinaire fidèles. Cela nous permet au moins d'*imaginer* Babylone. Qu'on se figure, sur les deux rives de l'Euphrate, un gigantesque carré, de près de 500 stades de périmètre (93 kil.) et ayant la superficie du département de la Seine. L'enceinte extérieure était formée par un mur de 48 mètres de hauteur, de 27 de largeur, au sommet duquel deux chars pouvaient courir de front. De distance en distance, s'élevaient des tours de 100 mètres. Cent portes aux battants d'airain perçaient cette cuirasse de briques. Les deux rives de l'Euphrate, bordées aussi de murailles, étaient reliées par un pont hardi. C'était, en somme, un pays plutôt qu'une ville, et qui renfermait, avec des champs, des jardins, des habitations populaires, de véritables cités royales ou sacerdotales. Sur la rive gauche, on croit avoir retrouvé dans le monticule de *Ksar* la substruction du palais du roi; sur la rive droite, à Borsippa, les assises du grand *ziggurat,* du temple des Sept-Sphères. Il faut laisser à l'imagination le soin d'achever, avec tout ce qu'elle peut trouver de couleur et de fantaisie, ce rêve... babylonien.

Babylone a duré à la fois plus et moins que Ninive. Sou souvenir ne fut pas, comme celui de sa rivale, aboli tout d'un coup. Hérodote l'a visitée, Ctésias l'a décrite; Alexandre voulut en faire le centre de son immense empire. Son grand nom s'imposa longtemps même aux peuples à demi barbares qui campèrent parmi ses débris. Mais la pierre avait sauvé quelque chose des précieux palais ninivites : Babylone fut vraiment le colosse aux pieds d'argile.

DIRECTIONS ET BIBLIOGRAPHIE

On se gardera de s'égarer dans le détail des faits et dans la suite fastidieuse des conquêtes. Après avoir décrit le pays, un et double, qui marque si fortement cette histoire de son caractère, on se contentera de quelques faits essentiels, on s'arrêtera à quelques figures types: les annales chaldéo-assyriennes en offrent de saisissantes. On aura ainsi tout le temps nécessaire pour le développement de la civilisation, c'est-à-dire de la religion sidérale, de la royauté, de l'organisation sociale, de la science et de l'art.

Outre les grands ouvrages, déjà signalés, de Maspéro, de Lenormand, de

G. Perrot et Chipiez, on aura pour guides le précieux *Manuel de l'histoire ancienne des peuples de l'Orient,* de MASPÉRO, et le *Manuel d'archéologie orientale* de BABELON, très clair, excellent quant au choix et à l'exécution des figures.

Nous pouvons consulter encore un petit volume de M. HEUZEY (*Un Palais chaldéen*) qui renferme la substance des travaux de M. de Sarzec à Tello, et deux ouvrages très attachants de M. J. MÉNANT, le collaborateur d'Oppert : *Ninive et Babylone* et la *Bibliothèque du palais de Ninive.*

Mais la leçon ne sera pleinement intelligible qu'à ceux qui auront visité au Louvre le *Musée assyrien,* à l'entrée duquel se dressent les colosses de Khorsabad, et la *Salle des antiquités chaldéo-assyriennes,* où sont les précieuses trouvailles de MM. DE SARZEC à Tello et DE MORGAN à Suse.

ÉTUDES ET LEÇONS

I. — Les découvertes dans la région chaldéo-assyrienne.

L'assyriologie, comme l'égyptologie, est l'œuvre du XIXe siècle. Le déchiffrement des textes, la découverte des monuments, se sont poursuivies sur les bord du Nil et dans les vallées du Tigre et de l'Euphrate avec un parallélisme curieux.

Comme pour les hiéroglyphes d'Egypte, c'est une inscription trilingue, celle du rocher de Béhistoun (entre la Perse et la Mésopotamie), qui a servi de point de départ pour la lecture des caractères cunéiformes. De 1778 à 1802, des savants danois, allemands, notamment Grotefend, réussirent à isoler les caractères formant les noms de Darius, Xerxès, Hystaspe. Ils ont eu pour continuateurs, au milieu du siècle, les grands orientalistes Lassen (Norvégien), Rawlinson (Anglais), Burnouf et Oppert (Français).

En 1842, le consul de France à Mossoul, Botta, fut chargé de rechercher l'emplacement de Ninive, sur la proposition de l'orientaliste Jules Mohl, un Allemand établi à Paris, comme Oppert : car, si des savants de tous pays ont pris part à ces travaux, Paris en fut certainement, pendant trente ans, le foyer le plus actif. Botta s'attaqua d'abord à la colline de Koyoundjik, puis il l'abandonna pour porter ses efforts plus au sud, sur le monticule de Khorsabad (1843). Les beaux morceaux qu'il y découvrit, et qui sont pour la plupart à Londres, lui firent croire à tort qu'il avait découvert les ruines de la fameuse cité. C'était, en tout cas, une véritable résurrection de l'art assyrien. Son successeur à Mossoul, Victor Place, continua ses travaux en 1851.

Dans l'intervalle, les Anglais s'étaient mis à l'œuvre. Un diplomate anglais, attaché à l'ambassade de Constantinople, mit au jour, en 1845, les ruines du palais d'Assour-Nazir-Pal et de Salmanazar à Kalach-Nemroud (notamment l'obélisque célèbre où l'on voit le défilé des peuples vaincus); puis, en 1848, revenant sur le terrain abandonné par Botta, il exhuma, sur l'emplacement de Ninive même, le palais d'Assurbanipal et sa bibliothèque de briques.

Après l'Assyrie, la Chaldée. En 1851, une mission française, dirigée par Oppert, Fresnel et l'architecte Félix Thomas, entreprit d'exhumer l'éternelle rivale de Ninive, Babylone. Les travaux de cette campagne de trois ans, qui coûta la vie à Fresnel, donnèrent de précieux résultats quant à la topographie de la ville, mais au point de vue artistique on ne put rien tirer de cette poussière de ruines.

Peu après, l'Anglais Loftus découvrait, dans la basse Chaldée, l'importante nécropole de Warka (1858). Un autre Anglais, George Smith, par de véritables miracles d'interprétation, a dressé le catalogue de la bibliothèque d'Assurbanipal (1874).

Enfin deux Français ont apporté les plus récentes contributions à l'assyriologie. M. de Sarzec, de 1877 à 1881, a fait revivre, par ses fouilles à Tello et sa découverte du palais du roi Goudéa, la primitive civilisation chaldéenne. En 1902, sous la Suse des Achéménides, si heureusement reconstituée par M. et Mme Dieulafoy, M. de Morgan retrouva la Suse élamite et y fit la précieuse trouvaille des lois de Hammourabi.

On voit combien constante et féconde a été l'émulation des savants de toute l'Europe. Elle est toute à l'honneur du siècle qui vient de finir.

II. — **Deux documents précieux.**

1° Le premier, qu'on peut voir au Louvre, est une stèle sur laquelle sont gravées les *lois de Hammourabi,* un souverain qui régnait à Babylone vers le XXIII° siècle avant Jésus-Christ. Elle fut probablement emportée à Suse comme trophée par les Elamites, vainqueurs des Chaldéens. Elle a 2m,25 de hauteur. Au sommet, on voit le dieu Samas (le soleil) remettant au roi les lois qu'il va publier. Elle comprend 280 lignes d'écriture cunéiforme. Le P. Scheil en a donné la traduction.

Par l'ordre et la méthode, par les principes qui dominent toute cette législation, c'est un véritable code, à la fois civil et pénal. La société est divisée en trois classes dont les droits sont inégaux : les hommes libres, une sorte d'aristocratie de propriétaires fonciers; les *monchkinons,* probablement des affranchis ou des enfants illégitimes; enfin, les esclaves. La condition des femmes est l'objet de nombreux articles : elles ne peuvent pas être répudiées sans jugement; la stérilité, l'incompatibilité d'humeur, sont des cas de répudiation. Si les torts sont du côté du mari, il doit restituer la dot. Certains articles protègent les enfants mineurs et en remettent la tutelle à la mère. « La condition des magistrats et des officiers publics, dit Maspéro, est définie avec soin, et des peines sévères sont portées contre la corruption et les méfaits de tout genre auxquels un juge peut se laisser aller : l'amende, la destitution, la mort, selon les cas. L'affermage des terres, l'irrigation, la pâture, l'aménagement des champs ou des jardins, les violences contre les personnes et contre les animaux domestiques, toutes les questions d'économie rurale fournissent la matière de prescriptions nombreuses... — Les articles suivants traitent du commerce par eau et du nolis des barques fluviales, de la location des hommes et des bêtes pour l'agriculture, le commerce ou l'industrie, du tarif des salaires, et ils sont remarquables par la sollicitude du législateur... — Il y a des choses curieuses sur les responsabilités qu'encourent vis-à-vis de leurs clients les médecins et les architectes. Lorsqu'un accident arrive par leur faute, ils subissent la peine du talion, jusqu'à la mort inclusivement. » La loi était sur ce point d'une logique féroce : si, par la faute de l'un ou de l'autre, un enfant périssait, c'était l'enfant du médecin ou de l'architecte qui devait périr.

En dépit de quelques traces de barbarie, c'est, en somme, un monument législatif digne d'admiration, si l'on songe qu'il fut composé au temps où la plus grande partie de l'humanité était encore à l'état sauvage et où « l'homme était un loup pour l'homme. » (Voir la *Revue des idées,* 17 février 1905, article de J. RIVIÈRE.)

2. *La bibliothèque d'Assurbanipal.* — Layard avait trouvé dans une des salles du palais de Koyoundjik, sous un plafond écroulé, une énorme quantité de briques, en grande partie brisées. Avec une sagacité qui tient du prodige, l'Anglais George Smith, en rapprochant les fragments, en complétant les lacunes, a su tirer de ces débris les éléments d'une véritable encyclopédie des connaissances chaldéo-assyriennes. Livres singuliers et impérissables, dont les pages sont des plaques, des barils, des cylindres d'argile couverts de fins caractères en forme de clous.

A l'époque d'Assurbanipal, sous l'influence de la Chaldée, les mœurs de la farouche Ninive s'adoucissaient; elle rêvait d'autres gloires que la guerre perpétuelle. Le roi voulut fixer à jamais, non seulement le souvenir de son règne, mais tout le passé de sa race. Aussi trouve-t-on dans sa bibliothèque des textes d'une langue primitive (qu'on appelle le *sumérien*), avec des vocabulaires, des grammaires, des traductions en assyrien, qui nous ont permis de les interpréter. On en a pu extraire les éléments d'une chronologie, toute une jurisprudence, des règles d'économie rurale. La science chaldéenne y tient aussi une large place : classification des animaux, des végétaux, des minéraux, observations astronomiques surtout : les directeurs des observatoires rendent

compte au roi de leurs travaux : telle éclipse de lune a pu être
étudiée; pour telle autre, les nuages ont obscurci le champ d'observation. A côté des textes relatifs au dogme et à la magie, la
poésie a aussi son rayon. Il y a un récit dantesque de la descente
d'Istar (la grande déesse) aux enfers, où elle va chercher le fils
qu'elle a perdu, « vers la demeure où l'on entre, mais d'où l'on ne
sort pas » : Mais le poème le plus étonnant est celui du *Déluge*.
Xisuthrus, le Noé chaldéen, construit, sur l'ordre des dieux,
un vaisseau où il s'enferme avec sa famille, ses serviteurs, ses
meubles, ses récoltes, tous les animaux des champs... Le déluge
terminé, Xisuthrus lâche successivement la colombe, l'hiron-
delle, le corbeau. Enfin, sur une haute montagne, il offre un sacrifice à la Divinité.

Ces deux découvertes (lois de Hammourabi, récit du déluge)
ont suscité, au point de vue religieux, une vive émotion : l'autorité de la Bible en était-elle confirmée, ou son originalité dimi-
nuée? En Allemagne, il y a eu d'ardentes polémiques, auxquelles
Guillaume II n'a pas dédaigné de prendre part, sur la question
de savoir si les Juifs avaient emprunté leur loi de Moïse aux
Chaldéens. En Angleterre, on s'est demandé s'ils n'avaient pas
emporté, de leur séjour dans la plaine de l'Euphrate, la substance de la Génèse.

CHAPITRE III

Les Phéniciens : commerce et découvertes.
Les Hébreux : monothéisme et messianisme.

I. — Une place considérable est tenue dans le monde de l'antique Orient par deux petits pays et deux petits peuples : les
Phéniciens, les Hébreux ou Juifs.

La destinée des Phéniciens ne pouvait être que maritime. Eta-
blis sur l'étroit littoral que borde le Liban, ils bâtirent leurs
cités au bord de la mer de Syrie, quelquefois dans des îles; ils
taillèrent en carènes les cèdres de la montagne; ils allèrent
chercher dans les lointains parages des moyens de vivre : ils
y trouvèrent la richesse. Ce fut d'abord Sidon qui dirigea les
entreprises, puis Tyr. Dans le gouvernement et la politique
de ces villes marchandes, tout était subordonné aux intérêts du
commerce. Tyr surtout vécut de longs siècles de prospérité
entre les grands empires qui se heurtaient autour d'elle. A la fin,
Nabuchodonosor l'asservit (574); Alexandre la détruisit (332).

II. — Le commerce des Phéniciens, qui n'était, à l'origine, qu'une entreprise de piraterie, se régularisa peu à peu par l'établissement de comptoirs. Sidon et Tyr eurent des colonies dans la mer Egée et le Pont-Euxin, la Grèce, la Sicile, la Sardaigne, le sud de l'Espagne, l'Afrique septentrionale : là, une colonie tyrienne, fondée au neuvième siècle, Carthage, devait faire refleurir la fortune de la race.

Les côtes phéniciennes furent le grand marché d'échange du monde antique, par les flottes qui sillonnaient incessamment la Méditerranée, par les caravanes qui franchissaient montagnes et déserts. Une industrie très variée se joignait à ce commerce mondial.

Les Phéniciens excellaient dans le travail du bronze, des métaux précieux, de l'argile, du verre, dans la fabrication des étoffes de laine teintes en pourpre, des bijoux, etc. Ils furent les artisans et les intermédiaires de tout le luxe du monde antique. Ils ont rendu à l'humanité un plus grand service encore en propageant l'écriture alphabétique, l'instrument de tous les progrès futurs.

III. — Tout autre est la Palestine, et très différente la destinée du peuple juif. Celui-ci s'est concentré peu à peu dans sa pensée religieuse et son isolement national, à mesure que la race phénicienne se dispersait en lointaines entreprises. La Palestine est un pays montagneux, de médiocre production, et naturellement fermé : son fleuve, le Jourdain, finit dans une mer intérieure, la mer Morte. Nous ne connaissons les débuts de cette forte race que par les récits bibliques : avec le patriarche Abraham et ses descendants, elle mène la vie pastorale. Avec Joseph, elle est fixée en Egypte ; avec Moïse, elle reçoit la loi de Dieu au Sinaï, elle erre dans le désert ; sous les Juges, elle conquiert la terre promise. La période historique est inaugurée par la brillante royauté de David et de Salomon (onzième et dixième siècles).

Puis c'est le schisme : le royaume d'Israël (Samarie) en lutte avec celui de Juda (Jérusalem) ; les prophètes essayent en vain de refaire l'unité, de relever par le culte d'un seul Dieu l'énergie de ce peuple que la masse des grands empires va écraser. Israël tombe sous les coups de Ninive (721). Nabuchodonosor prend Jérusalem et emmène les Juifs en captivité à Babylone (606).

Cyrus, vainqueur des Assyriens, rend la liberté aux captifs (536). Alors commence à Jérusalem, sous la direction du sacerdoce, une vigoureuse restauration nationale d'un caractère tout religieux. Les Juifs attendent dès lors le Messie, qui doit les faire maîtres du monde.

IV. — La croyance en un seul Dieu est devenue, au milieu de

toutes ces épreuves, et est restée dans l'histoire la grande originalité du peuple juif. Son génie et sa vie se résument en trois choses : le culte de Jéhovah, le temple élevé en son honneur par Salomon, la Bible qui dit sa puissance.

I. La Phénicie. — Entre les deux vastes empires d'Egypte et d'Assyrie, sous la perpétuelle menace de leurs irruptions, deux petits peuples ont joué un grand rôle : les Phéniciens, les Hébreux ou Juifs. Ce rôle ne leur semblait dévolu ni par leur force numérique ni par l'étendue ou la richesse de leur territoire. Ils représentent, dans le développement de la civilisation naissante, les premiers le commerce et la richesse, les seconds l'exaltation du sentiment religieux et national. Tout est contraste entre eux, leur génie, leur fortune : et cependant ils appartiennent probablement à la même race, à la grande famille sémitique ; du moins ils parlent la même langue.

La Phénicie n'est qu'une étroite corniche de 200 kilomètres de longueur, sur 30 de largeur moyenne. Elle borde les hauteurs escarpées du Liban, couronnées jadis de magnifiques forêts de cèdres et tapissées à leur base de riches cultures. Des cours d'eau torrentiels et intermittents bondissent à la mer. Des saillies rocheuses s'avancent jusqu'au rivage, y dessinent des baies de faible dimension, se continuent parfois en petites îles. Iles et baies abritent une population de pêcheurs et de trafiquants. Et, comme la côte est hérissée d'obstacles, comme le pays, même mis en valeur, ne peut suffire aux besoins de ses habitants, la mer s'offre comme le seul moyen de communication entre ces cités, comme le seul champ de leur activité. Les Phéniciens seront, longtemps avant les Grecs, et plus exclusivement qu'eux, « le peuple de la mer ».

Cités phéniciennes. — Les principales de ces cités étaient, en allant du nord au sud : Arad ou Arvad, bâtie sur une île ; Gebel ou Byblos, qui célébrait dans ses bosquets touffus les mystères d'Adonis ; Béryte, plus tard

Beyrouth; Sidon, dont le nom signifie « la Pêcherie », avec sa ceinture de jardins fleuris; Tyr ou Tsour, ville insulaire comme Arad; Aco enfin, qui est devenue Ptolémaïs, puis Saint-Jean-d'Acre. C'est autour de Sidon et de Tyr que s'est surtout déroulée l'histoire de la Phénicie. Cette histoire, au point de vue politique, se réduit à peu de chose. Sidon eut d'abord la suprématie; c'est avec elle que commencèrent les grandes entreprises; elle succomba, vers 1200, sous les coups des Philistins. Tyr prit alors et garda pendant près de neuf siècles la « direction des affaires »; on verra qu'il n'y a pas d'autre mot pour caractériser cette domination. Avec ses voisins les Juifs, elle est tantôt en paix, tantôt en guerre. Vers l'an 1000, un de ses rois, Hiram Ier, est l'allié de David qui vient de fonder la monarchie à Jérusalem. Hiram II conclut avec Salomon un marché en bonne forme pour la construction du Temple. Mais la religion creusa bientôt un fossé entre les deux peuples. Toutefois le danger, pour les Tyriens, était surtout du côté de l'Assyrie, que tentait toute richesse voisine. Tantôt Tyr résiste; tantôt elle se soumet aux puissants ravageurs ninivites, Salmanazar, Sargon, Sennachérib. Pour les Phéniciens, en effet, la guerre était une affaire comme les autres. Sans orgueil national, ils payaient volontiers une rançon, qu'ils regagnaient bien vite. Nabuchodonosor fut un vainqueur plus rude. En 587, il investit Tyr. Le prophète Ezéchiel avait annoncé que le siège serait si long « que toute tête en deviendrait chauve et toute épaule pelée ». La ville succomba en 574. Elle reprit une certaine prospérité sous la domination des Perses, auxquels elle fournissait des vaisseaux de guerre. Elle fut vaincue avec eux dans les guerres médiques. Dès lors la concurrence des Grecs réduisit de jour en jour son domaine économique. Alexandre lui porta le dernier coup. Il fut sans pitié pour ces ennemis de sa race, et, après un siège dramatique, Tyr fut effacée du nombre des cités (332).

Leur gouvernement. — En réalité, il n'y eut jamais

d'Etat phénicien. Les diverses cités avaient leur existence propre. Suivant les temps, elles subissaient la direction de Sidon ou de Tyr, mais, parfois alliées, elles étaient toujours concurrentes ; aux heures de grand péril, elles s'isolèrent dans leur égoïsme : elles laissèrent Tyr seule aux prises avec Alexandre. Ce que nous savons de leur histoire intérieure nous permet d'entrevoir des révolutions fréquentes, des luttes civiles entre la démocratie et l'oligarchie, comme celles dont est remplie l'histoire des cités italiennes du moyen âge. La plupart avaient des rois ; mais le pouvoir était surtout exercé par des conseils de grands commerçants et d'armateurs, et par les magistrats qu'ils élisaient : comme Venise et Gênes, elles avaient leurs sénats et leurs doges.

II. **Le commerce.** — La véritable histoire des Phéniciens, ce serait le bilan de leurs exportations et importations, la liste de leurs comptoirs, la statistique de leur production industrielle.

Leur commerce, à l'origine, ne fut qu'une piraterie organisée. Timidement d'abord, ces pêcheurs devenus navigateurs s'enhardissaient à quitter la côte, à gagner l'île la plus voisine, Chypre, et, par delà, Rhodes, la Crète. La mer Egée, semée d'archipels, leur rendait le courage ; ils allaient des côtes de l'Ionie à celles de l'Hellade, trouvaient partout des golfes profonds, des atterrissages sûrs ; ils s'engageaient dans les détroits au delà desquels s'ouvrait le Pont-Euxin redouté, ou bien ils contournaient le Péloponèse et atteignaient, entre l'Italie, la Sicile et l'Afrique, les portes d'un autre monde. On peut, d'après quelques récits d'Homère ou d'Hérodote, reconstituer aisément un de ces tableaux de la vie méditerranéenne. Des hommes agiles débarquaient, vidaient les flancs de leurs vaisseaux, étalaient sur le rivage leurs armes, leurs étoffes teintes, leurs statuettes, leurs bijoux et leurs vases ; le marché était ouvert ; ils expliquaient par signes aux indigènes bientôt rassurés qu'ils leur céderaient ces merveilles pour du bois, du blé, de l'huile, de la laine, du

minerai, des coquillages de pourpre. L'échange se faisait
en nature; ces créateurs du commerce n'ont pas inventé
la monnaie : à quoi leur eût-elle servi? Les richesses de
deux mondes venus à la rencontre l'un de l'autre pas-
saient de mains en mains, entre ces marchands avisés et
leurs rustiques clients. Les hommes soupesaient les armes; les femmes maniaient les bijoux avec convoitise,
les enfants regardaient émerveillés. Un beau jour la cargaison était vendue; le fret de retour emplissait la carène
en bois de cèdre; la brise de terre gonflait les voiles.
Brusquement les hommes de la mer, s'évadant de la foule
confiante et distraite, couraient au rivage, disparaissaient
à l'horizon, non sans entraîner les femmes et les enfants
qu'ils avaient, dès le premier jour, choisis d'un œil exercé.
Quelques semaines plus tard, « un Pharaon, dit Lenor-
mant, payait très cher ces filles au teint blanc et aux traits
purs, qui contrastaient si fort avec le troupeau humain
que lui ramenaient ses armées de Syrie. »

Le bronze. — Il faut faire une place à part, dans cette
histoire des échanges primitifs, au bronze. On sait, d'une
part, que la substitution du bronze à la pierre, dans l'outillage et l'armement, marque un des progrès décisifs de
l'humanité; d'autre part, que, dès leurs premiers pas
dans la civilisation, les Assyriens et les Egyptiens ont
fait usage du bronze. Le bronze est un alliage de cuivre
et d'étain. Or le cuivre se trouvait en abondance dans la
région occupée par ces vastes empires; mais il n'y a
guère de gisements d'étain qu'à la périphérie du monde
connu des anciens, c'est-à-dire dans l'Asie centrale, le
Caucase, l'Espagne, les îles Britanniques. Les Phéniciens
seuls ont pu être les *prospecteurs* de ces mines lointaines
et les acheteurs de ce minerai. Il est donc permis de
supposer qu'ils ont fait longtemps dans le monde antique,
pour employer un mot moderne, le *trust* de l'étain.

Les premières colonies. — Peu à peu, à ces procédés
de pirates, à ces expéditions de vaisseaux fantômes, ils
substituèrent un commerce plus régulier et plus profitable,

par la création de comptoirs ou factoreries. Pour ces parfaits *business men,* le temps était déjà de l'argent. Le comptoir épargnait à la flottille marchande les longues stations. Celle-ci débarquait sa cargaison, embarquait ses matières premières, allait d'île en île, et réalisait en une expédition le bénéfice de trois ou quatre. Quelques travaux de défense protégeaient les gardiens de la forteresse dans l'intervalle de deux campagnes.

Les traces de cette antique colonisation ont pour la plupart disparu ; mais presque partout de grandes cités se sont élevées plus tard sur leurs débris. Ces marins asiatiques ont ébauché l'Europe méditerranéenne. Les points principaux de leur réseau étaient : Chypre, où se sont bizarrement amalgamées tant de civilisations ; Rhodes, la Crète, où plus tard Minos organisa un système de répression contre la piraterie ; les Cyclades, d'où les Phéniciens rayonnèrent dans tout le monde grec et préparèrent l'avènement de la civilisation mycénienne ; Thasos, où ils recueillaient les métaux de la Thrace ; le Bosphore, qui les conduisait aux mines du Caucase ; Cythère, où ils introduisirent le culte de leur Astarté ; et le sud de l'Italie, et les côtes des grandes îles de Sardaigne et de Sicile, dont ils monopolisèrent le trafic ; et Malte avec l'îlot de Gozzo, d'où ils gardèrent, trente siècles avant les Anglais, le seuil de la Méditerranée occidentale. Sur deux points même, Sidon essaya ce que nous appelons la colonisation agricole ou de peuplement. Ce fut sans doute au moment où des populations rurales, les Chananéens, chassés par une invasion, vinrent encombrer son sol trop étroit : elle les déversa à Thèbes en Béotie, où l'élément grec les absorba bientôt, puis dans l'actuelle Tunisie, dont le sol riche et l'excellente position devaient les tenter. Sur cette terre, si bien faite pour eux, la fondation d'Hippone, d'Utique, de Leptis, etc., devança de plusieurs siècles celle de Carthage.

Tyr et ses comptoirs. — Celle-ci est l'œuvre de Tyr, le résultat d'une de ses révolutions intérieures. Ellissar, la sœur d'un roi tyrien, celle que Virgile a immortalisée sous le nom de Didon, s'enfuit des côtes phéniciennes après l'échec d'une tentative d'usurpation, et vint fonder à la pointe septentrionale de l'Afrique une ville que sa belle situation maritime mit bientôt au premier rang (822). Tyr a d'ailleurs étendu considérablement et *modernisé* l'œuvre coloniale de Sidon ; elle a multiplié les établissements, organisé le trafic ; elle a des stations au pied des Pyrénées (Ruskino, d'où le nom de Roussillon), aux bouches du Rhône, dont les Grecs les délogeront plus tard, surtout au sud de l'Espagne, autour de Gadès (**Cadix**), dans ce pays de *Tharsis* (aujourd'hui Andalousie) où elle trouve en abondance le cuivre, l'étain, l'argent, les fruits, la vigne, et où ses véritables héritiers seront les Maures du moyen âge. Pour arriver jusque-là, on disait que le dieu national, l'Hercule tyrien, Melkarth, **avait de ses bras puis**sants déchiré l'isthme rocheux qui est devenu le détroit de Gibraltar, et entr'ouvert pour ses fidèles les mystérieuses profondeurs des océans inconnus.

Les routes de terre. — Il faut ajouter que des routes de terre allaient drainer au loin dans les continents ce que la marine phénicienne ne pouvait pas encore atteindre. Par une série d'étapes à travers ce qui sera la France, on apportait l'étain des îles Cassitérides et de la Cornouailles, vers quelque Marseille phénicienne aujourd'hui disparue. Près des bouches du Pô, là où s'élève Venise, se tenait le marché de l'ambre, apporté de la Baltique à travers les Alpes. Le delta du Nil était le théâtre d'échanges multiples. Une route de caravanes traversait l'Arabie, vers cette mystérieuse source de trésors qu'était l'Inde, le pays des aromates, des bois précieux, des perles, de l'ivoire ; une autre, sur laquelle se sont élevées Alep et Damas, charriait à travers le Liban les produits de l'industrie babylonienne et la laine fine des moutons de Syrie ; une enfin, plus âpre à escalader, permettait d'arracher leurs métaux à l'Arménie et au Caucase. Le trafic du quai des Schiavoni, dans la Venise du doge Dandolo, voilà ce qui pourrait nous donner une idée du port de Tyr sous Hiram Ier, si l'un n'avait péri aussi complètement que l'autre.

L'industrie. — Il n'y a guère de grand commerce sans industrie : avec ce qu'ils achetaient, les Phéniciens fabriquaient pour vendre. Leurs ateliers de métallurgie durent, on l'a vu, approvisionner de bronze tout le monde antique. Ils inventèrent le verre translucide. Ils faisaient de la poterie à bon marché, sans grand souci de l'art. Leur travail était plus délicat dans la ciselure de l'ivoire et la bijouterie ; on achetait fort cher leurs colliers d'ambre et d'or. Ils détenaient le secret de la belle teinture rouge qu'ils tiraient du coquillage à pourpre ou *murex*. Trempées dans cette couleur magnifique, leurs fines étoffes de laine devinrent partout un luxe royal, comme aussi les coupes de métal précieux où leurs orfèvres renommés fixaient des scènes de la vie religieuse ou militaire. Avec son énorme débit d'armes et d'étoffes, de jarres et de flacons, d'images sacrées et de bijoux, la Phénicie est comme une ébauche antique de l'activité des grands États modernes, de l'Angleterre surtout.

La religion ; les temples. — Mais quelque chose manque à ces « Anglais de l'antiquité ». C'est la personnalité, le génie vigoureux et fécond qui, dans la race anglosaxonne, s'associe si heureusement à la science du gain. Ils ont beaucoup fabriqué ; ils ont peu créé. Leur originalité ne s'affirme nulle part. En religion, ils empruntent à l'Assyrie leurs dieux, à l'Egypte leurs images. Le nom de Baal (seigneur) désigne la Divinité suprême ; on y joint d'autres noms qui en marquent les attributs. Les figures les plus caractéristiques du panthéon phénicien sont : l'Hercule tyrien, Melkarth, en qui s'incarne le génie aventureux de la race ; Astarté, déesse de la fécondité et du plaisir, dont le temple est un lieu de prostitution sacrée ; Adonis, à la fois le soleil et le printemps, l'adolescent toujours pleuré, qui teignit de son sang la rose dont une épine l'avait mortellement blessé ; Baal-Moloch, auquel on offre d'horribles sacrifices d'enfants. C'est, en somme, une religion de chair et de sang, où la volupté et le meurtre s'associent dans des orgies qui ont perverti tout le monde antique.

Ce qui dans leurs sanctuaires représentait la divinité, c'était ordinairement une pierre de forme conique, qu'on appelle *béryle*; les plus vénérées étaient les pierres noires, qu'on croit avoir été des aérolithes. Ils faisaient aussi des images de leurs dieux, copiées sur les modèles sacrés d'Assyrie et d'Egypte : c'était surtout pour l'exportation. Aussi se gardaient-ils de rien changer à ces types qui étaient, comme on dit, d'une vente courante. Le commerce étouffa ainsi chez eux le sentiment artistique. De même, quoiqu'ils aient construit beaucoup de temples, — dont il ne reste presque rien d'ailleurs, — on ne peut leur attribuer aucune innovation architecturale. Ils n'ont mis leur empreinte sur aucune forme du beau.

L'écriture alphabétique. — Leur littérature a-t-elle péri? On est tenté de croire qu'ils n'en ont pas eu, qu'ils n'ont pas fait œuvre d'imagination, de *poésie* au sens propre du mot. Contradiction saisissante! Ce peuple n'a rien écrit qui méritât de durer, et c'est lui qui a inventé l'écriture *alphabétique,* « une des plus grandes créations du genre humain », a dit Renan. Elle consiste en ceci : traduire par un petit nombre de signes, non plus des idées, ni des mots, ni même des syllabes, mais les *éléments primordiaux de la parole,* les consonnes d'abord, les voyelles ensuite, et par ces signes très simples, faciles à fixer dans la mémoire même d'un enfant, permettre à l'homme de créer indéfiniment du beau et du vrai, de perpétuer sa pensée à travers les siècles[1]. Une seule invention peut être placée à côté de celle-là, et elle n'a fait qu'en élargir les bienfaits : c'est celle de l'imprimerie.

Concluons : si la civilisation phénicienne est, en elle-même, médiocre et sans grand caractère, la civilisation

___

1. Voir à la fin du chapitre quelle est la part exacte des Phéniciens dans cette invention.

par les Phéniciens est un des chapitres les plus importants de l'histoire. L'échange des produits a amené celui
des idées. Le rôle de la mer, qui rapproche les hommes
bien plus qu'elle ne les sépare, a été révélé par les navigateurs de Sidon et de Tyr. Peu de peuples ont laissé aussi
peu de traces : nul n'a tenu dans l'ancien Orient une plus
large place.

III. Le peuple juif. — Les patriarches. Moïse. —
Après la science du gain, la puissance de l'idée; après
le grand-livre, le Livre. Les Juifs ont pris surtout conscience de leur fonction de *peuple de Dieu,* dans les derniers siècles de l'antiquité orientale; mais ils se sont
créé, s'ils ne l'ont pas eue, une histoire d'une surprenante unité. Hardiment elle se rattache à l'origine même
du monde; elle va de l'Assyrie à l'Egypte, du désert à
la terre promise, se déroulant à travers les obstacles,
s'élargissant de siècle en siècle, et elle les conduit au
seuil de la révolution religieuse qui doit inaugurer un
âge nouveau.

Jusqu'à l'an 1000 environ, cette histoire n'est pas facile
à dégager de la tradition religieuse qui l'enveloppe. Il
suffit de faire allusion à ses principaux épisodes, qui sont
dans toutes les mémoires, car ils ont inspiré toutes les
poésies et tous les arts. C'est d'abord, après la création,
après la félicité édénique et la faute du premier couple,
l'âge des patriarches. Abraham, auquel Jéhovah (Jaweh) a
promis une postérité aussi nombreuse que les étoiles du
ciel et les grains de sable du rivage, quitte la basse Chaldée avec sa famille, ses serviteurs, ses troupeaux. La vie
pastorale commence, avec sa poésie saine et forte si bien
exprimée par la Bible, à travers les maigres pâturages, au
bord des puits, sous la tente; les drames de famille alternent avec les tableaux pleins de grâce, sous les noms
d'Isaac, Esaü, Jacob, Agar, Rébecca, Rachel. L'arbre
généalogique s'épanouit; la famille est devenue un peuple
de douze tribus. Les voici en Egypte, mêlés sans doute à
la horde des Hycsos. La fortune de Joseph, un vrai roman

égyptien, ne les garantit qu'un instant contre la tyrannie des Pharaons. Bientôt Moïse les arrache à cette terre de servitude et d'idolâtrie, à travers les flots miraculeusement divisés de la mer Rouge. Il reçoit de l'Eternel la loi divine sur le mont Sinaï; pendant quarante ans, il soumet son peuple indocile à la dure discipline et à l'existence misérable du désert, et il meurt en vue de la terre promise.

La terre promise. Les juges. — Cette terre promise, plus riante et plus nourricière qu'aujourd'hui, c'est la Palestine. Elle s'étend au sud du Liban, entre deux chaînes qui y jettent des ramifications assez confuses et y forment d'étroites vallées, de nombreux plateaux. Aux Juifs sortis du désert, elle apparut comme un nouvel Eden, avec ses raisins énormes, ses beaux oliviers, ses forêts de cèdres, ses prairies, ses jardins. La Galilée surtout, qui est au nord de la Palestine, était fraîche et fertile; au centre, la Judée est déjà pierreuse et pelée; la triste Idumée, au sud, forme la transition avec la région désertique. L'unité en est faite par le Jourdain, qui coule du nord au sud, s'élargissant parfois en lacs poissonneux et pittoresques, avant de finir dans la sinistre mer Morte. A 400 mètres au-dessous du niveau de la mer, cette crevasse est remplie d'une eau lourde de sel, bordée de blocs de bitume, sous une atmosphère méphitique : pas de poissons dans les flots, pas d'oiseaux dans les airs. Dans ces traces de quelque catastrophe volcanique, les Juifs lisaient le châtiment des cités infâmes, Sodome et Gomorrhe.

Le pays était occupé par des populations agricoles, les Chananéens. Les 600,000 Juifs dénombrés par Moïse dans l'*Exode* ne s'y ruèrent pas sans doute en une seule masse; comme les barbares dans l'empire romain, ils s'y glissèrent par petites bandes, troupes de pillards, ou troupeaux de serviteurs à gages. L'occupation de la terre de Chanaan fut une longue suite de luttes contre les Moabites, les Amalécites, les Philistins, etc. Aux heures de suprême péril, surgissait un chef populaire, un *juge;* les exploits de Josué, de Gédéon, de Samson, de Jephté, donnent des proportions épiques à ces batailles entre des poignées d'hommes. Déjà la puissance sacerdotale se dessine sous les traits d'Héli et de Samuel. Cependant les Juifs, ayant pris au contact des empires voisins quelques notions d'unité politique, demandaient un roi. Samuel sacra Saül, au nom de Jéhovah, seul roi. Le sacerdoce entendait garder la main sur l'empire : c'est comme une première querelle des investitures. Contre Saül peu docile, un autre roi fut suscité par les prêtres : David, paré dès l'enfance de la merveilleuse légende de sa victoire sur Goliath, inaugure définitivement la monarchie hébraïque.

Les rois : David, Salomon. — Elle eut d'abord, cette monarchie, une splendeur tout orientale, dans des limites restreintes cependant. Nous sommes ici en pleins temps historiques. David (1056-1016) fut un conquérant, un organisateur, un poète; tout dans son œuvre répondit aux ambitions, aux besoins, aux goûts de sa race. Il constitua l'armée, créa le gouvernement du palais, transporta sa résidence de Rama dans une position plus centrale, au cœur de la Judée, à Jérusalem. Il eut des faiblesses, mais la main de Jéhovah ne se retira pas de lui.

Plus oriental encore fut son fils Salomon (1016-976), plus semblable à un Pharaon ou à un Sargonide. En paix avec ses voisins, allié des Tyriens, il commandite, pour ainsi dire, leur commerce par la mer Rouge avec le fabuleux pays d'Ophir. Dans son palais d'un luxe merveilleux, au milieu de ce harem de trois cents femmes, l'âpre génie juif devait avoir peine à reconnaître son représentant. Mais tout fut pardonné à celui qui bâtit le Temple.

Le schisme; les prophètes, la captivité. — Mais une série de crises troubla bientôt cette prospérité. D'une part, les maîtres du Nil et ceux de la Mésopotamie reprenaient leur marche interrompue, et le peuple de Dieu se trouva serré dans l'étau. D'autre part, ce peuple se divisait contre lui-même. Dès le règne de Roboam, fils de

Salomon, un schisme partagea ce royaume en deux, celui d'Israël et celui de Juda, Samarie contre Jérusalem. Dans chacun d'eux, des révoltes de généraux, des intrigues sacerdotales, des tragédies de palais, brisaient les forces politiques et même l'unité religieuse. Chancelant dans sa foi, le peuple élu associait à son Dieu jaloux d'autres dieux. C'est du sein de ce désordre que s'élève la grande voix des prophètes ou *nabi*. Le *prophétisme* est une véritable institution nationale qui se forme au moment où la royauté se dissout, une sorte de congrégation (on l'a comparée quelquefois à nos ordres mendiants du XIIIe siècle) qui se donne pour mission de rappeler le peuple à sa croyance, à sa destinée, par l'annonce des châtiments et la lugubre vision des malheurs prochains. Jérémie, Isaïe, Ezéchiel, Nahum, Daniel et beaucoup d'autres traduisirent la colère et les menaces de Jéhovah. Celui-ci justifia ses interprètes. Au milieu des grandes convulsions du monde oriental, Samarie, capitale d'Israël, fut prise en 721 par le roi de Ninive Sargon; Juda tomba en 581 sous les coups de Nabuchodonosor. Le Temple fut détruit, le peuple emmené en captivité à Babylone.

La restauration religieuse. Le messianisme. — Les prophètes n'avaient pas sauvé le peuple juif; mais le sacerdoce, régénéré par eux, le ressuscita. Lorsque Babylone tomba à son tour sous l'assaut des Perses, lorsque Cyrus permit aux Juifs de revenir en Judée (536), trois hommes successivement dirigèrent la restauration juive: un descendant de David, Zorobabel, un petit-fils du grand prêtre, Esdras, un Juif favori d'Artaxerxès, Néhémie. Ils relevèrent le Temple de ses ruines, rétablirent la loi de Moïse, en imposèrent la stricte observance, défendirent toute alliance avec l'étranger, tout mariage avec les femmes non juives; ils condensèrent en un mot toutes les forces de la race pour en faire ce que l'Orient n'avait guère connu, une nation. Et cette nation vécut dès lors d'une vie exclusivement religieuse. Le sacerdoce officiel, le Sanhédrin, formait le gouvernement; des assemblées de docteurs ou *Rabbi,* les synagogues, se livraient avec passion à l'étude du texte sacré et l'enrichissaient des commentaires qui ont formé le *Talmud.* L'état d'âme du monde juif devint peu à peu très étrange : ardeur de dispute dont rien ne peut donner une idée, orgueilleuse austérité des *Pharisiens,* exaltation mystique des sectes *esséniennes,* et, peu à peu, l'attente fiévreuse d'un événement qui bouleverserait le monde, d'un homme, le *Meschiah* (le Messie), le *Christ* (oint du Seigneur) qui établirait sur la terre le règne de Dieu *et de son peuple.* Le christianisme réalisera, en le décevant, l'espoir du messianisme, par la parole de Jésus et les enseignements des apôtres jetés à *tous les peuples*[1].

IV. Le Temple de Salomon. — Les deux grandes manifestations du génie juif furent le Temple de Salomon et la Bible. Il a mis dans ce Temple tout son orgueil, dans ce livre toute son âme. Nous ne connaissons le Temple, ruiné par Nabuchodonosor, que d'après des descriptions; mais elles nous permettent d'en imaginer

---

1. *Le messianisme :* « Un gigantesque rêve poursuivait depuis des siècles le peuple juif et le rajeunissait dans sa décrépitude. Etrangère à la civilisation profane, la Judée avait concentré sur son avenir national toute sa puissance d'amour et de désir. Elle crut avoir les promesses divines d'un avenir sans bornes, et, comme l'amère réalité qui, à partir du ixe siècle avant notre ère, donnait de plus en plus le royaume du monde à la force, refoulait brutalement ces aspirations, elle se rejeta sur les alliances d'idées les plus impossibles, essaya les volte-face les plus étranges. Avant la captivité, quand tout l'avenir terrestre de la nation se fut évanoui par la séparation des tribus du Nord, on rêva la restauration de la maison de David, la réconciliation des deux fractions du peuple, le triomphe de la théocratie et du culte de Jéhovah sur les cultes idolâtres. A l'époque de la captivité, un poète plein d'harmonie vit la splendeur de la Jérusalem future, dont les peuples et les îles lointaines seraient tributaires, sous des couleurs si douces qu'on eût dit qu'un rayon du regard de Jésus l'eût pénétré à une distance de six siècles. La victoire de Cyrus sembla quelque temps réaliser ce qu'on avait espéré... Israël se reposa sous les Achéménides. Mais l'entrée triomphante et souvent brutale de la civilisation grecque et romaine en Asie le rejeta dans ses rêves. Plus que jamais, il invoqua le Messie juge et vengeur des peuples. Il lui fallait un renouvellement complet, une révolution prenant le globe à ses racines et l'ébranlant de fond en comble pour satisfaire l'énorme besoin de vengeance qu'excitaient chez lui le sentiment de sa supériorité et la vue de ses humiliations. » (E. Renan.)

l'aspect grandiose. Sur la croupe du mont Moria on dessina une vaste terrasse (500 et 300 m. environ de côté), soutenue par un mur fait de blocs énormes (aujourd'hui le *mur des Lamentations*). Plusieurs portes, des vestibules sombres, des piliers trapus, de longs escaliers taillés dans le roc, conduisaient à la terrasse entourée de remparts, ou parvis. Sur ce parvis s'élevait une cour intérieure, également ceinte de murs : c'était vraiment le lieu sacré et la partie magnifique. Ici, par de larges marches on montait à l'autel des sacrifices, où ruisselait le sang, où se consumaient les chairs des victimes; là, une vaste cuve de bronze, appelée la *mer d'airain,* contenait l'eau avec laquelle les prêtres se purifiaient. Enfin un pylône de 60 mètres de haut marquait le seuil du *saint des saints.* Derrière le trépied où fumait l'encens, derrière les tables d'or où l'on plaçait douze pains chaque semaine, derrière le fameux candélabre à sept branches, un voile richement brodé dérobait aux profanes la mystérieuse *arche d'alliance,* symbole du pacte conclu entre Jéhovah et son peuple, une barque assez semblable à celle que renferment les sanctuaires égyptiens. Deux *chéroubins* de dix coudées l'abritaient de leurs ailes. On voit que les Juifs avaient emprunté à l'Egypte la barque d'Osiris, à Ninive les taureaux ailés à tête humaine. C'était à la Phénicie qu'ils avaient demandé la luxueuse décoration, les étoffes brodées, les meubles précieux, les ustensiles sacrés. Rien n'indique, en somme, qu'ils aient eu une conception artistique qui leur fût propre. Ce qui leur appartient le plus sans doute, c'est le plan qui réunit ces éléments exotiques en un tout magnifique et puissant.

Jéhovah. — Peut-être en fut-il de même de l'idée religieuse. Ce monothéisme, dont ils apparaissent comme les dépositaires, est le fond de toute la théodicée dans la race sémitique. « C'est la gloire de cette race, dit Renan, d'avoir atteint dès ses premiers jours la notion de la Divinité que tous les autres peuples devaient adopter à son exemple et sur la foi de sa prédication. Tous les noms par lesquels elle a désigné la Divinité impliquent l'idée de suprême et incommunicable puissance, de parfaite unité. La nature, d'autre part, tient peu de place dans la religion sémitique : le désert est monothéiste. Sublime dans son immense uniformité, il révèle tout d'abord à l'homme l'idée de l'infini, mais non le sentiment de cette vie incessamment créatrice qu'une nature plus féconde a inspiré à d'autres races. » Seulement, tandis qu'ailleurs cette notion s'altérait dans les superstitions populaires ou se compliquait dans les conceptions sacerdotales, elle prenait peu à peu dans la pensée juive une force et une simplicité presque terribles. Jéhovah « est celui qui est »; il est le créateur, et non l'expression des forces de la nature; il est tout-puissant, jaloux, fidèle au pacte conclu, impitoyable pour ceux qui le violent; il conduit la race élue dans le désert, au milieu des épreuves, à travers les empires croulant tour à tour, vers ce triomphe définitif dont la vision a enfiévré les derniers jours du peuple juif.

La Bible. — Jéhovah et son peuple, c'est toute la Bible; c'est l'unité de ce livre d'une merveilleuse variété. La cosmogonie de la *Genèse* laisse loin derrière elle les pénibles efforts des autres livres religieux pour expliquer l'origine des choses. Le *Décalogue* renferme en peu de lignes la substance de la vie morale et sociale. Les scènes de la vie pastorale, de délicieuses idylles comme celle de *Ruth et Booz,* se mêlent aux fragments épiques des *Juges,* au son des trompettes sacrées qui font crouler les murs de Jéricho. L'histoire se teint des couleurs les plus vives de la vie orientale, avec sa magnificence et ses délices, dans les *Rois,* dans les *Psaumes,* dans *Esther.* Enfin, dans les lamentations et les malédictions des *Prophètes,* la poésie hébraïque a trouvé des accents d'un lyrisme qui ne sera jamais dépassé[1]. On a vu l'imprécation contre Ninive : qui ne connaît le cantique de la captivité? « Sur

---

1. Pour les diverses rédactions et classifications de la Bible, voir à la fin du chapitre.

4

les bords du fleuve de Babylone, nous étions assis et nous
pleurions au souvenir de Sion. Nous avions suspendu
nos harpes aux saules du rivage. Nos oppresseurs nous
demandaient des chants; nos ennemis voulaient des cris
joyeux : « Chantez-nous, disaient-ils, quelques cantiques
« de Sion. » Mais comment ferions-nous entendre la
louange de Jéhovah sur la terre étrangère? Si je t'oublie,
ô Jérusalem, que ma main droite se dessèche! Que ma
langue s'attache à mon palais, si je ne me souviens plus
de toi !... »

DIRECTIONS ET BIBLIOGRAPHIE

Les précis et les grands ouvrages de MASPÉRO, BABELON, PERROT et CHI-
PIEZ, F. LENORMAND, déjà cités pour les deux chapitres précédents, seront
à consulter aussi pour celui-ci. Une des meilleures parties de l'*Histoire
ancienne des peuples de l'Orient* de LENORMAND est celle qui est consa-
crée aux Phéniciens, à leurs voyages, à leurs colonies, à leurs industries.
Pour l'invention de l'alphabet, voir ci-après le résumé de l'excellente
Histoire de l'écriture dans l'antiquité, de PH. BERGER (1 vol.).
Le maître des études sémitiques en France est ERNEST RENAN (1823-1892),
qui fut un philologue et un épigraphiste, en même temps qu'un des plus
grands écrivains, le premier prosateur peut-être du XIXᵉ siècle. Son *Histoire générale des langues sémitiques* (1855), sa *Mission en Phénicie* (1860-
1861), la publication du *Corpus* des inscriptions sémitiques qu'il dirigea,
ont fait 'époque dans la science ; mais ce qu'il cherchait surtout dans ces
travaux d'érudition, c'était le secret de nos origines religieuses. « Le livre
le plus important du XIXᵉ siècle, disait-il, devrait avoir pour titre : *Histoire critique des origines du christianisme.* » Cette œuvre, il l'a entreprise
et conduite à son terme dans les six volumes dont le premier est la *Vie de
Jésus* (1863), et le dernier *Marc-Aurèle.* Puis il l'a complétée par une sorte
de préface écrite après coup, les 5 volumes de l'*Histoire du peuple d'Israël* (1883-1892). Tout ce qu'il dit du *messianisme* sert de trait d'union à
ces deux histoires.

ÉTUDES ET LEÇONS

L'écriture.

Pour bien comprendre l'importance du système alphabétique,
et savoir comment on y est arrivé, il faut montrer rapidement
de quels signes l'homme s'est servi, suivant les temps, pour fixer
sa pensée, soit en vue de communiquer à distance avec ses semblables, soit afin de confier à l'avenir la mémoire de faits qu'il
jugeait importants.

1. Pour traduire la parole en signes, deux procédés généraux

s'offrent d'abord : ou bien représenter l'idée (*idéographie*). ou bien représenter le son de la voix (*phonétisme*).

L'idéographie comporte deux variétés : ou bien *peindre* l'idée, quand c'est celle d'une chose ou d'un acte : c'est la *pictographie,* ou bien, quand elle est abstraite et immatérielle, la *représenter* par quelque objet qui s'y rapporte : c'est le *symbolisme*. Exemple : dans les hiéroglyphes égyptiens, le dessin d'un œil peut se traduire : *œil;* mais il peut se traduire aussi : *vue* ou *science*.

Le phonétisme comporte de même deux variétés : d'une part, on peut noter par un signe l'émission de voix tout entière, le *mot,* et c'est le *syllabisme* (exemple : *bâ, pou*); ou bien on analysera les éléments de cette émission, on la décomposera en voyelles et en consonnes; on obtiendra ainsi, avec un petit nombre de signes, un nombre infini de combinaisons: voilà l'*alphabétisme,* l'instrument définitif du progrès. M. Jourdain a raison : « Cela est admirable! »

Seulement l'alphabétisme n'est arrivé que peu à peu à se dégager des autres systèmes : à l'origine, ils sont tous mêlés dans des espèces de *rébus* où la même image représente tantôt un objet, tantôt un symbole, souvent un son, parfois une lettre. Le calembour même s'y trouve souvent. Qu'on imagine le rébus d'un de nos journaux illustrés établi de telle sorte que l'image d'un porc puisse se lire, suivant les cas : *porc,* ou bien *saleté,* ou encore *port* de mer, *pore* de la peau, ou même commencement du *Portugal,* ou enfin lettre P. Les hiéroglyphes ne sont pas autre chose.

2. L'idéographie (pictographique ou symbolique) a été le premier effort de l'humanité préhistorique. Les peintures d'animaux qu'on trouve dans les cavernes des troglodytes, les rennes, les mammouths, qui furent sculptés par les hommes de l'âge de pierre, sont moins des objets d'art que des notations de chasses ou de partage de butin. Les Peaux-Rouges, à l'époque de la conquête de l'Amérique, adressaient aux Européens de curieuses pétitions en imagerie symbolique, pour réclamer le droit de pêcherie dans un grand lac. Symboles aussi, ceux-là d'un caractère *mnémonique,* et résultant d'une convention, les bâtonnets que les Scythes, au dire d'Hérodote, envoyaient aux peuples vassaux pour réclamer leurs contingents de guerre, les colliers de coquillages variés, ou *wampuns,* en usage chez les Iroquois; les *quippos,* cordelettes de couleurs très variées, formant des nœuds compliqués, qui servaient de messages aux Péruviens du temps de Pizarre.

3. Ce n'est là que la préface de l'écriture proprement dite : celle-ci ne commence que par l'emploi des *caractères* fixes et durables. Les plus célèbres de ces caractères, restés longtemps énigmatiques, sont ceux que les Égyptiens employaient pour leurs

inscriptions monumentales, les *hiéroglyphes*. Tracés sur les tombes, les sarcophages, les stèles, les pylônes, les obélisques, avec une netteté et une élégance admirables, ils défiaient le temps; mais ils restèrent longtemps indéchiffrables. Comme ils représentent tous des objets ou des êtres, on s'égarait à la recherche des symboles qu'on y croyait cachés. Champollion, on l'a vu, en trouva la clef, en isolant les noms royaux enfermés dans des *cartouches* sur le texte trilingue de la *pierre de Rosette,* puis en isolant les *lettres* qui formaient ces noms. On établit ainsi que certains signes seulement sont des symboles, quelques-uns simples (un homme avec une canne, un chef, signifie la *dignité;* la colombe, l'*âme*); d'autres compliqués (la plume d'autruche signifie *justice,* parce que toutes les plumes sont égales) ou inexplicables (la croix *ansée* signifie *immortalité*). Mais les mêmes signes sont des *syllabes,* dans certains cas: les mêmes encore, des *lettres,* ordinairement la lettre par laquelle commence le nom de l'objet représenté : l'image d'une lionne (*labo*) devient un L. L'alphabet est comme noyé dans les *idéogrammes :* la difficulté est de l'y retrouver. On en a triomphé : et le déchiffrement des hiéroglyphes se fait aujourd'hui avec certitude. On a triomphé aussi des difficultés que présentaient deux autres systèmes d'écriture, l'*hiératique* et la *démotique,* qui ne sont que des abréviations cursives des signes hiéroglyphiques, pour la transcription sur le papyrus. On sait tout ce que l'histoire doit à cette admirable découverte.

Ce sont aussi des sortes d'hiéroglyphes que les caractères *cunéiformes* des monuments et des briques d'Assyrie; ils ont la forme de triangles très allongés, et c'était avec des poinçons triangulaires que les scribes chaldéens les imprimaient sur l'argile encore fraiche. Primitivement, ils représentaient, eux aussi, des objets, mais les formes *pictographiques* furent bien vite méconnaissables dans ce système; le syllabisme y prévalut; l'alphabétisme même y apparut, mais difficile à saisir et comme caché dans la gangue des autres systèmes. Après la lecture de quelques noms royaux sur le rocher de Behistoun (inscription en perse, en mède, en assyrien), la sagacité des déchiffreurs s'est exercée sur l'*obélisque de Nimroud* (au *British Museum*), le *caillou Michaux* et la *stèle des Vautours* (au Louvre), etc.; et l'antique Chaldée a livré, elle aussi, ses mystères.

4. Mais la grande, la sublime invention fut celle de l'*alphabétisme pur.* Elle devait être l'œuvre d'un peuple pratique, pressé, et que nulle tradition religieuse ne gênait : c'est nommer les Phéniciens. Les témoignages de l'antiquité sont d'ailleurs unanimes à la leur attribuer. Ils empruntèrent aux Assyriens, ou plutôt aux Égyptiens, vingt-deux caractères exclusivement *littéraux.* Le merveilleux dans cette nouveauté, c'est qu'elle pouvait servir à toutes les langues, être employée par tous les peuples. Les

Phéniciens la répandirent partout et en firent, selon le mot de Renan, « un de leurs articles d'exportation ».

Les plus anciens monuments qui ont servi de base au déchiffrement sont la *coupe de Baal du Liban,* qui est au Louvre, ainsi que la célèbre *Stèle du roi Mésa.* Cette dernière est en hébreu archaïque, une langue proche parente du phénicien. L'alphabet phénicien a peu de voyelles : de là certaines difficultés de lecture : mais les Grecs l'enrichirent; les Romains lui donnèrent la belle ordonnance et l'allure monumentale sous laquelle il a pénétré dans tout le monde civilisé.

Dans ces vingt-deux caractères phéniciens, il y a en puissance, comme dans les casses d'une imprimerie, toutes les littératures, toutes les sciences, toutes les relations sociales des peuples.

II. — Histoire de la Bible.

La première collection complète des Livres de la Bible paraît avoir été établie vers l'an 200 avant Jésus-Christ. Le texte hébraïque, étudié avec ardeur depuis la Restauration par les *rabbi,* fut alors transcrit sur des *volumes* de peau, enroulés autour de bâtons. Peu de temps après, comme, dans les royaumes démembrés de l'empire d'Alexandre, le nombre des Juifs *hellénisants* (parlant grec) devenait considérable, des docteurs juifs entreprirent à Alexandrie de traduire la Bible en grec : c'est la *version des Septante,* qui a eu pour le monde romain et pour le christianisme naissant une importance considérable. On l'a appelée « l'édition européenne de la Bible ». Au début du ve siècle de notre ère, un Père de l'Eglise, Jérôme, fit du texte hébraïque une traduction latine, connue sous le nom de *Vulgate :* c'est la Bible chrétienne, celle que l'Eglise a adoptée. Quant au texte juif accepté par la critique, c'est la revision qui fut faite du ve au xe siècle par un nouveau groupe de docteurs, qu'on désigne sous le nom de *Massorèthes.*

A quelques différences près, qui portent sur le nombre des livres (39 ou 42) et sur leur ordre, ces diverses éditions présentent la même classification. 1° Le *Pentateuque,* appelé aussi le *Thora* (la Loi) ou les livres de Moïse. C'est la partie essentielle de la Bible : la *Genèse,* l'*Exode,* le *Lévitique,* les *Nombres,* le *Deutéronome.* Le Pentateuque « nous raconte les destinées merveilleuses des ancêtres de la nation israélite, en remontant non seulement aux patriarches, mais aux origines mêmes de l'humanité. Cela donne un tableau d'une ampleur extraordinaire, puisque Israël apparaît comme le centre et le pivot de l'histoire. » 2° Les *Prophètes* sont un recueil de 21 livres allant de Josué et Samuel à Zacharie : c'est proprement l'histoire des défaillances et du châtiment du peuple juif. 3° Les *Hagiographes :* bien que cette partie (12 ou 15 livres) comprenne encore des prophéties et des récits historiques (*Daniel, Esdras,* etc.), elle est surtout un recueil d'œuvres poétiques, didactiques, morales, une sorte d'anthologie édifiante (*Ruth,* les *Psaumes,* les *Proverbes, Job,* le *Cantique des Cantiques),* d'une inspiration très diverse.

L'*exégèse* (ou critique des textes sacrés), a tenté d'éclairer scientifiquement deux sortes de questions : l'attribution et la date de composition des livres de la Bible. Elle s'élève contre la tradition religieuse qui donne Moïse, Salomon, la plupart des prophètes, comme les auteurs des livres qui portent leur nom. Elle fixe, en général, à l'époque de la Restauration l'établissement des textes bibliques. La question est grave, surtout en ce qui concerne le Pentateuque, qui serait l'œuvre du peuple juif transformé, reconstruisant rétrospectivement et selon ses vues nouvelles ses lois et son histoire. Il convient d'ajouter que les exégètes apportent encore des conclusions très opposées. (V. dans la *Grande Encyclopédie* l'article *Bible,* par MAURICE VERNES.)

CHAPITRE IV

La Grèce héroïque. — Religion, légendes, société.

I. — Ni les vastes empires ni les races puissantes par leur masse n'ont joué dans l'histoire de l'humanité un rôle comparable à celui de ce petit pays qu'on nomme la Grèce : deux choses ont concouru à lui assigner ce rôle : la nature du pays, le génie du peuple. Le pays est à la fois maritime et montagneux. La mer a apporté aux Grecs les éléments des civilisations orientales et leur a fourni l'occasion de développer leur activité et leur ambition. La montagne a opposé ses remparts aux hordes asiatiques et a sauvé l'indépendance du peuple grec; mais elle a maintenu des barrières entre les diverses cités, empêché l'unité et perpétué les luttes intestines par lesquelles le monde grec périra.

II. — A l'aube des temps historiques, ce pays est occupé par une population primitive, les Pélasges; ce sont, pour ainsi parler, des ancêtres disparus, mais non oubliés, les « hommes des Chênes », race simple, forte, attachée à la terre, adorant Zeus sur les montagnes. Plus tard, les vrais Grecs, les Hellènes, arrivent de l'Asie Mineure. Ils se cantonnent dans ces compartiments que la nature leur a préparés. Ils y forment d'abord quatre groupes principaux : les Éoliens, les Achéens (les plus puissants à l'époque homérique), et surtout les Doriens et les Ioniens, entre lesquels se répartiront les dons divers de l'esprit hellénique : les premiers aiment la terre et la guerre; ils sont rudes et fiers, et rendus forts par la discipline; les autres vivent de la mer, aiment la vie facile, la culture élégante, l'art et la poésie : la liberté fait leur grandeur, comme l'ordre celle des Doriens. Ce dualisme des deux familles sera plus tard le duel des deux grandes cités, Sparte et Athènes. L'imagination de ce peuple crée une mythologie d'une fécondité et d'une beauté sans égales; elle a produit toute une floraison de légendes où s'affirment les instincts héroïques des Grecs et leur goût des aventures. La plus célèbre est celle de la guerre de Troie : le génie d'Homère a donné à cette fable une vie immortelle.

III. — A travers les incertitudes des premiers âges, on distingue ce qu'on pourrait appeler les quatre premiers pas de la civilisation hellénique : d'abord la Grèce s'imprègne de la culture orientale; elle reçoit par la mer les dieux, les inventions, les produits de l'Assyrie, de la Phénicie, de l'Egypte. Ensuite des mouvements se produisent dans l'intérieur du pays : les grandes familles se déplacent; les Doriens vont, du Nord, se fixer au Sud, dans le Péloponèse. — Par suite, les populations, trop à l'étroit dans la péninsule, se répandent au dehors, conquièrent la mer Egée; les Ioniens surtout réussissent dans cette colonisation et créent en Asie Mineure une « Grèce d'en face », où la vie est douce, où la lyre résonne dans les cités pleines de richesses et de délices. Enfin, l'une dans sa profonde vallée, l'autre sur son promontoire lumineux, Sparte et Athènes réalisent le double idéal politique de la race, avec leurs législateurs à demi légendaires, Lycurgue, Solon.

I. **Le monde grec : la mer.** — Pour bien comprendre les destinées de la Grèce, il faut se représenter non seulement l'étroite région déchiquetée et escarpée qui porte ce nom, mais tout le *monde grec,* c'est-à-dire une mer, un littoral et un arrière-pays.

Sous son ciel clair et qui, presque toutes les nuits, laisse voir les étoiles, la mer Egée, navigable en toute saison, facilement irritable, vite apaisée, est semée d'îles et d'archipels qui sont autant d'escales voisines les unes des autres; ce sont les Cyclades, les Sporades, groupées ou dispersées, Lesbos, Chios, Samos, protégeant la côte asiatique, l'Eubée à peine détachée de l'Hellade, la Crète, formant barrière au sud, avec ses cimes souvent couvertes de neige; le tout est disposé à souhait pour encourager les marins novices, mêler les activités et fondre harmonieusement les civilisations diverses. Ce n'est pas sans raison que les Grecs appelaient l'île placée au centre des Cyclades, Délos, le « nombril du monde ».

Le littoral. — Le littoral de cette mer est partout découpé et tailladé d'une infinité de golfes et de presqu'îles, formant des refuges, appelant les transactions. Du côté de l'Asie, c'est une broderie délicate où la nature a marqué d'avance la place de Smyrne, de Milet, d'Ephèse. Au nord, la côte de Thrace est plus triste et moins accessible; mais au milieu de ses grèves malsaines s'avance la presqu'île à trois pointes qui, sur l'une de ses extrémités, porte le mont Athos. A l'ouest, ce ne sont que péninsules greffées les unes sur les autres, l'Hellade aux multiples indentations, l'Attique tendue vers les îles de la mer Egée, le Péloponèse ou Morée (c'est-à-dire feuille de mûrier) se ramifiant dans toutes les directions : de toutes parts la mer embrasse, étreint, pénètre la terre. Autant que la terre, elle est la patrie grecque. On sait avec quelle joie d'exilés revoyant le sol natal les soldats de la *retraite des Dix mille,* après avoir erré désespérément dans le chaos des montagnes d'Asie, poussèrent un jour ce cri : *Thalassa!* (la mer!).

L'arrière-pays. — L'arrière-pays a influé aussi de diverses façons sur l'histoire du peuple grec. A l'est, par delà les côtes enchanteresses de la « molle Ionie », s'étend le vaste et triste plateau phrygien, qui tient toujours suspendu sur les villes maritimes la menace des invasions asiatiques. Au nord, dans les larges et profondes vallées de Thrace, de Macédoine, couvertes d'une vigoureuse végétation forestière, se forment des réserves de forces à demi barbares qui profiteront plus tard de la décrépitude de la Grèce. A l'ouest enfin, on distingue à première vue une série de compartiments nettement

dessinés : là chaque défilé a eu sa page dans l'histoire de
l'indépendance grecque ; mais aussi, malheureusement,
chaque chaîne montagneuse a abrité une cité jalouse, fortifié des haines locales et fait obstacle au développement
d'une large vie nationale : c'est la Thessalie, un cirque
qui n'a qu'une issue, le pittoresque défilé de Tempé, au
pied du mont Olympe ; la Béotie, où le sol est humide,
l'air épais, l'esprit lourd ; l'Attique, qui porte le Pentéli-
que aux flancs de marbre, et l'Hymette cher aux abeilles ;
l'Argolide où fleurit, autour de Mycène, une première
civilisation grecque ; enfin, au pied du noir Taygète, la
profonde Laconie, citadelle naturelle d'un peuple tout
guerrier.

Le climat. — Dans son ensemble, le pays n'est pas
naturellement très riche : il impose à ses habitants la loi
du travail. Mais la Grèce, placée à l'extrémité de l'Europe,
dans le voisinage de l'Asie et de l'Afrique, rapproche et
résume des climats très différents. Quelques degrés de
latitude seulement séparent les chênes de Thrace, les
hêtres du Pinde, les pays des longs hivers, assez semblables à l'Europe centrale, des brises tièdes, des vallées
abritées, des vignes, des bois de myrte, d'oliviers, d'o-
rangers, qui caractérisent la végétation méditerranéenne.
« Aussi, dit Curtius, la nature déploie une variété qui a
dû de bonne heure développer l'intelligence des habitants, éveiller leur industrie, provoquer entre eux des
échanges. » Et la mer était là à leur portée, « le chemin
liquide », comme ils disaient ; la navigation faisait cir-
culer partout la vie : non pas la monotone navigation
fluviale, qui offre toujours le même horizon et engour-
dit l'esprit, mais l'aventure et les surprises, les dangers, les profits, les enseignements des voyages lointains : le peuple grec a vécu pendant dix siècles son
Odyssée.

II. **La religion grecque.** — Pour comprendre l'esprit d'une race à son âge de formation, c'est sa religion
qu'on interroge d'ordinaire, et avec raison. « Si Dieu,

a-t-on dit, a fait l'homme à son image, l'homme le lui a bien rendu. » Les instincts d'un peuple se reflètent à l'origine dans ses croyances comme en un miroir. Nous avons vu les divinités de l'Egypte, paternelles, mais lourdes aux créatures, comme des Pharaons, avec, cependant, quelque douceur et certains sentiments d'équité qui sont au fond de l'âme égyptienne : les dieux sidéraux adorés par la Chaldée, qui a vécu des siècles innombrables dans la contemplation du ciel étoilé; les dieux féroces, ou les démons sinistres de Ninive; les cultes voluptueux et sanguinaires de la Phénicie, étrangers à tout idéal et dénués de toute poésie. La Grèce naissante a reçu le dépôt de toutes ces croyances; mais elle les a façonnées à son usage d'une main experte à créer des chefs-d'œuvre; elle les a humanisées en les dépouillant de leur caractère de forces aveugles et brutales; elle les a hellénisées en leur donnant la beauté !

La religion grecque est essentiellement polythéiste Si, chez les peuples de famille sémitique, l'effort du sacerdoce et le génie de la race tendent sans cesse à fondre les forces de la nature divinisées en une puissance divine suprême et unique, les peuples aryens, les Grecs surtout, s'élèvent difficilement à cette conception monothéiste et ne s'y maintiennent pas. Ils gardent aux forces naturelles qu'ils adorent leur individualité, leur existence propre; ils leur prêtent les sentiments, les passions dont ils sont eux-mêmes animés; ils les dessinent avec une grâce ou une majesté que l'antique Orient n'a jamais pu atteindre; ils imaginent pour eux des aventures romanesques, tragiques, touchantes ou poignantes : entre l'Olympe et les mortels il y a de fréquentes relations et presque un commerce d'amitié; et cela est très nouveau.

Les dieux. — Le roi des dieux, Jupiter, est imposant sans doute; il peut lancer la foudre et « d'un froncement de sourcils ébranler tout l'Olympe »; mais il a toutes les faiblesses humaines; ses caprices troublent souvent sa cour pleine d'intrigues et irritent sa divine épouse Héra

(Junon), majestueuse et acariâtre. La fille née de son cerveau, Pallas-Athénè (Minerve), est la vierge guerrière casquée et cuirassée, mais aussi la déesse de la pensée, l'inspiratrice de la poésie, la protectrice de la cité des arts, Athènes. Aphrodite (Vénus) est l'Astarté phénicienne, recréée par le génie grec : déesse de l'amour dont le pouvoir s'étend sur la nature entière, elle est née, exquise de forme et de couleur, sur l'écume des flots bleus, comme une vision idéale de la mer. Mal mariée au forgeron difforme Héphaïstos (Vulcain), elle est plus qu'en coquetterie avec Arès (Mars), le soldat vigoureux et un peu grossier que les Grecs ont toujours laissé à l'arrière-plan, car la force toute seule n'était pas pour leur plaire.

Voici encore des dieux de l'Orient, pétris à nouveau par la poésie et l'art des Grecs : Poseidon (Neptune), qui a traversé la mer Egée sur un char que traînent des chevaux écumants, entouré de tout un cortège de Tritons, de Néréides, sonnant de la conque et moutonnant autour de lui comme les vagues sous le vent du nord ; dieu bienfaisant, mais colère, il ébranle le sol de son trident, mais il n'en est pas moins le bienvenu ; Phébus-Apollon est le soleil, la lumière ; du haut de son char, qui sort des flots de l'orient, il verse ses rayons sur le monde ; il reçoit à Délos les hommages de ce peuple de marins qui sillonne l'Archipel ; mais à l'occident, sur le mont Parnasse, il tient la lyre et conduit le chœur des Muses ; à Delphes, il rend des oracles et éclaire pour les Grecs les ténèbres de l'avenir. — Sa sœur Artémis (Diane), en touchant le sol de la Grèce, a dépouillé ses allures farouches de déesse d'Asie pour courir les bois dans la pittoresque Arcadie, le croissant lunaire au front, l'arc en main, le carquois d'argent sonnant sur les épaules, entourée, protégée par ses nymphes, pure et fière du reste, et châtiant sans pitié la curiosité indiscrète d'Actéon. — Héraclès enfin (Hercule) n'est plus seulement, comme le Melkarth de Tyr, un aventurier, un voyageur de commerce à grandes proportions, mais un chevalier errant, redresseur de torts, dompteur de monstres,

> Hercule promenant l'éternelle justice,
> Sous son manteau sanglant, taillé dans un lion.

Ce sont là les principaux des grands dieux; ils ont chacun autour d'eux toute une domesticité, un monde de serviteurs qui peuplent les eaux, la terre, l'air, souvent visibles aux hommes, dans la source ou derrière le feuillage, à travers la brume du soir ou aux premières lueurs du matin. La nature aux mille aspects s'incarne en ces formes variées; le poète, le sculpteur, n'ont qu'à saisir au passage ces figures vivantes et pleines de grâce.

Les légendes. — Des légendes enveloppent, ici comme ailleurs, l'histoire des premiers âges. Mais celles de la Grèce primitive dépassent toutes les autres en richesse et en couleur : l'esprit grec s'y reflète comme dans ses croyances religieuses. Il y a les légendes des fondateurs des cités, Cadmus, Danaüs, Cécrops, tous venus de l'Orient; ils fondent les villes qui seront Thèbes, Argos, Athènes, et dotent les populations ignorantes des inventions de l'Asie, de l'alphabet, du labourage, des arts; il y a les légendes atroces, celles d'Œdipe, de Pélops, évoquant la vision des scènes de sauvagerie, sacrifices humains, parricides et fratricides, à travers lesquelles l'humanité s'achemine vers des mœurs plus douces. Il y a les légendes héroïques où la générosité se mêle à l'audace, et la joie de combattre le mal au désir de percer le mystère de l'inconnu : Persée qui délivre d'un monstre la belle captive Andromède, Bellérophon qui tue la Chimère, Thésée qui purge de monstres la terre de l'Attique, Prométhée qui dérobe à Jupiter le feu céleste pour le donner aux hommes, Jason qui, aidé de ses compagnons, les Argonautes, et de la magicienne amoureuse, Médée, va conquérir la Toison d'or, au pays des richesses minières, au pied du Caucase. On trouve dans ces récits les sentiments de notre poésie chevaleresque du moyen âge et aussi l'ivresse d'aventures de ceux qu'on appela au xvᵉ siècle les « Chevaliers de l'Océan ». Ce sont des Tancrède ou des Vasco de Gama préhistoriques.

La guerre de Troie. — Il y a surtout ce qu'on peut appeler la légende nationale, la guerre de Troie. Elle répond sans doute à un fait historique; elle marque surtout l'époque où les Grecs, conquérants à leur tour, retournèrent contre les peuples d'Orient les armes et les inventions qu'ils en avaient reçues. Pour reprendre aux Troyens la femme du roi Ménélas, Hélène, enlevée par le Troyen Pâris, les Grecs s'acharnèrent dix ans contre les remparts d'Ilion. L'Olympe s'était divisé entre les deux camps, et les dieux descendaient dans la mêlée. L'immortel conteur de l'*Iliade,* Homère, se montre très impartial dans la peinture des deux peuples. Si les Grecs ont un roi des rois fort majestueux, dans la personne d'Agamemnon; s'ils ont la force à laquelle rien ne résiste et la ruse qui vient à bout de tout, Achille et Ulysse, les Troyens leur semblent supérieurs par les vertus morales et la délicatesse des sentiments. Il n'y a pas de couple plus vénérable que Priam et Hécube, pas de héros plus noble et plus tendre qu'Hector, pas de figure d'épouse plus délicatement tracée que celle d'Andromaque.

Le retour. — Après les combats, les *retours*. Troie prise et réduite en cendres, beaucoup de héros grecs périrent avant d'atteindre leur pays, poursuivis par la haine de certaines divinités. Ulysse lui-même ne rentra à Ithaque qu'au prix de fabuleuses aventures, dont le récit donne à l'*Odyssée* son inexprimable intérêt. Cette série de fables a, comme celles de l'*Iliade,* un fond historique : elles nous montrent les marins grecs suivant à la piste les flottes phéniciennes, étonnés, mais non arrêtés par des phénomènes inconnus, entreprenant avec une belle audace la conquête du monde méditerranéen[1].

---

1. Voir, à la fin du chapitre, *Homère et les poèmes homériques.*

La société dans l'« Iliade ». — On trouve encore dans l'*Iliade* et l'*Odyssée* le tableau d'une société et d'une civilisation qu'on peut placer à peu près entre le xie et le ixe siècle avant notre ère. Pour les institutions comme pour les sentiments, la Grèce homérique n'est pas sans analogie avec le moyen âge. Le lien politique est faible encore : pour une entreprise lointaine, les Grecs (Homère les appelle les « Achéens aux belles chaussures ») se sont fédérés sous un roi dont ils ont fait un généralissime, Agamemnon ; mais chaque peuple a son roi, qui commande à son contingent, garde son indépendance et parfois, comme fait l'irascible Achille, rompt le pacte conclu. Ce roi, le *Basileus,* a un caractère divin ; mais son autorité n'est pas sans limites. Il ordonne, mais après avoir persuadé. Les assemblées, les discours, tiennent une grande place dans l'*Iliade*. On y échange force injures, mais c'est la raison qui l'emporte. Les prêtres, qui ne forment pas une caste, éclairent les guerriers sur les volontés des dieux. Les princes (*anactes*) sont comme des grands vassaux avec lesquels il faut compter. Les hommes libres, en général, écoutent et obéissent : ils pâtissent souvent des folies de leurs chefs. Parfois ils se rebiffent : mais un Thersite, hargneux et insolent, est bien vite ramené au devoir. Pourtant on a le sentiment que ce n'est pas là le bétail humain que nous ont montré les peintures égyptiennes ou les bas-reliefs assyriens.

Ce peuple est déjà bien outillé pour la guerre : 1,186 gros vaisseaux sont rassemblés sur les côtes de la Troade. Les chefs, couverts d'armures d'un travail savant, sont portés dans la mêlée sur des chars. Ils se cherchent, se défient, et la bataille se résout en une série de combats singuliers. Les remparts mettent indéfiniment une grande ville à l'abri de toute attaque : on ne forcera ceux d'Ilion qu'en y introduisant par ruse un cheval de bois plein de combattants grecs. En attendant, et pendant dix ans, c'est un perpétuel va-et-vient des tentes aux remparts, des « vaisseaux noirs » aux portes de Troie.

La société dans l' « Odyssée ». — L'*Odyssée* nous montre cette société au repos et *à domicile*. Elle nous introduit dans le « palais » du roi des Phéaciens, Alcinoüs, magnifique et hospitalier, dont la fille, la charmante Nausicaa, lave elle-même son linge avec ses servantes; ou bien dans la maison de Pénélope, demeure d'un confortable plus rustique. Ici et là des meubles, des plats de métal ciselé, des vases, des étoffes, attestent que les échanges sont fréquents, que des voiles nombreuses sillonnent tous ces parages. Il y a, dans la vie matérielle comme dans la vie morale de cette société, un mélange de raffinement et de grossièreté, de dureté et de douceur. L'esclavage n'est pas encore ce qu'il sera plus tard, la plaie du monde antique, mais une domesticité recrutée par la piraterie, limitée en nombre, admise au foyer. Eumée, « le divin gardeur des porcs », la vieille Euryclée, nourrice d'Ulysse, les servantes de Pénélope, têtes folles qui payeront cher leurs complaisances pour les prétendants, en sont les types caractéristiques. L'impression qu'on reçoit de ces poèmes est que nous avons quitté l'impitoyable Orient pour un monde où l'homme est quelque chose, et qu'une nouvelle page s'ouvre dans le livre des destinées humaines.

III. Sparte et Athènes. — D'Homère à Lycurgue et Solon, l'histoire se dégage peu à peu de la légende, sans pouvoir encore s'en affranchir tout à fait. C'est une période de transition, où l'on voit se dessiner les institutions politiques dont la Grèce vivra et dont elle mourra. Comme toujours, ce qui inaugure les temps historiques, ce sont de grands mouvements de peuples. Les Doriens, partis des âpres ramifications du Pinde, traversent la Grèce du nord au sud, conquièrent le Péloponèse et établissent à Sparte le siège de leur puissance essentiellement militaire. Le remous produit par ce déplacement jette les Ioniens sur les presqu'îles, les golfes, les îles de la mer Egée, qui sera désormais le domaine de cette race; Athènes s'élève pour servir de capitale à un futur empire : la cité ouverte s'oppose dès le début à la cité fermée.

La nature avait fait de la Laconie un vaste camp retranché, auquel le Taygète et le Parnon servaient de remparts : seuls les lauriers-roses de l'Eurotas égayaient « la creuse Lacédémone ». Les vainqueurs, les Spartiates, s'y installèrent, du droit du plus fort. Ils abandonnèrent à 30,000 familles qui occupaient le sol antérieurement, les Laconiens, les terres maigres au flanc des montagnes. Ils se partagèrent en 9,000 lots le sol d'alluvions qui bordait la rivière; ils réduisirent au plus dur servage une partie de la population : ce furent les ilotes, attachés à la glèbe de ces 9,000 familles de conquérants.

Lycurgue. — Ceux-ci ne cultivaient pas; ils ne commerçaient pas non plus; ils ne se livraient pas aux travaux artistiques; ils proscrivaient la poésie. Ils étaient soldats; ils ne vivaient que par la guerre et pour la guerre. Ils s'appelaient les Spartiates ou les « Egaux » : seuls ils composaient la cité. Leurs institutions, que la tradition attribue au sage Lycurgue, étaient celles d'une aristocratie guerrière et jalouse. Ils avaient deux rois, respectés, mais suspects et généralement impuissants et surveillés de près par les *éphores*. Le gouvernement était aux mains de 28 vieillards (les *gérontes*); leurs décisions étaient ratifiées par l'assemblée des hommes libres, une assemblée sans débats : on craignait l'éloquence comme la poésie. Tout était subordonné à la préparation et à la pratique de la vie militaire. L'enfant infirme, qui ne peut devenir un soldat, était condamné à périr. L'Etat, c'est-à-dire le régiment, se substituait à la famille, dès que le jeune Spartiate atteignait l'âge de sept ans; adolescent, il était soumis au régime le plus rude; adulte, il subissait, et jusqu'à la vieillesse, la discipline d'un camp. La richesse, le luxe, le libre développement des facultés individuelles étaient traités en ennemis. Tout l'effort et tout l'orgueil de ce peuple étaient tendus vers cet unique objet : la victoire. « Sparte, dit Aristote, n'a cultivé qu'*une partie* *de la vertu.* » Aussi ce couvent guerrier n'a-t-il rien légué à la civilisation grecque que son faux idéal de grandeur, trop longtemps admiré.

Solon. — Athènes se constitua plus tard, après une longue série de crises, sous la direction de Solon, et dans un tout autre esprit. Au point de vue social, elle s'oriente déjà vers la démocratie : les droits politiques étaient proportionnels à la fortune, que tout le monde peut acquérir, et non à la naissance, qui est le privilège de quelques-uns. La souveraineté résidait dans l'assemblée de tous les citoyens, et la loi était l'œuvre de tous. Un conseil de 400 membres élus les préparait; un tribunal suprême, l'Aréopage, jugeait les crimes et veillait à la conservation des mœurs antiques et des croyances de la cité. Neuf magistrats annuels, les *archontes,* remplaçant l'ancienne royauté, dirigeaient le gouvernement. C'était vraiment, avec quelque timidité encore, une république, le régime d'un peuple libre.

Mais c'est surtout dans l'esprit des institutions que s'accuse la différence entre Athènes et Sparte. Au lieu de glorifier le seul courage militaire, Solon, le législateur athénien, encourageait toute œuvre utile ou grande. Le travail était obligatoire, la recherche de la richesse encouragée, les œuvres de l'intelligence, la poésie, l'art, honorées entre toutes. C'était la *vertu tout entière,* et non une partie de la vertu, qu'Athènes se proposait comme idéal. En outre, le citoyen avait, avec des devoirs, des droits : l'intérêt de l'État et la liberté de l'individu devaient s'accorder, et non se détruire. Enfin l'étranger était accueilli, invité à s'établir comme *métèque* dans la ville, et dès la seconde génération les métèques pouvaient devenir citoyens. Tout ce qui venait du dehors, activité, inventions, inspirations, était bienvenu : l'âme athénienne était hospitalière comme la cité.

Le peuple grec. — En dépit de ces diversités et même de ces contrastes, il y eut certainement un peuple grec, reconnaissable à quelques traits essentiels : l'orgueil de son sang, le mépris des *Barbares,* le sentiment de la dignité de l'individu, l'infinie variété des aptitudes. Ce peuple avait une langue adaptée à son génie, instrument souple, dont les divers dialectes reflétaient les divers tempéraments de la race ; il avait aussi une religion commune, avec ses grandes divinités, honorées partout ; mais chacune était plus spécialement attachée à la fortune de quelque cité, dont elle devenait la divinité *poliade.* C'est autour de ces cultes à la fois généraux et locaux que se formèrent quelques embryons d'institutions nationales : les oracles, les grands jeux.

Les oracles. — Les Grecs aimaient à consulter leurs dieux sur l'avenir ; leur subtilité se plaisait à résoudre les énigmes que les prêtres donnaient comme des réponses divines. On ne sait au juste quelle dose de scepticisme se joignait à leur crédulité : lorsque l'oracle était trop scandaleusement favorable à Sparte ou à la Macédoine, on pensait que celles-ci y avaient mis le prix : « La Pythie, disait-on, *laconise* ou *philippise !* » Apollon était le dieu le plus consulté, soit dans la grotte de Délos, soit dans la caverne de Delphes. Là, dans un chaos de rochers, au pied du Parnasse, une prêtresse, la Pythie, troublée jusqu'au délire par les vapeurs qui s'élevaient du sol, laissait échapper des paroles incohérentes ; les prêtres en faisaient une phrase, et les croyants un ordre des dieux. Ce sanctuaire avait un immense renom : la plupart des cités se faisaient bâtir alentour une chapelle ou *trésor* (on en a retrouvé de très intéressants) pour y garder les offrandes faites à Apollon. Un conseil amphictyonique, sorte de diète élue, administrait le revenu d'Apollon, faisait respecter le domaine sacré, lançait au besoin l'excommunication sur les profanateurs. Il ne manquait à cette diète, pour devenir une espèce de parlement national, qu'une force exécutive qu'elle n'eut jamais.

Les grands jeux. — Les grands jeux étaient encore quelque chose de très *hellénique.* Il y en avait tous les deux ans près d'Argos (jeux Néméens) et à Corinthe (jeux

Isthmiques, en l'honneur de Poseïdon); tous les cinq ans
à Delphes (jeux Pythiques). Mais les plus célèbres étaient
ceux qu'on célébrait tous les quatre ans à Olympie (jeux
Olympiques), en l'honneur de Jupiter : l'ère grecque date
des premiers de ces jeux (776), et chaque *olympiade* ou
période de quatre ans porte le nom d'un vainqueur. Les
jeux étaient annoncés dans toute la Grèce par des messa-
gers inviolables, les *théores,* qui proclamaient partout une
sorte de *trêve du dieu.* De toute part les délégués officiels
des cités et les pèlerins volontaires affluaient. La colline
qui portait le temple et les chapelles, l'*Altis,* voyait se
dérouler un magnifique cortège. Dans ce temple, Phidias
dressera plus tard son Jupiter Olympien, la plus hautement religieuse peut-être de toutes les œuvres de l'art
grec. Ensuite les jeux commençaient au stade et à l'hippodrome : la lutte, la course. Les hommes les plus illustres de la Grèce y assistaient; les vainqueurs rentraient
en triomphe dans leur cité; un sculpteur immortalisait
leurs traits, un poète, qui parfois s'appelait Pindare, chantait leur gloire, et l'on retournait aux guerres civiles.
Mais le cœur de la Grèce avait battu là un instant; à ces
fêtes avaient concouru la religion et l'art, on pourrait dire
la religion de l'art, qui n'eut jamais un cadre plus digne
d'elle.

Il y eut un peuple grec; il ne se forma jamais une nation grecque. C'est toute l'histoire de la Grèce.

DIRECTIONS ET BIBLIOGRAPHIE

L'histoire générale de la Grèce a tenté, au XIXe siècle, deux esprits très différents et inspiré deux œuvres de grande valeur. Celle de l'Anglais GROTE
est un énorme effort d'érudition, où tous les textes sont mis en œuvre,
où les institutions surtout sont étudiées avec une remarquable conscience.
Celle de l'Allemand CURTIUS est une œuvre d'art autant que de science,
une résurrection du génie de la Grèce. On lira avec autant de plaisir que
de profit (dans la traduction BOUCHÉ-LECLERQ) les chapitres consacrés à
la géographie du monde grec, au contact de la Grèce avec les civilisations orientales, à l'âge homérique, etc.
Au moment où paraissait l'*Histoire* de Grote, Victor Duruy en donna, dans
son *Histoire de la Grèce ancienne,* une adaptation fort intéressante et
souvent très brillante. L'*Histoire* de Curtius a été résumée d'une façon

vive et claire dans le *Précis d'Histoire grecque* de Ch. Normand. — Voir
aussi Jalliffier et Vast, *l'Antiquité : l'Orient, la Grèce, Rome.*
Pour la mythologie, il est inutile de s'engager dans l'étude des systèmes
savants qu'on a édifiés sur les origines de la religion grecque; mais on
parcourra utilement le bel ouvrage de Decharme, *les Dieux de la Grèce.*
Et surtout il faut lire Homère.

ÉTUDES ET LEÇONS

I. — **Les questions homériques.**

1° **L'existence d'Homère.** — La première, la plus importante de ces questions et aussi la moins susceptible d'une solution, est celle-ci : Homère a-t-il existé? Les admirateurs du
divin poète se contentèrent longtemps de la légende classique :
sept villes se disputaient l'honneur de lui avoir donné naissance;
il allait de cité en cité, visitait l'Ionie, l'Egypte, l'Italie, tout le
monde grec, chantant les exploits héroïques des guerriers devant Troie et les souffrances du retour. Jusqu'à sa dernière
heure, aveugle, mendiant, — les traditions populaires aiment ce
contraste de la misère et du génie, — il voyageait et chantait
toujours.

Vers 1750, un Anglais, Wood, émit cette idée qui parut un
audacieux paradoxe : Homère n'a rien écrit! En 1795, un érudit
allemand, Wolf, dans ses *Prolégomènes,* apporta à l'appui de
cette thèse tout un appareil de démonstration critique, qu'on peut
résumer ainsi : les premiers chants furent l'œuvre de chantres
inspirés des dieux, de *devins,* comme Orphée, Linus, etc. Puis,
après ces prêtres de la poésie, des *aèdes,* chantres profanes,
s'assirent à la table des rois (tel Démodocus chez Alcinoüs),
développant dans leurs récits la puissance des dieux, la gloire
des héros presque contemporains, préparant les matériaux des
futures épopées. Plus tard, les riches cités d'Ionie, qui avaient
remplacé les royaumes légendaires, voulurent, elles aussi, que la
poésie fût de leurs fêtes : alors des professionnels, les *rhapsodes,*
réunissent, cousent ensemble les chants des aèdes; ils vont où
on les appelle, exerçant un peu partout leur métier; ils portent,
à travers tout le monde grec, en l'accroissant de génération en
génération, ce *trésor oral* des légendes épiques. Homère fut, si
l'on veut, un rhapsode parmi cent autres. Au VIᵉ siècle seulement, à Athènes, sous Pisistrate, commence l'âge de la *rédaction :* quelque scribe inconnu, encore un Homère, si l'on y tient,
aurait *recousu* en un tout définitif l'*Iliade* et l'*Odyssée.*

Tels sont les grands traits de ce système, qui provoqua dans
le monde de la critique de longues batailles. Si singulier que
cela paraisse, la solution du problème reste une affaire de goût
personnel; suivant qu'on est plus ou moins frappé de l'unité de

plan ou de quelque défaillance dans l'arrangement (le bon Homère sommeille quelquefois), on tient les deux poèmes pour une œuvre personnelle ou pour l'écho du génie d'une longue époque. On s'accorde généralement à attribuer à deux poètes et à deux âges différents l'*Iliade* et l'*Odyssée*, celle-ci nous montrant une société plus avancée, des mœurs plus douces, des sentiments plus délicats.

On pourrait résumer toute la question de l'existence d'Homère dans cette formule bizarre : Pas d'Homère, — ou un grand nombre d'Homères : — tout au moins, deux Homères.

(V. NAGEOTTE, *Histoire de la littérature grecque*.)

2° **L'emplacement de Troie.** — Où s'élevait la ville dont Homère a rendu le souvenir impérissable? Certainement au nord-ouest de l'Asie Mineure, non loin des Dardanelles et de la baie de Bésika. Longtemps on a cru que le village de Bounarbachi en marquait la place exacte. En 1871, un Allemand, le célèbre Schliemann, s'attacha à ce problème. Ce n'était pas un archéologue professionnel, mais un négociant en denrées coloniales que le hasard du commerce avait conduit dans cette région : sa passion pour Homère fit le reste, et le résultat de ses travaux, en dépassant ses espérances, l'amena peut-être à exagérer ses conclusions. Sous les hauteurs d'Issarlik, il ne trouva pas moins de *sept* ruines de villes superposées ! A la base, c'était l'âge de pierre, puis l'âge de bronze; au sommet, un village turc. Dans le milieu, sous une couche épaisse de débris et de cendres, une rare accumulation de fragments, d'armes, de bijoux; donc — Schliemann n'en douta pas — les débris du palais de Priam. Un peu plus tard, il entreprit et mena à bien le déblaiement de Mycène; la porte des Lions, des tombeaux, un trésor : sans doute le trésor des Atrides, le tombeau d'Agamemnon... Donc tout l'âge homérique était ressuscité! On pense aujourd'hui, tout en rendant justice à ces magnifiques découvertes, que Schliemann a forcé la *note homérique*, et que ses trouvailles se rapportent plutôt à un âge antérieur, celui qu'on appelle l'âge de la civilisation mycénienne.

3° **La géographie de l'« Odyssée ».** — Les voyages d'Ulysse sont-ils une pure fiction, ou bien répondent-ils à quelque réalité ? On a émis récemment une hypothèse d'une ingéniosité bien séduisante : le poète aurait travaillé sur un canevas phénicien; il n'aurait fait qu'illustrer de sa fantaisie des itinéraires, des espèces d'indicateurs de la navigation tyrienne. On a tenté de localiser dans les diverses régions méditerranéennes les principaux épisodes de l'*Odyssée* : la grotte de Calypso, par exemple, serait près du détroit de Gibraltar. Le charme du vieux conte s'avive ainsi pour nous d'une foule de conjectures neuves et hardies. (V. VICTOR BÉRARD, *les Phéniciens et l'Odyssée*.)

II. — La poésie homérique.

Mais ce charme domine tout, et toutes les générations l'ont subi, comme tous les âges de la vie y sont sensibles. En feuilletant une excellente analyse, mêlée de fragments de traduction (*les Grands Écrivains, Homère,* par A. COUAT), on n'aura pas de peine à trouver des pages qui donneront aux élèves l'envie de lire le texte. Par exemple : ce délicieux tableau de famille, les adieux d'Hector et d'Andromaque, et la mère, à la vue de son fils qu'effraye l'éclat des armes, souriant au milieu de ses larmes ; la scène touchante de Priam aux pieds d'Achille : « Tous deux se souvenaient... » — la dernière caresse du vieux chien Argos, qui meurt en reconnaissant son maître Ulysse ; — un peu partout des paysages, des descriptions traitées avec la précision et la mesure qui sont les caractères de la poésie grecque, des comparaisons empruntées au monde extérieur, l'âme humaine expliquée, commentée par la nature.

Homère d'ailleurs anime les personnages, comme il colore les objets : y a-t-il dans l'histoire rien de plus vivant que ces deux héros créés par un poète ? « Au milieu de toutes ces agitations des mortels, de la nature et des dieux, un héros attire surtout nos regards, Achille. Enfin le poète nous montre jusqu'où peut aller l'âme humaine dans le bien comme dans le mal, depuis l'égoïsme et la cruauté implacable jusqu'au dévouement et au sacrifice volontaire de soi-même, depuis les cris de rage qui exaspèrent et avilissent l'homme jusqu'aux larmes de pitié qui le consolent et le purifient. — Ulysse n'est point parfait : il est capable de mensonge, de rapine, de cruauté ; il a les vices de son temps. Mais il est brave, dévoué à son pays, à ses compagnons, à sa famille. Son courage n'est pas celui d'un soldat qui aime le danger pour lui-même et qui se plaît aux aventures. Ulysse a encore plus de patience que d'audace : sans craindre aucun péril, il n'en cherche aucun inutilement. Il est surtout maître de lui-même. » (A. COUAT.)

En résumé, on trouve dans ces deux poèmes tout ce que sera la Grèce et tout ce que l'humanité lui devra : un amour profond de la nature avec le don merveilleux d'en dessiner les grandes lignes, d'en reproduire les couleurs ; un génie d'une variété extrême, à la fois curieux des nouveautés, épris du grand, soucieux du profit, créateur, héroïque, pratique tout ensemble ; enfin, ce que n'avait pas connu le dur Orient, un peu de tendresse, de compassion aux misères, la pitié, la divine pitié, dont la semence va germer dans le monde. C'est pour tout cela que le vieil Homère

Est jeune encor de gloire et d'immortalité.

CHAPITRE V

Athènes au temps des guerres médiques.
Le siècle de Périclès.

I. — Le cinquième siècle avant Jésus-Christ est le plus important dans l'histoire de la Grèce : il s'ouvre par la lutte des Grecs contre les Perses (guerres médiques, 490-445) ; il se continue par le développement de la puissance et de la grandeur d'Athènes (hégémonie athénienne sous Périclès, 445-429) ; il se termine par la lutte furieuse des deux grandes cités grecques (guerre du Péloponèse, 431-403) et la ruine politique d'Athènes.

Le conflit entre le grand empire des Perses et le petit peuple grec se produisit à propos des riches villes d'Ionie. Le grand roi, Darius, les soumit ; il ruina la plus puissante d'entre elles, Milet (494), puis il résolut de châtier Athènes qui avait tenté de défendre les Milésiens. L'issue de la lutte ne semblait pas douteuse, vu la disproportion des forces : cependant une première flotte perse fut brisée par la tempête contre le mont Athos ; une nouvelle expédition jeta 100,000 hommes, sous Datis et Artapherne, sur les côtes de l'Attique : 11,000 Athéniens la mirent en déroute à Marathon (490).

Cette première guerre médique est comme une escarmouche entre l'Europe et l'Asie : la seconde est vraiment le duel des deux mondes. L'orgueilleux Xerxès voulut venger la défaite de son père Darius : il jeta sur la Grèce près d'un million d'hommes et plus d'un millier de vaisseaux. Athènes, cette fois, réussit à grouper autour d'elle la plus grande partie des forces grecques ; mais elle eut la plus grande part à la victoire. Trois cents Spartiates, sous les ordres du roi Léonidas, se firent tuer en essayant vainement d'arrêter les Perses au défilé des Thermopyles. En face d'Athènes, autour de l'île de Salamine, la flotte du grand roi fut anéantie par les forces maritimes des Grecs, que dirigeait un Athénien plein de ressources et d'audace, Thémistocle (480). L'année suivante, l'armée combinée des cités grecques, commandée par le roi spartiate Pausanias, dispersa à Platées les 300,000 Perses de Mardonius ; le même jour, dit-on, les vaisseaux athéniens remportaient sur le rivage asiatique la victoire de Mycale (479).

Et pendant trente ans encore le peuple grec poursuivit ses avantages, enlevant aux Perses les îles, la mer, les côtes, leur interdisant à la fin de s'avancer à plus de trois journées de marche des villes ioniennes (449).

II. — C'était Athènes qui avait dirigé l'effort de la Grèce : ce fut elle surtout qui remporta le prix de la victoire : pendant une génération, elle dirige les destinées du monde grec, dirigée elle-même, plutôt que gouvernée, par un citoyen qui fut le Grec, l'Athénien par excellence, Périclès.

1° Elle a groupé autour d'elle toutes les cités maritimes et toutes les îles de la mer Egée ; elle les rattache de plus en plus étroitement à sa fortune ; elle fonde des colonies qui alimentent l'activité commerciale de son grand port, le Pirée ; elle transforme de plus en plus la confédération en empire.

2° Elle transforme en même temps ses institutions dans le sens de la démocratie, du gouvernement direct de la cité par tous les citoyens.

3° Enfin et surtout, elle recherche autre chose encore que la force et la richesse, que la liberté et l'égalité ; elle poursuit dans l'art et la littérature un idéal de beauté. Le siècle de Périclès est aussi celui du Parthénon et de Phidias, des grandes œuvres historiques, des premières études philosophiques, des chefs-d'œuvre dramatiques.

III. — Cela seul a duré, car la puissance athénienne fut éphémère. Quand Périclès mourut (429), la guerre du Péloponèse était déjà commencée. Ce fut une guerre civile aussi acharnée que la guerre nationale contre les Perses. La haine de Sparte et la jalousie des autres cités contre la fortune d'Athènes, les fautes de la démocratie athénienne qui tournait à la démagogie, les luttes des partis qui, dans la cité, trahissaient à l'envi la cause publique, préparèrent le funeste dénouement. Après une période d'incursions réciproques, promenant alternativement sur l'Attique et le Péloponèse les ravages et les fléaux, une désastreuse expédition en Sicile détruisit le prestige d'Athènes ; une défaite navale à Ægos-Potamos (404) brisa sa force maritime. Assiégée, elle capitula (404). Ses remparts renversés, sa constitution détruite, son empire anéanti, il lui resta seulement ce que des ennemis sans pitié ne pouvaient lui enlever : la gloire des grandes choses faites et des grandes œuvres produites.

I. Les guerres médiques. — On peut dire que l'histoire des guerres médiques est le premier chapitre de l'histoire de l'Europe, c'est-à-dire un chapitre nouveau de l'histoire de l'humanité. En face de ces troupeaux d'esclaves sur lesquels sont posées les royautés énormes de Thèbes ou de Memphis, de Ninive et de Babylone, en face de ces Phéniciens avisés et furtifs qui courent le monde, sans se donner d'autre objet que celui de *faire de la richesse,* sans avoir même l'orgueil du grand rôle qu'ils jouent, se dresse une nouvelle espèce d'hommes, les *citoyens,* conscients de leurs droits, attachés à leur sol et à leurs foyers, épris d'un idéal. C'est dans les *cités grecques* que cette espèce est née; c'est derrière leur rempart que le monde occidental a commencé à vivre, à leur école qu'il s'est formé.

L'empire des Perses. — C'est un duel bien étrange que celui de quelques poignées de ces citoyens contre les masses les plus formidables peut-être qu'ait remuées l'orgueil d'un souverain. L'empire des Perses venait de jouer en Orient, au vi[e] siècle, le rôle que jouera plus tard l'empire romain dans le monde méditerranéen. Il avait subjugué et absorbé, de l'Asie centrale au Nil moyen, les royaumes en décadence et les races usées; il avait doté ses provinces d'une organisation administrative savante; il s'était fait, des civilisations antérieures, une civilisation composite, mais brillante. Cyrus, le fondateur de cette puissance, prit Babylone, renvoya les Juifs à Jérusalem, se ménagea le concours de la flotte phénicienne. Après l'Asie, l'Afrique : Cambyse soumit facilement l'Egypte en décadence. Restait l'Europe : au début du ve siècle, Darius, fils d'Hystaspe, pourchassa au nord du Pont-Euxin et jusqu'au Danube les hordes des Scythes.

Première guerre : Marathon. — Mais ce qui le tenta plus que la steppe, ce furent les riches et molles cités de l'Ionie : le monde grec, avec sa jeune activité, devait fatalement appeler sur lui l'ambition d'un peuple conquérant. L'orgueil fut aussi de la partie : Darius ne pardonnait pas à ces petites cités qui le bravaient, à Athènes qui avait essayé de sauver Milet et qui pleurait sur sa ruine, à Sparte qui précipitait dans un fossé les ambassadeurs perses, lorsqu'ils venaient demander la terre et l'eau.

C'est pour cela qu'il jeta sur l'Attique une grande armée : l'élan des Athéniens la mit en déroute à Marathon.

Seconde journée : les Thermopyles, Salamine, Platées. — Alors il fallut venger Marathon. La veuve de Darius, l'impérieuse Atossa, rappelait sans cesse ce devoir à son fils Xerxès. Celui-ci, plus que son père encore, était le type du souverain de l'ancien Orient, de l'Orient de tous les temps : orgueilleux, magnifique, fantasque, un prince descendu des bas-reliefs de Ninive, ou évoqué des tombeaux des Ramsès. L'ivresse de la puissance tournait chez lui à la folie : il châtie les éléments avant d'aller anéantir les peuples rebelles, et fait fouetter avec des chaînes la mer coupable d'avoir détruit un de ses ouvrages. Avant de quitter l'Asie, il voit défiler pendant sept jours des troupes rassemblées de tous les points de son vaste empire. Ses flottes couvrent les mers; le sol de la Grèce semble trop petit pour contenir cette armée, qui dévore une province pour chacun de ses repas et épuise un fleuve pour étancher sa soif. Cependant les trois cents Spartiates de Léonidas arrêtent trois jours ce déluge d'hommes autour du défilé des Thermopyles. Bientôt le flot de l'invasion bat le rocher de l'Acropole et fait d'Athènes une ruine. Les Athéniens se sont réfugiés sur leur flotte, « dans des murailles de bois », obéissant à l'oracle de la Pythie, traduit par Thémistocle. Sur le rivage de l'Attique, Xerxès a fait élever un trône aux pieds d'argent pour contempler son triomphe... il vit de là sa flotte enveloppée par une flotte trois fois moindre, ses gros vaisseaux fracassés, la mer, les écueils couverts de cadavres perses, ses Immortels égorgés dans l'île de Psitalie; et, le soir, il s'enfuyait à la hâte vers la Thessalie, la Thrace, l'Hellespont, qu'il craignait de ne plus pouvoir repasser.

Mardonius, laissé par lui en Grèce pour profiter des divisions des Grecs, les vit au contraire s'unir sous les ordres de Pausanias. A Platées, les vainqueurs firent dans son camp un butin fabuleux, et, de trois cent mille hommes qu'on lui avait confiés, le général du grand roi n'en ramena que quatre mille.

La bataille de Salamine au théâtre. — Une longue série de victoires et de conquêtes maritimes, poursuivies pendant trente ans, rendit le peuple grec maître de l'Archipel, des côtes de la Thrace et de l'Asie, et acheva en un mot de constituer le monde grec; mais rien n'égala à leurs yeux le souvenir des trois journées immortelles, Marathon, Salamine, Platées, qui furent pour eux de véritables fragments d'épopée historique. Salamine surtout fut considérée comme la victoire libératrice et créatrice; et c'était essentiellement la victoire des Athéniens. Athènes la célébra entre toutes : un grand poète, Eschyle, la mit à la scène de la façon la plus saisissante, dans sa tragédie des *Perses*. A la cour du grand roi, la reine Atossa et ses serviteurs attendent avec anxiété les nouvelles de la bataille : un messager arrive hors d'haleine; on ne peut lui arracher d'abord que des gémissements, des lamentations entrecoupées : « Notre flotte?... — Hélas! Hélas!... — Nos puissants vaisseaux?.. — Hélas, brisés... » Puis c'est le récit magnifique de la bataille, coupé par les sanglots des Perses, si délicieux aux oreilles grecques. Bientôt Xerxès paraît, vêtu de haillons, désespéré, tragique; les sanglots redoublent. Enfin, au milieu de ce *lamento,* l'ombre de Darius surgissant jette aux siens cette suprême leçon : « Vous voyez le châtiment de la Perse; souvenez-vous donc d'Athènes et de la Grèce! » Les Athéniens qui applaudissaient ce magnifique tableau étaient assis sur les gradins d'un théâtre taillé dans les flancs de l'Acropole. Derrière eux s'élevait le sanctuaire de la cité sauvée par ses enfants; devant eux, au lieu de toile de fond, la mer s'étendait au loin jusqu'à la « divine Salamine ». Aucun peuple n'a su relever le noble sentiment du patriotisme d'autant d'art et de poésie.

Causes des succès des Grecs. — Ces succès de la Grèce sur la Perse ont, à première vue, quelque chose d'invraisemblable. Ce ne sont point des fables ni des légendes, cependant; même en admettant que l'imagination des vainqueurs les ait un peu amplifiés, les résultats en attestent la réalité : un siècle de grandeur pour le peuple hellénique; pour l'empire asiatique, une décadence irrémédiable. Il faut en chercher la cause d'abord dans la faiblesse réelle de ces grandes puissances orientales, qui sont toujours « les colosses aux pieds d'argile ». Rois auxquels l'ivresse de leur force et la folie de leur divinité ont ôté tout sens politique; conseillers inintelligents, flattant l'orgueil du maître, se desservant et se trahissant l'un l'autre; satrapes, gouverneurs de provinces vastes comme des royaumes, ne songeant qu'à s'affranchir du pouvoir central; flotte considérable, mais composée de lourds vaisseaux, plus propice à servir aux opérations du commerce phénicien qu'à soutenir l'assaut des légères trières de l'Attique; armée de cent peuples, aux costumes bariolés, aux montures étranges, aux armes diverses et primitives, depuis les lances des Dix-mille, garnies d'or ou d'argent, jusqu'aux arcs de bambou et aux flèches à pointe de silex; bref, une Babel guerrière. Prenez la contre-partie de tout cela pour avoir une idée des armées grecques : surtout en regard de ces troupeaux stupides, de ce corps énorme qu'aucune âme ne dirige, imaginez ce que peut être la force collective de quelques milliers de soldats dont aucun n'ignore pourquoi il va combattre et saura mourir; ajoutez-y l'armement perfectionné, les armures défensives, les exercices préalables, la discipline acceptée, une tactique, un plan : la pensée en face de la matière. C'est l'explication du miracle.

Les chefs grecs : Léonidas. — La Grèce eut cette bonne fortune d'avoir, au moment du péril suprême, deux générations riches en hommes faits pour diriger les hommes. La valeur de Sparte se personnifie dans le héros des Thermopyles, Léonidas, et cet héroïsme, qui n'a pas sauvé la Grèce, a quelque chose de factice et de théâtral.

c'est cependant un mot d'un beau *laconisme* que la réponse du roi à l'ennemi, qui le somme de rendre ses armes : « Viens les prendre ! » Et c'est une belle épitaphe que celle des morts des Thermopyles : « Passant, va dire à Sparte que nous sommes tombés ici, après avoir obéi à ses lois ! » Un de ses successeurs, Pausanias, fut le vainqueur de Platées ; mais il se laissa bientôt gagner par l'or des Perses et rêva de devenir un *grand roi* en Grèce. Sa trahison découverte, il se réfugia dans un temple, où ses concitoyens le murèrent et où il mourut de faim.

Miltiade. — Les hommes supérieurs sont presque exclusivement des Athéniens. Le chef des onze mille Grecs qui triomphèrent à Marathon était Miltiade. Ayant longtemps été en Thrace une manière de tyran, il avait la rudesse des Barbares au milieu desquels il avait vécu. Sa victoire accrut sa dureté orgueilleuse. Les Athéniens ne lui pardonnèrent pas son premier échec : condamné à une amende énorme, il ne put la payer et mourut en prison.

Aristide et Thémistocle ; Cimon. — Dans la seconde guerre médique, on remarque deux hommes qui montrent, par le contraste de leur caractère, quelle variété de ressources il y avait dans l'esprit athénien. Aristide le Juste est le type de la droiture et du dévouement civique ; il s'impose par son autorité morale. Mais il appartient au parti aristocratique ; il craint pour son pays les aventures maritimes, pour ses vieilles mœurs le développement du commerce et les séductions de la richesse ; il est, tout d'abord, le conservateur timide, l'homme du passé. Thémistocle, Athénien de fraîche date (fils de métèque) et de naissance obscure, rêve, au contraire, pour Athènes les entreprises, l'expansion, les affaires. Les Athéniens lui donnent raison en exilant son rival Aristide. Il déploie alors une activité extraordinaire : il fait du Pirée un vaste chantier, forme un peuple de marins, une armée d'ouvriers, crée, avec le revenu des mines d'argent du Laurium, une flotte de 200 vaisseaux. C'est l'Athènes nouvelle. Mais lui-même, Athénien nouveau style, est sans scrupules et sans probité, prêt à tout pour assurer sa fortune en même temps que celle de son pays; il y a en lui de l'Ulysse « à l'esprit plein de ruse ».

La bataille de Salamine est proprement son œuvre : il réussit, malgré l'égoïsme des uns, la terreur des autres, à amener et à maintenir la flotte des alliés dans les eaux athéniennes; il décide ses concitoyens à abandonner l'Acropole indéfendable et à chercher leur salut dans « les murailles de bois »; il a rendu la bataille inévitable par un avis secret donné à Xerxès. Après la victoire, il engage et prolonge à Sparte une négociation astucieuse, qui laisse aux Athéniens le temps de fortifier le Pirée. Il a fixé ainsi pour un siècle les destinées de la grande cité maritime.

Il connut à son tour l'ingratitude populaire. Comme beaucoup de sauveurs, il se rendait insupportable par son orgueil et ses allures de maître; d'ailleurs, sa gestion, d'une probité douteuse, prêtait à toutes les accusations. Il fut banni : pourchassé à travers toute la Grèce, après un étrange roman d'aventures, il trouva un refuge à la cour du fils de Xerxès. « J'ai Thémistocle l'Athénien, » s'écriait le grand roi, qui croyait tenir ainsi sa revanche de Salamine.

L'œuvre de Thémistocle fut continuée par Aristide. Cet homme du devoir avait rompu sa sentence d'exil pour venir combattre avec les siens. Les événements élargirent son horizon. Il comprit que l'avenir d'Athènes était sur la mer Égée; il groupa autour d'elle, dans la ligue de Délos, les cités du littoral et les îles. L'aristocrate se soumit aussi à la force irrésistible de la démocratie : il fit admettre l'égalité des droits politiques pour tous; il est comme l'ancêtre des conservateurs réformistes, qui sacrifient les préjugés de leur classe à la loi du progrès.

Un autre Athénien, Cimon, fils de Miltiade, continua l'œuvre de ces grands hommes, acheva la conquête de l'Archipel, consomma la ruine maritime des Perses, rêva même de faire d'Athènes non seulement une grande cité, mais une ville magnifique. Comme ses devanciers, il fut attaqué, exilé; comme Aristide, il revint à l'heure d'un danger menaçant, et mourut en pleine gloire.

L'ostracisme. — Il ne faut pas attribuer à la seule inconstance du peuple athénien ces bannissements fréquents des grands citoyens. Sans doute les démocraties sont volontiers jalouses : celle d'Athènes joignait à la jalousie la légèreté oublieuse. Mais dans son histoire la sentence d'exil, votée par l'assemblée sur des écailles d'huîtres (d'où le mot d'*ostracisme*), n'est pas seulement un caprice, mais une institution, un moyen d'empêcher la guerre civile : lorsque deux partis, deux programmes irréductibles, étaient opposés l'un à l'autre, le peuple prononçait entre les hommes qui les représentaient ; la décision laissait, pour un temps, le champ libre à une politique.

II. Périclès. — Nous avons vu des Athéniens illustres; voici l'Athénien par excellence, Périclès. Il résume en lui tous les dons de la race et incarne l'âme de la cité de Pallas-Athénè. Il était beau, d'une beauté noble et « olympienne », dont s'inspira, dit-on, Phidias, pour sa statue de Zeus. Il avait reçu une éducation complète, « harmonieuse », étudiant sous les meilleurs maîtres la philosophie, la musique, l'éloquence, prenant de la culture intellectuelle tout ce qui peut servir à la cause publique. Fils de Xanthippe, le vainqueur de Mycale, qui, lui aussi, avait été ostracisé, descendant d'une orgueilleuse et ambitieuse famille, il dissipa tous les soupçons par son désintéressement et la simplicité extérieure de sa vie. Il domina surtout le peuple par son éloquence un peu hautaine, qui ne se prodiguait pas et ne s'abaissait jamais à flatter les passions de la foule. Il bénéficia encore d'un autre prestige. A Athènes, la demeure de la famille légitime, le *gynécée,* était rigoureusement fermée aux étrangers. Périclès groupa dans ce qu'on pourrait appeler le *salon* de son amie Aspasie l'élite des poètes et des artistes. Il vivait dans l'intimité des plus illustres. Il n'est pas donné à tous les hommes d'Etat de se présenter à la postérité entre un Phidias et un Sophocle.

Son pouvoir. — La nature de son pouvoir est assez difficile à définir. Il n'entreprit rien contre les institutions; il n'exerça aucune magistrature extraordinaire. Il est probable que le sort ne le désigna jamais pour l'archontat. Mais, quand il y avait une négociation à conduire, une affaire à poursuivre, une expédition à faire, le peuple nommait pour un temps limité dix stratèges : Périclès était toujours un de ceux-là, et le plus écouté. Il exerçait donc une *direction* qui n'a rien de commun ni avec la tyrannie ni avec la dictature, ou qui ne fut, si l'on veut, que la dictature de la *persuasion*.

C'est dans ce sens et cette limite qu'on a pu dire le *siècle de Périclès,* comme on dit le siècle d'Auguste, des Médicis, de Louis XIV : cela signifie la génération dont il fut le citoyen le plus intelligent et le conseiller le plus écouté. Cette génération (de 460 à 429) a vu l'évolution démocratique s'achever, la richesse d'Athènes s'accroître avec son empire maritime, le génie grec enfin s'épanouir en une admirable production.

La démocratie : affaiblissement de l'Aréopage. — Aristocrate de naissance et d'esprit, Périclès alla droit à la démocratie; il l'accepta sans réserve et l'aida à se développer intégralement. Le dernier obstacle qu'elle rencontrât était le corps puissant, gardien des traditions et protecteur des privilèges, l'Aréopage. Il perdit en 460 son *veto* politique sur les lois, son inquisition morale sur les citoyens et les magistrats, et même ses hautes attributions religieuses. De son pouvoir judiciaire, il ne garda que le jugement des causes entraînant la peine capitale. Toutes les autres affaires furent portées devant un corps de 5,000 jurés ou *héliastes,* tirés au sort.

L'assemblée; le conseil. — Tout le pouvoir politique résidait dans l'assemblée (*ecclesia*) de tous les citoyens : il ne faut pas oublier que, dans l'antiquité, la démocratie, même absolue, est une démocratie limitée. *Tous les* *citoyens,* dans une ville d'un demi-million d'âmes, c'est 20,000 hommes environ; le reste, femmes, esclaves, métèques, est sans droits politiques. L'assemblée entend les orateurs et prononce souverainement. Mais le travail législatif est préparé par le conseil des Cinq Cents (*boulè*), et le texte des lois votées soumis à l'examen d'un corps choisi parmi les héliastes, les *nomophylactes.* Le peuple souverain est donc guidé dans sa souveraineté par la parole de ses orateurs, par les délibérations d'un conseil ayant la pratique des affaires, et par le contrôle d'un groupe gardien de la tradition. A ces conditions seulement la démocratie peut fonctionner sans dommage.

L'archontat; les stratèges. — De même on pourrait s'étonner de voir les magistrats principaux, les archontes, désignés par le sort. Mais ceux-là seuls étaient inscrits sur les listes du tirage qui se sentaient quelque aptitude politique et qui subissaient une sorte d'épreuve civique. D'ailleurs l'archontat était une magistrature d'apparat, sans pouvoir réel, et la véritable action politique était celle que le peuple donnait, quand cela était nécessaire, aux *stratèges élus* pour un objet déterminé.

Les rétributions civiques. — Ce régime de la démocratie pure avait, au point de vue financier, des conséquences nécessaires, qu'on pourrait résumer en deux mots : les pauvres payés, les riches payant. D'une part, la vie politique, la participation à l'assemblée, au conseil, aux jugements, absorbaient presque toute l'activité des citoyens; d'ailleurs, avec la concurrence du travail des esclaves ou des métèques, qui, eux, n'avaient point de vie politique, ni l'industrie ni le commerce n'assuraient à l'Athénien des bénéfices suffisants. L'Etat se trouvait fatalement amené à rémunérer sa participation à l'*ecclesia,* à la *boulè,* à l'*héliée,* son service dans les armées de terre ou de mer. Sans cela, pas de démocratie possible. Périclès obéit à la logique en établissant la rétribution de 3 oboles (16 centimes) pour la participation à l'assemblée et aux tribunaux, de 6 oboles pour la participation au conseil des Cinq Cents, et la solde de 2 à 4 oboles pour les fantassins, les cavaliers, les marins. Il y ajouta quelques distributions d'argent faites au peuple. Les démocraties anciennes ont toutes suivi cette pente fatale qui aboutira, sous l'Empire romain, à la mendicité publique et à la servitude politique.

Les impôts; les liturgies. — L'Etat athénien n'avait pas les ressources nécessaires pour faire face à ces charges, malgré les amendes de justice, la taxe des métèques, les revenus des mines et le tribut des alliés. Il y suppléait par des charges imposées arbitrairement aux riches familles. Celle-ci était mise en demeure d'équiper une trière, celle-là de pourvoir aux frais du pèlerinage public à Délos, une autre d'organiser les représentations dramatiques (c'était la *chorégie*) ou l'éducation des athlètes qui devaient concourir aux grands jeux. On appelait ces charges les *liturgies*. Toujours un peu arbitraires, elles étaient supportables quand elles étaient modérées : elles ne le furent pas toujours; il y avait là encore un péril auquel la démocratie athénienne ne devait pas échapper.

La ligue maritime; les colonies; le Pirée. — Nous avons essayé de donner une idée de ce mécanisme compliqué et fragile d'une démocratie dans l'antiquité. Athènes représenta, au temps de Périclès, avec éclat le principe démocratique, en face de Sparte qui s'immobilisait dans la plus étroite aristocratie. Les résultats en furent, mais pour bien peu de temps, merveilleux. La ligue maritime organisée par Aristide changea insensiblement de caractère. Les alliés acceptèrent, ou à peu près, d'être transformés en sujets : la *diète* de la confédération, où chaque cité était représentée par ses élus, fut transférée à Athènes; la contribution en hommes et en vaisseaux fut transformée en un tribut pécuniaire; le trésor fut déposé dans le Parthénon; les procès des alliés furent jugés par les jurés athéniens; les révoltes, comme celles de Samos, furent durement réprimées. La confédération devenait un empire, au sens moderne du mot. Ce qui souligne encore cet *impérialisme* athénien, c'est la fondation de véritables colonies, les *clérouquies,* où la grande cité déversait le trop-plein de sa démocratie, et qu'elle établissait partout où ses intérêts économiques étaient en jeu, dans les Cyclades, en Eubée, dans la Chersonèse, sur le Bosphore et jusque dans l'Italie méridionale. C'étaient à la fois les points d'appui de la flotte de 300 vaisseaux qui gardait le monde grec, et les marchés de matières premières ou d'échanges. De cette force, Athènes était le centre; de cette activité, le Pirée était le foyer. Tout s'y trouvait, de ce qui fait la richesse de nos grandes cités maritimes : entrepôts de blé, d'huile, de bois, de métaux, marché fixant les cours commerciaux, fabriques d'étoffes, d'armes, de poterie, grandes banques, sociétés d'assurances contre les risques maritimes : voilà ce que les contemporains de Périclès pouvaient contempler avec orgueil du haut de l'Acropole.

L'Acropole. — Et quel orgueil aussi devait leur inspirer l'Acropole même! Ce rocher isolé et escarpé au milieu de la plaine athénienne fut le berceau, la citadelle et le sanctuaire de la cité; il portait des monuments, à la construction et à la décoration desquels présida le plus grand des artistes grecs. Leurs ruines font encore l'admiration du monde civilisé. On y accédait par les *Propylées* (vestibule), un portique à plusieurs rangées de colonnes, flanqué de deux petits temples. Sur le sommet se dressait *Athénè Promachos,* la statue de la vierge guerrière, haute de 16 mètres; les marins, en doublant le cap Sunium, apercevaient de loin l'aigrette de son casque. Tout auprès, des temples : l'*Erechtheion,* soutenu sur une de ses façades par de délicates cariatides, et surtout l'incomparable Parthénon[1].

La littérature. — Périclès, qui donna l'impulsion à ce mouvement artistique, avait rêvé d'y associer toute la

---

1. Voir à la fin du chapitre : ETUDES ET LEÇONS.

Grèce. Vers 445, il envoya des délégués athéniens proposer à toutes les villes de s'unir dans un effort commun pour élever partout des monuments dignes du génie grec : la plupart, déjà jalouses de la grandeur athénienne, répondirent évasivement. Athènes demeura, ou à peu près, la seule ville de beauté. Elle le fut dans tous les sens, car l'œuvre littéraire égala en splendeur et dépassa en durée l'œuvre des architectes et des sculpteurs. C'est sans conteste le siècle le plus fécond. Presque tous les genres ont trouvé là leur première expression et souvent leur forme la plus parfaite. C'est à Athènes, au ve siècle, que sont nés le théâtre tragique et le théâtre comique. Pour la tragédie, trois grands noms : Eschyle, dont le drame nous montre la fatalité antique pesant sur l'humanité et déchaînant d'inévitables catastrophes; Sophocle, dans le théâtre duquel l'homme essaye de se mesurer avec cette force aveugle du destin; Euripide, plus moderne, plus près de nous et plus imité par nos auteurs classiques, qui met seulement aux prises les passions et les sentiments du cœur humain. Avec Aristophane, la comédie est surtout un pamphlet politique, d'une verve souvent cynique, d'une violence sans frein; mais son imagination l'encadre dans un décor de féerie et la pare d'une poésie étincelante. — L'histoire naît aussi dans ce siècle, si digne de l'inspirer; elle trouve tout d'abord ses deux formes essentielles : avec Hérodote, elle est narrative et tient encore de l'épopée; avec Thucydide, elle est une leçon politique. — Périclès ouvre la série des grands orateurs; elle se continuera pendant un siècle encore, jusqu'aux funérailles de la liberté que conduira Démosthène. — La philosophie est « ramenée du ciel sur la terre », c'est-à-dire des hypothèses physiques où elle s'égarait prématurément, à l'analye de l'âme humaine. « Connais-toi toi-même, » c'est la devise de Socrate, maître singulier qui promenait sur l'*Agora,* du comptoir du changeur à la boutique de la marchande d'herbes, son visage d'une laideur intelligente, sa parole familière, son *ironie* instructive, forçant à penser plutôt qu'enseignant une doctrine : la conscience, la manifestation du divin dans l'homme, voilà ce qu'il révélait. Plus tard, la démocratie athénienne, dans une heure d'égarement, s'en prit à lui des malheurs de la cité. On l'accusa de corrompre les mœurs, lui qui relevait la moralité humaine. Il fut condamné à boire la ciguë et mourut avec une simplicité sublime. Un de ses disciples, Xénophon, a fait revivre l'originalité de son enseignement; un autre, Platon, l'élargira et fera, pour ainsi dire, remonter cette philosophie de la terre jusqu'au ciel.

La fin de Périclès. — C'est merveille que Périclès n'ait pas subi, lui aussi, la condamnation d'un peuple inconstant. Bien qu'Athènes eût vécu en lui toute sa vie intellectuelle, elle se lassait de cette autorité, si discrète cependant. On n'osait s'attaquer à lui; on essayait de l'atteindre dans ses amis; sous divers prétextes, Anaxagore, son maître, Aspasie, Phidias, furent inquiétés, poursuivis. Bientôt la grande lutte que Périclès avait prévue et préparée éclata, la guerre contre Sparte. Les débuts en furent malheureux : une armée spartiate ravagea les environs d'Athènes; la peste suivit cette invasion. Périclès prononça une belle oraison funèbre pour les citoyens morts dans cette première campagne. Mais lui-même était frappé au cœur par le deuil public et par des deuils privés. « L'Olympien » pleura en plaçant une couronne sur la tête de son fils, mort de la peste; quelques mois après, il mourait lui-même (429).

III. La guerre du Péloponèse; les démagogues. — *Le gouvernement de la raison par la parole,* telle pourrait être la formule du régime que Périclès avait tenté de faire prévaloir. Il n'en est pas de plus noble, de plus digne d'un grand peuple, ni de plus difficile à faire durer. La raison disparut des conseils d'Athènes après Périclès, au milieu des vicissitudes de la guerre du Péloponèse; la parole resta, instrument puissant et souvent malfaisant, manié par les sophistes, les rhéteurs, qui s'en servaient pour soutenir indifféremment le bien et le mal, et surtout pour flatter les passions populaires : la démocratie devint démagogie. Athènes tomba de Périclès à Cléon, de Cléon à Alcibiade. Le premier, un parvenu et un *politicien*, était un conseiller de violences et un excitateur de haines ; du moins il sut bien mourir, en conduisant une expédition qu'il avait fait entreprendre. Le second, neveu de Périclès, plut à la foule par sa beauté, son éloquence, ses fantaisies : Alcibiade fut le caprice malsain d'Athènes, roi de la mode, dilettante de la démagogie, artiste en trahisons. Il trahit Athènes pour Sparte, Sparte pour les Perses, revint d'Asie pour faire dans sa patrie une entrée fastueuse de dieu oriental, puis, de nouveau suspect et banni, s'en alla finir en aventurier. Les hommes de cette sorte sont le châtiment des républiques dégénérées.

Ruine politique d'Athènes. — L'issue de la lutte entre les deux grandes cités grecques demeura longtemps incertaine. Jusqu'en 421, Athènes tint tête à la coalition et rendit à Sparte coup pour coup. Nicias, un aristocrate auquel la démocratie confiait de temps en temps le soin de réparer ses fautes, fit alors conclure une paix qui ne fut qu'une trêve. Peu après, Athènes engagea follement toutes ses forces dans une expédition en Sicile : elle aboutit à un lamentable désastre (413). Alors les fureurs des partis se déchaînèrent dans la cité ; tour à tour les oligarques et les démocrates l'emportèrent et se décimèrent par des proscriptions. Il y eut une dernière victoire d'Athènes aux îles Arginuses (406). Enfin la flotte athénienne, mal gardée, fut surprise et anéantie à Ægos-Potamos, près de l'Hellespont.

Alors le roi et le grand capitaine de Sparte, Pausanias et Lysandre, vinrent investir Athènes déchirée par les factions. Elle succomba : les murs du Pirée furent détruits, la flotte incendiée sous les yeux de ses ennemis. Des musiciens chantaient autour du festin qui réunissait les généraux vainqueurs, couronnés de fleurs. L'un d'eux,

en disant deux vers d'Euripide, remua le cœur des assis-
tants, et ce fut peut-être cette évocation inattendue de la
poésie athénienne qui sauva Athènes d'une ruine totale.

DIRECTIONS ET BIBLIOGRAPHIE

Pour les histoires générales et les précis à consulter, voir le chapitre précédent.

Sur les guerres médiques et la guerre du Péloponèse, il serait bon de lire
quelques morceaux choisis d'Hérodote et de Thucydide. HÉRODOTE, pour
mieux faire comprendre le duel de l'Europe et de l'Asie, en recherche les
causes, en étudiant les grands empires orientaux. Il a visité l'Egypte,
la Syrie, la Phénicie, la Lydie, la Médie, la Perse. Cette partie de son
œuvre est très précieuse ; s'il rapporte avec une apparente crédulité les
traditions sur lesquelles il a interrogé surtout les prêtres, il décrit les
pays avec fidélité ; c'est un conteur intéressant et un témoin très sûr.
Quant au récit de la grande lutte, il est riche en informations et en détails
pittoresques. — THUCYDIDE a composé l'*Histoire de la guerre du Péloponèse*
dans un autre esprit ; l'histoire est pour lui une leçon ; il cherche dans les
institutions, dans les mœurs politiques, l'explication des événements.
Dans cette étude pénétrante, certains morceaux sont de véritables œuvres d'art, le récit de la peste d'Athènes par exemple, ou celui de la surprise de Platées par les Thébains. — Son œuvre inachevée a été continuée
par XÉNOPHON dans ses *Helléniques*.

Pour l'œuvre littéraire du siècle de Périclès, on a des précis excellents à
consulter, comme ceux d'ALFRED CROISET et de NAGEOTTE. Mais, là aussi, il
faut entrer en contact avec la poésie grecque, lire un chœur d'Aristophane
ou de Sophocle, une scène d'Eschyle ou d'Euripide.

On se servira, pour l'œuvre artistique, du très substantiel précis de l'*Histoire
de l'art* (collection Jules Comte) par BAYET. Quelques extraits de TAINE
(*Philosophie de l'art en Grèce*) en donneront la vision avec une couleur et
une intensité rares. Les pages de RENAN (*Prière sur l'Acropole*) sont justement célèbres aussi.

ÉTUDES ET LEÇONS

I. — Les fêtes athéniennes. — Le temple ; le théâtre.

Pour les Athéniens de la grande époque, la patrie, la religion,
le beau, formaient un tout inséparable. Leurs fêtes nationales
étaient des processions ou des représentations auxquelles colla-
boraient la poésie et tous les arts.

Les grandes Panathénées se célébraient tous les ans au commencement de septembre. Pendant trois jours, la cité tout entière
avait assisté aux jeux, aux récitations de l'Odéon, aux luttes et
aux courses du stade. « Le quatrième jour, la procession, dont la
frise du Parthénon nous a conservé l'image, se mettait en marche.
En tête étaient les pontifes, des vieillards choisis parmi les plus
beaux, des vierges de famille noble, des députations des villes

alliées avec des offrandes, puis des métèques, avec des vases et
des ustensiles d'or et d'argent ciselé, des athlètes à pied, ou sur
leurs chevaux, ou sur leurs chars, une longue file de sacrificateurs
et de victimes, enfin le peuple en habits de fête... Pour apporter
à la déesse le voile sacré que des vierges lui avaient brodé, le cortège montait l'immense escalier de marbre long de cent pieds,
large de soixante-dix, qui conduisait aux Propylées, vestibule de
l'Acropole... Ce plateau abrupt, tout consacré aux dieux, dispa-
raissait sous les monuments sacrés, temples, chapelles, colonnes,
statues. On portait le voile sacré à l'Erechteion, le plus auguste
de tous les temples, véritable reliquaire où l'on gardait le palla-
dium tombé du ciel, le tombeau de Cécrops, et l'olivier sacré père
de tous les autres... Au sortir du sanctuaire antique, le peuple
voyait presque en face de lui le nouveau temple, bâti par Ictinus,
où la déesse habitait seule, et où tout parlait de sa gloire... A ce
moment, les portes du temple pouvaient s'ouvrir et montrer, parmi
les offrandes, vases, couronnes, armures, carquois, masques d'argent, la protectrice, la vierge, la victorieuse, debout, immobile,
la lance appuyée sur son épaule, son bouclier debout à son côté,
tenant dans la main droite une Victoire d'or et d'ivoire, l'égide
d'or sur la poitrine, un étroit casque d'or sur la tête, en grande
robe d'or de diverses teintes, son visage, ses pieds, ses mains,
ses bras se détachant sur la splendeur des armes et des vête-
ments, avec la blancheur chaude et vivante de l'ivoire, ses yeux
clairs de pierre précieuse luisant d'un éclat fixe dans le demi-
jour de la *cella* peinte. Certainement, en imaginant son expression sereine et sublime, Phidias avait conçu... l'intelligence active
qui à Athènes était l'âme de la cité. » (TAINE.)

Le temple grec en général, le Parthénon surtout, était à la fois
le terme d'un pèlerinage civique et esthétique et le tabernacle
d'une divinité, « l'écrin, comme on l'a dit, d'un joyau sacré ». Il
n'était nullement le vaste domaine du dieu fermé aux profanes,
comme en Égypte, ni le lieu de réunion, de prière, de méditation,
comme dans notre moyen âge. Il avait, par suite, des dimensions
plus restreintes que celles des temples thébains, et même que
celles de nos cathédrales gothiques. A l'extérieur, régnait une
colonnade à plusieurs rangs ; des frises en bas-reliefs reprodui-
saient sur le pourtour de la *cella* la procession des Panathénées ;
sur le fronton triangulaire, des sculptures racontaient les légendes
sacrées. A l'intérieur, le sanctuaire (*naos*) où se dressait la déesse
était soutenu par deux étages de colonnes : l'étage inférieur d'ordre *dorique*, aux lignes sévères ; l'étage supérieur d'ordre *ionique*
plus orné et, pour ainsi parler, d'une élégance féminine : la force
et la grâce s'y trouvaient en somme réunies. L'arrière de l'édifice
(*opisthodomos*) contenait, outre les offrandes à la déesse, le tribut
de la confédération : c'était à la fois une sacristie et un trésor

public. Enfin, une polychromie discrète adoucissait la vivacité des effets de lumière sur cette masse de marbre d'une harmonie de proportions incomparable.

Les fêtes de Bacchus, les grandes *Dionysiaques*, étaient marquées par des représentations théâtrales : elles étaient l'occasion de véritables concours dramatiques, où rivalisaient de génie et de goût les poètes tragiques qui produisaient leurs œuvres, les riches citoyens qui avaient accepté la *chorégie*.

II. — La vie publique à Athènes.

Il importe de remarquer que, dans la démocratie athénienne, la distinction entre la vie privée et la vie publique, entre le labeur personnel du citoyen et l'exercice de ses devoirs civiques, n'existait guère. « Là, dit Eugène Despois (*les Lettres et la Liberté*), si haut qu'on plaçât la pensée, l'action semblait plus haute encore. Le devoir civique y primait les plus fières expressions de l'art, ou plutôt l'héroïsme y semblait, comme la poésie elle-même, une traduction de l'idéal suprême. Le poète qui avait créé le *Prométhée* ou l'*Orestie* oubliait ces titres dans son épitaphe, et il faisait mettre sur sa tombe : « Ci-gît Eschyle, qui combattit à Marathon. » Là, un amiral Sophocle, au retour de quelque expédition maritime, faisait représenter ses œuvres immortelles et jouait au besoin un rôle, même un rôle de femme, dans ses pièces. Là, sur la place publique, le sculpteur Socrate, revenant du combat de Délium, où il avait bravement fait son devoir, causait de Dieu et de l'homme avec le cordonnier du voisinage, avec le fils de la fruitière du coin, un peintre d'abord athlète, puis poète, Euripide. Ces entretiens étaient recueillis par quelques jeunes gens, dont l'un devait être plus tard le chef et l'historien des Dix mille, Xénophon. Un autre était un jeune sculpteur, en outre musicien et même, dit-on, marchand d'huile dans l'occasion; il se nommait Platon. »

Voici, d'autre part, l'admirable formule du serment que l'éphèbe athénien prononçait à vingt ans, dans le temple où il recevait ses premières armes :

« Je jure de ne jamais déshonorer ces armes sacrées, et de ne point abandonner mon rang dans la bataille. Je combattrai pour mes dieux et mon foyer, ou seul, ou avec tous. Je ne laisserai pas après moi la patrie démembrée, mais plus puissante et plus forte. J'obéirai aux ordres des magistrats. Je serai soumis aux lois qui sont en vigueur et à celles que le peuple établira. Si quelqu'un veut renverser les lois ou leur désobéir, je ne le souffrirai pas, mais je combattrai pour elles, ou avec tous les autres, ou seul. »

Une démocratie moderne n'aurait rien à ajouter à ce texte, rien à en retrancher, pour en faire la profession de foi du citoyen.

CHAPITRE VI

Alexandre et l'hellénisme.

I. — Lorsque Athènes eut succombé sous la coalition des cités jalouses, aucune d'entre elles ne se trouva capable de recueillir soit l'héritage de son génie, soit la direction des forces nationales. Sparte y échoua et finit par laisser reprendre aux Perses l'empire de la mer. Thèbes y échoua de même, ou plutôt deux grands citoyens, d'un esprit vraiment grec, que Thèbes produisit comme par hasard, Pélopidas et Epaminondas.

Alors parut Philippe. Ce roi d'un peuple à demi barbare s'était hellénisé tout juste assez pour duper les Hellènes, s'insinuer dans leurs affaires, profiter de leurs querelles et faire à son profit l'unité qu'ils n'avaient pas su réaliser eux-mêmes. Un orateur, en qui s'est personnifiée l'éloquence attique, se dressa en face de lui. Démosthène essaya en vain d'éclairer, d'entraîner à un effort suivi ses mobiles compatriotes. La Grèce libre périt à Chéronée (338), et Philippe préparait déjà, quand il fut assassiné, la grande entreprise qui devait rendre immortelle la mémoire de son fils (336). Ce fils, Alexandre, n'eut qu'à achever en quelques mois la soumission politique et la conquête morale du monde grec, avant d'entreprendre la ruine et la régénération de l'antique Orient.

II. — Car Alexandre, et cela suffit à le distinguer des simples chefs de hordes conquérantes, a créé autant qu'il a détruit. On peut marquer ainsi les grandes étapes de sa marche :

1° Du Granique à Issus, il soumet l'Asie Mineure et rend à l'influence grecque ce pays sur lequel elle s'était exercée déjà.

2° D'Issus à Arbèles, il se détourne de la route de la Perse pour ruiner Tyr, pour conquérir la vieille Egypte, fonder Alexandrie : la civilisation grecque reprend possession des pays qu avaient été son berceau.

3° Après Arbèles, lancé à la poursuite de Darius, il se proclame l'héritier des grands rois, visite leurs capitales, Babylone, Suse, Persépolis, Ecbatane, s'approprie leurs trésors. Son caractère se transforme avec son rôle : ce n'est plus le héros grec du début, mais un souverain oriental. Il se fait dieu ; il réclame l'adoration ; il a des colères terribles, et fait périr quelques-uns de ses plus fidèles compagnons, Grecs railleurs ou fiers Macédoniens, qui traitent trop familièrement sa divinité.

4° Après la mort de Darius, assassiné par un de ses satrapes,

Alexandre pénètre dans une région inconnue. C'est le chapitre le plus original de son histoire : il traverse les pays où s'enchevêtrent les hautes montagnes, les vastes plaines, les grands fleuves de l'Asie centrale. Partout il fonde des Alexandrie, dans des positions si bien choisies qu'aujourd'hui encore elles sont des marchés, des citadelles, objectifs des ambitions diverses Il atteint l'Indus ; il voudrait conquérir le Gange : son armée lassée refuse de le suivre.

5º Alors c'est le retour : l'armée suit le littoral, la flotte découvre des parages inconnus. Le grand roi rentre triomphalement dans Babylone, capitale d'un empire qui réunit le monde grec et le monde oriental. Il va entreprendre la fusion de ces deux mondes et il nourrit les plus vastes desseins. Mais, usé par les excès, terrassé par la fièvre, consumé par cette flamme intérieure qui rend courte la vie des hommes extraordinaires, 1 meurt à trente-deux ans (323).

III. — Son empire ne lui survécut guère ; il fut mis en lambeaux par les querelles de ses lieutenants, querelles au cours desquelles la dynastie périt misérablement. La bataille d'Ipsus (301) brisa définitivement l'unité. Mais dans les royaumes qui se formèrent alors, ceux de Syrie, de Pergame, d'Egypte surtout la civilisation grecque fit son œuvre : moins pure et plus mêlée d'éléments divers que celle qui avait fleuri à Athènes, elle fut plus riche en informations, plus curieuse de toutes choses, plus large en un mot. Après avoir donné à l'antique Orient une vie nouvelle, elle éclairera l'Occident, le monde latin, dont les forces encore barbares vont bientôt entrer dans l'histoire générale

I. Le dernier âge de la Grèce.

— Si l'on veut donner d'ensemble une idée des trois âges de la vie hellénique, trois noms serviront à les caractériser : celui d'Homère, si vague que soit sa personnalité, nous représente l'enfance du peuple grec, l'éveil de son génie, la formation de ses légendes, l'audace aventureuse de ses premières entreprises. Le siècle de Périclès est celui de la maturité féconde, de l'effort harmonieux dans tous les sens, de la vie politique intense, de l'activité économique, de l'incomparable floraison littéraire et artistique. Avec Alexandre, nous voyons se réveiller l'âme de la Grèce, dans une entreprise égale à celle des temps héroïques. Avant de mourir, car sa fin est proche, elle inonde l'ancien Orient de sa civilisation, et elle crée des foyers de lumières auxquels viendra bientôt s'éclairer l'Occident barbare. Comme il arrive souvent, la pensée d'une race s'est ranimée à la dernière heure : Alexandre est le dernier mot de la Grèce.

Les débuts d'Alexandre. — Le fils de Philippe reprit, dès son avènement, le projet ébauché par son père : faire un faisceau de toutes les forces grecques contre le royaume des Perses, prendre l'offensive, après la défensive des guerres médiques, et subjuguer l'Orient, que les contemporains de Thémistocle s'étaient contentés d'arrêter. Après avoir châtié quelques révoltes des cités, détruit Thèbes sans pitié (il n'y laissa debout que la maison de Pindare), épargné Athènes qu'il considérait comme sa patrie intellectuelle, il se fait proclamer à Corinthe généralissime du peuple hellénique (336), et il entreprend avec trente-cinq mille hommes la conquête d'un immense empire, sa guerre de Troie à lui, qui, en dix ans à peine, le portera jusqu'aux limites du monde connu.

II. Alexandre héros grec. — Le génie qui a fait tant de choses et qui en a préparé plus encore mérite d'être étudié dans ses manifestations diverses et dans ses transformations successives. Alexandre jeune est, dans la plénitude du mot, un héros grec. Il a la beauté et la force d'un demi-dieu de la légende. Par son amour insatiable de la gloire, sa bravoure folle, et aussi par le pressentiment de sa fin prématurée, il paraît une réplique historique de l'Achille d'Homère, mais il est aussi un héritier de la Grèce de Périclès : il avait eu les maîtres les plus renommés, et parmi eux Aristote, l'esprit le plus puissant peut-être de toute l'antiquité. Il garda à ce maître une affection filiale. « C'est à mon père que je dois de vivre, disait-il; mais c'est à Aristote que je dois de bien vivre. » Le philosophe qui a voulu tout savoir forma donc le roi qui voulut tout posséder. Philippe s'était seulement teinté de civilisation grecque, pour réaliser ses desseins politiques; Alexandre s'en pénétra tout entier. De ce père à demi barbare, de la race macédo-

nienne, rude et un peu sauvage encore, il ne resta en lui
que de courts accès de violence, que l'éducation dompta
d'abord et qui se réveillèrent plus tard, dans le contact
avec le monde oriental. Il ouvre sa conquête par un sacrifice aux mânes d'Achille sur les ruines de Troie ; il en-
voie, du fond de l'Asie, aux philosophes des objets rares
pour leurs collections, des notions nouvelles pour leurs
études encyclopédiques : voilà le meilleur d'Alexandre
Comment la Grèce ne se serait-elle pas reconnue en lui?

Grecs et Perses. — Comme au temps des guerres médiques, la force et la victoire furent du côté du petit nombre ; les mêmes causes eurent les mêmes effets. En pleine
dislocation politique, la Grèce avait gardé ses vertus
militaires. A deux reprises des armées grecques avaient
pénétré impunément jusqu'au cœur de l'empire perse ; le
roi de Sparte Agésilas soumit une partie de l'Asie Mineure ; une troupe d'aventuriers dont Xénophon, général et historien, a conté l'extraordinaire roman militaire
(*Retraite des Dix mille*) poussa jusqu'aux sources du
Tigre et de l'Euphrate. Les mercenaires grecs étaient
alors les premiers soldats du monde. La Macédoine, toute
féodale et belliqueuse, leur apporta une ardeur nouvelle.
Le génie d'Alexandre avait fait des uns et des autres une
force compacte et disciplinée.

Faiblesse de l'empire perse. — Dans le camp opposé,
la décadence avait continué depuis Marathon et Platées.
C'étaient toujours des armées à la Xerxès, innombrables,
fastueuses et promptes à la déroute. Les seuls adversaires
que les Grecs rencontrèrent dans ces masses inconsis-
tantes étaient, outre les archers d'élite qui formaient la
garde du grand roi[1], d'autres Grecs à la solde des Perses.
Le commandement, dont les caprices de cour disposaient,
était rarement donné aux généraux qui avaient du talent,
comme Memnon de Rhodes. L'empire lui-même s'en allait

---

1. On peut voir une représentation très saisissante de ces *Immortels* au
Louvre, dans la *frise des Archers*, découverte à Persépolis par M. et Mme Dieulafoy.

en lambeaux : il n'avait jamais eu d'unité nationale. Son unité politique, créée par une administration compliquée, était toute factice : l'Egypte, la Phénicie, l'Asie Mineure, qui n'avaient pas été assimilées, tendaient à s'affranchir; les satrapes de l'Asie centrale étaient à peine des grands vassaux. Le Grand Roi enfin n'avait plus même l'orgueil des premiers successeurs de Cyrus. Darius III Codoman, doux et faible, semblait prédestiné au rôle de victime. Sur tout ce monde près de finir, le climat de l'Orient avait achevé son œuvre de corruption morale et de dissolution sociale. Alexandre n'a pas eu grand mérite à achever cette ruine. Ce n'est pas la destruction du vieil Orient qui est sa vraie gloire, c'est la création d'un Orient alexandrin.

Conquête de l'Asie Mineure : batailles du Granique et d'Issus. — La première bataille ne fut qu'une escarmouche, qu'il conduisit avec une fougue héroïque et folle. Près de l'Hellespont, une avant-garde perse était postée sur le bord d'un torrent, le Granique. Il s'y jette le premier; un javelot le blesse à l'épaule, un coup de hache fend son casque, un coup de sabre va l'achever : Clitus, en tranchant la main qui le porte, sauve son maître. Le torrent est franchi ; l'Asie Mineure est ouverte (334).

Alexandre la sillonne alors, d'une marche en apparence capricieuse, pour la soumettre entièrement. Il va de Sardes à Ephèse, de Milet à Halicarnasse, puis au cœur de la Phrygie, bientôt sur l'étroit littoral de la Cilicie. Il manque de mourir pour avoir pris un bain dans les eaux glaciales du Cydnus; il boit résolument un breuvage mystérieux que lui présente un médecin soupçonné de vouloir l'empoisonner : il est sauvé. Au pied des Portes de Cilicie, il se heurte assez imprudemment à 100,000 Perses sous les ordres de Darius : c'est la bataille d'Issus (333). L'élan grec emporte tout; le grand roi, au premier indice d'un mouvement tournant, s'enfuit, laissant au pouvoir de l'ennemi son camp, sa mère, sa femme, ses enfants. Alexandre traite les prisonnières en vrai chevalier du

moyen âge. Il vient de vivre en une année plusieurs chants
d'épopée, et son *Iliade* se termine par un acte de générosité.

Destruction de Tyr. — Là commence une autre étape.
Les pays jusqu'alors traversés étaient familiers aux
armées grecques et avaient été plusieurs fois le théâtre
de leurs entreprises. Alexandre, abandonnant pour un
instant la poursuite de Darius, va entrer en contact direct
avec les vieilles civilisations orientales de la Phénicie,
de l'Egypte, de l'Assyrie, de la Perse. Son premier acte
est une sorte de revanche nationale. Il y avait entre les
cités phéniciennes et les cités grecques un long passé
de haines : flottes fournies aux Perses pour les guerres
médiques, partout et toujours concurrence commerciale.
Alexandre liquida ce passé d'un seul coup, un coup terrible. Tyr seule avait résisté, dans son île qu'il ne pourrait
pas atteindre, pensait-elle, car il n'avait pas de vaisseaux.
Les Grecs construisirent une digue sous les yeux du roi,
qui investit la place, battit les remparts en brèche, donna
l'assaut, fit égorger les défenseurs et mit dans la forteresse une garnison macédonienne. La Phénicie n'était
plus. Le peintre Apelle put représenter Alexandre sous
les traits de Jupiter lançant la foudre.

Conquête de l'Egypte. — Peu après, l'Egypte, mécon-
tente de la domination perse et d'ailleurs résignée à toutes
les conquêtes, fit bon accueil au conquérant, qui traitait
avec respect ses vieilles traditions. Il alla, au travers des
sables de la Libye, sacrifier à Ammon dans son oasis, et
obtint des prêtres un oracle qui le déclarait fils du grand
dieu des bords du Nil. Ici on voit poindre en lui l'idée,
bientôt obsédante, de la divinité : l'Orient, à son tour,
conquiert Alexandre. C'est au moins une divinité bienfaisante, qui dote le pays du port d'Alexandrie : grâce à cette
création, dont plus de vingt siècles de prospérité attestent l'importance, l'Egypte a, pour ainsi dire, commencé
à prendre conscience de son rôle méditerranéen (332).

Bataille d'Arbèles. Conquête de l'Assyrie et de la

Perse. — Une année avait suffi à ces destructions et à ces fondations. En 331, Alexandre reprit la poursuite de Darius. Celui-ci venait, par un suprême effort, de réunir une immense armée, plus composite que jamais. La rencontre eut lieu à Arbèles, dans la plaine de Gauga-mèle, au delà du Tigre. La lutte, cette fois, fut acharnée, et la victoire décisive, avec un butin immense pour les Grecs, et pour les Perses des pertes incalculables. Pour ces armées sans autre force que leur masse, la déroute était plus terrible que la bataille même : les Grecs di-saient, eux, n'avoir perdu que 500 hommes.

Alors ce furent les entrées triomphales, l'éblouisse-ment des trésors conquis sans coup férir, l'orgie sans fin des lendemains de victoire, les robes de soie, les lits de pourpre, les coupes d'or, après les misères d'une longue campagne, les scènes d'ivrognerie macédonienne dans le décor magnifique d'une fête assyrienne. Aux portes de la ville de Babylone, toujours éblouissante, les vieillards viennent au-devant du vainqueur, des couronnes de fleurs sur la tête, des présents dans les mains. A Pasagarde, au tombeau de Cyrus, à Ecbatane, dans la vieille capitale des Mèdes, à Suse, à Persépolis surtout, dans les palais de Darius, l'armée trouve des monceaux d'étoffes rares, de pierres précieuses, de lingots d'or et d'argent. Ces richesses enfouies et immobilisées par l'orgueil des rois sont partagées entre les soldats. Leur circulation va ali-menter l'activité grecque et produire dans le monde entier une révolution économique qu'on a pu comparer à celle des grandes découvertes du xvie siècle.

Alexandre souverain oriental. — Ce sont là les résul-tats sérieux de la conquête. La médaille avait son revers. Ces rudes capitaines macédoniens, ces Grecs alertes et sobres, s'amollissaient ou s'énervaient dans ce milieu dis-solvant. Ils se prenaient de querelle, se disputaient leurs parts de butin ou les faveurs du maître. Ce maître lui-même, comment aurait-il pu résister à la surexcitation d'une victoire qui dépassait tous ses rêves ? Une anecdote, douteuse, il est vrai, le montre, chancelant après une orgie, au bras d'une courtisane, et donnant l'ordre d'incendier sous ses yeux Persépolis. Ce qui est plus certain, c'est que la franchise et la familiarité de ses compagnons de la première heure commençaient à l'offusquer dans son apothéose. Successivement Philotas et son père Parménion, le conseiller fidèle des débuts, sont mis à mort sous prétexte de complot. Clitus avait sauvé Alexandre au Granique : dans un festin, le roi, qu'il avait raillé, ivre de vin et de fureur, le perce lui-même de sa lance, au milieu des Grecs consternés. Le neveu d'Aristote, Callisthène, refuse de pratiquer l'humiliante adoration (*proskinèsis*) et vient insolemment donner un baiser au roi, à la manière athénienne; il est arrêté, condamné. Le nouveau dieu se venge de tous ceux qui ne veulent voir en lui qu'un homme.

Mort de Darius. — Cependant Darius, dans lequel Alexandre ne voulait plus voir qu'un sujet rebelle, fuyait toujours. Un de ses satrapes, Bessus, s'était emparé de sa personne et le traînait à sa suite comme un otage précieux, dont il négocierait la livraison au vainqueur. Le nouveau roi de l'Asie commence, à la tête d'une poignée de soldats, une véritable chasse à l'homme, à travers les affreux défilés des montagnes qui bordent la Caspienne. Un jour il trouve, sur la route, le cadavre de celui qui fut le Grand Roi : Bessus l'a égorgé pour échapper à la poursuite. Bessus sera bientôt pris et mis à mort.

Alexandre explorateur et fondateur de villes. — Voici Alexandre au seuil d'un monde absolument inconnu aux Grecs. La conquête, ici, se transforme en exploration, et son œuvre est singulièrement féconde. Elle se déroule dans la Bactriane, la Sogdiane, c'est-à-dire à peu près dans le Turkestan et l'Afghanistan actuels; elle franchit tour à tour les steppes, les déserts de sable, les oasis, les grandes vallées des fleuves, l'Oxus et l'Iaxarte (Amou-Daria et Sir-Daria)[1].

1. C'est de là que sont partis au moyen âge les fameux ravageurs mongols; c'est de ces régions que l'activité européenne a repris possession,

La marche de l'armée gréco-macédonienne trace des itinéraires commerciaux; ses haltes deviennent des marchés en même temps que des postes militaires : quelques-unes sont restées les grandes villes du cœur de l'Asie : *Maràcanda* est devenue Samarcande; *Alexandria Eschata*, Kodjend; *Alexandrie de Margiane*, Merw; *Alexandrie d'Arie*, Hérat; *Alexandrie d'Arachosie*, Kandahar. Là est la grande gloire d'Alexandre : il a rapproché deux mondes inconnus, et, grâce à lui, le génie grec a pénétré l'Asie, la mère des nations.

Les portes de l'Inde. — Le retour. — Il était arrivé en 327 aux portes de l'Inde mystérieuse. Il aurait voulu, insatiable de connaissances nouvelles autant que de conquêtes, percer le secret de cette terre qui n'était connue des anciens que par ses produits et sa légende de fabuleuse richesse. Mais la grande armée du Macédonien était « lasse d'aller sans user son chemin ». Quand on eut atteint l'Indus et son affluent, l'Hyphase, on n'était encore que dans le vestibule de l'Inde gangétique, la vraie, celle des brahmines et des castes, des palais et des pagodes, des idoles monstrueuses et des pèlerinages meurtriers. Là, quelle moisson de trésors et de découvertes!... L'armée refusa d'aller plus loin. Alexandre, exaspéré, s'enferme trois jours dans sa tente, tel Achille, sans fléchir la résolution des siens. Il cède enfin à leur « désir du retour ».

Son Odyssée commença par un sacrifice solennel offert aux grands dieux de l'Inde. On descendit alors l'Indus; on bâtit à son embouchure une dernière Alexandrie (Kuratchee); puis l'armée longea les côtes de la mer d'Oman et du golfe Persique, traînant d'abord sa marche sur les sables brûlants, puis, gorgée de bien-être, désordonnée et semblable au cortège du Bacchus indien, titubant entre les bras du vieux Silène et de ses divines nourrices. Pendant ce temps, Néarque faisait avec la flotte un périple

sur les rails du chemin de fer transcaspien; c'est dans ce Khorassan, « la poignée du sabre qui conquiert le monde », que les politiques anglaise et russe s'affrontent et se surveillent.

hardi des côtes, que seuls peut-être les Phéniciens avaient connues, et n'avaient pas fait connaître. En vérité, toute l'antiquité, tant mythologique qu'historique, se trouve comme condensée dans ces aventures d'Alexandre; et il y avait là une large matière pour les légendes futures. Mais, quoiqu'il soit bien difficile souvent de dégager de celles-ci la réalité des faits, on ne saurait douter que ce ne soit un des principaux chapitres de l'histoire de l'humanité.

Alexandre à Babylone. — Sa mort. — Le terme de ce circuit oriental fut Babylone, qui en avait été le point de départ. C'est là que s'éclaire la pensée du conquérant, l'idée d'un empire alexandrin. Alexandre entreprend, non plus seulement par fantaisie orgueilleuse, mais par système, d'établir sa royauté divinisée au-dessus des deux peuples, sinon assimilés, au moins juxtaposés dans leurs attributions distinctes. En Bactriane, il avait déjà épousé la fille d'un chef sogdien, Roxane; à Babylone, il prend pour femme Statira, fille de Darius; il marie ses lieutenants à des héritières des grandes familles de la Perse. Il renvoie en Grèce une partie de ses vétérans; il comble ces vides avec des soldats indigènes, conservant une élite macédonienne, les *argyraspides* (à la lance d'argent), sa garde impériale. Il confie plusieurs satrapies à des princes indigènes. Déjà il avait sacrifié au Melkarth tyrien et à Ammon; partout il rétablit les vieux cultes et relève les temples. Il veut rendre à l'antique Chaldée sa prospérité. Il surveille au lac Pallacopas des travaux destinés à assainir la Babylonie. Là, dit-on, il contracta des fièvres paludéennes qui eurent raison de son corps, usé par les excès autant que par les exploits (323). Il n'avait pas trente-trois ans.

La légende et l'histoire. — La légende, naturellement, s'est exercée sur ses projets comme sur ses actes. On lui a prêté après coup le dessein de conquérir l'Arabie, celui de faire le tour du littoral méditerranéen : il eût anéanti en passant Carthage, devenue la Phénicie d'Occident, et dispersé au retour cette poignée d'hommes qui commençait à être le peuple romain. On ne prête qu'aux riches ; ces amplifications ne sont pas nécessaires à sa gloire. Dans son œuvre, la conquête est la partie fragile ; la partie durable, c'est l'expansion de la civilisation et l'élargissement du monde. Quant à l'homme, il exerce sur l'histoire un singulier attrait. Malgré les violences d'une âme incapable de se maîtriser, en dépit des scories mêlées à ce métal brûlant, il y a en lui un large sentiment d'*humanité* : et cela, dans ce dernier des Grecs illustres, c'est le sceau du génie même de la Grèce.

III. Ruine de l'empire d'Alexandre. — Il avait suffi de dix ans pour former cet immense empire ; au bout de vingt ans, il était disloqué, et cela, dans des circonstances que de plus récents chapitres de l'histoire nous permettent de comprendre. Qu'on se figure Napoléon Ier mourant en pleine grandeur, vers 1811, un roi de Rome couronné empereur dans son berceau, une régente étrangère, incapable, jouet de toutes les ambitions : dans le conseil, des frères ou des parents jusque-là écartés du pouvoir et peu aptes à l'exercer ; surtout ces maréchaux, soldats de fortune dont plusieurs étaient devenus des rois et qui tous rêvaient de l'être, des Murat, des Davout, des Ney, des Marmont, avec leurs humeurs diverses et leurs jalousies exaspérées : lequel d'entre eux va, sous le nom de Marie-Louise ou de son fils, devenir un Napoléon ? L'armée se partage ; les nations, mal résignées à la conquête ou frémissantes de l'occupation, prennent parti ; l'Europe impériale est mise en lambeaux.

Guerres civiles ; bataille d'Ipsus. — Telle est à peu près l'histoire, d'ailleurs terriblement compliquée et fastidieuse, du déchirement de l'empire d'Alexandre. Ses « maréchaux », Perdiccas, Antipater, Cratère, Antigone, Eumène, Cassandre, Séleucus, Polysperchon, Ptolémée, se disputent avec fureur les titres, les troupes, les provinces, vastes comme des royaumes ; ils s'arrachent l'un à l'autre les représentants de la dynastie, misérables otages des passions rivales, condamnés à mourir quand leur possesseur est vaincu. Ainsi périrent tour à tour de mort violente la veuve d'Alexandre, Roxane, son fils posthume, sa sœur Cléopâtre, et un fils bâtard de Philippe, Arrhidée. A la plupart de ces meurtres avait présidé la mère d'Alexandre, la féroce Olympias, qui sut du moins mourir avec une grandeur farouche : assiégée et prise dans Pydna, elle fut condamnée à mort par Cassandre; mais quand les soldats la virent devant eux, dans sa robe de pourpre, sous son diadème royal, muette et menaçante encore, ils reculèrent épouvantés. Alors les parents de ceux qu'elle avait fait égorger se ruèrent sur elle et la lapidèrent. — Le dénouement de ces luttes fut la bataille d'Ipsus (301), où le vieil Antigone, dernier représentant de l'idée d'unité impériale, fut vaincu et tué.

Les royaumes alexandrins. L'Egypte des Ptolémées. — Quelque chose cependant sortit de ce chaos. La conquête n'avait fait qu'une unité politique éphémère; la civilisation grecque, qui avait suivi la marche des armées et que développèrent les fondateurs des dynasties nouvelles, exerça une action profonde. Cette action fut, il est vrai, très inégale en durée et en intensité. Les royaumes lointains, comme la Bactriane, firent bientôt retour à la demi-barbarie qui était leur état antérieur; la race des Parthes, qu'on peut se représenter comme assez semblables aux Turkmènes d'hier, rétablit sur le plateau de l'Iran et dans la vallée du Tigre un régime féodal et belliqueux, avec lequel les Romains eux-mêmes auront à compter. Mais, de l'Euphrate aux côtes phéniciennes et sur la plus grande partie de l'Asie Mineure, s'éleva la domination de Séleucus. Dans ce royaume de Syrie, la ville la plus célèbre fut Antioche, où le goût hellénique s'unit à la magnificence orientale; les Séleucides fondèrent Séleucie, qui prit la place des villes assyriennes déchues. Au nord-ouest de l'Asie Mineure, Pergame dressa son fameux temple de Jupiter et devint un centre de culture intellectuelle. Mais ce fut en Egypte que prit véritablement corps la grande idée d'Alexandre : l'étroite association de l'esprit grec et des traditions nationales. Ptolémée Ier, fondateur de la dynastie des Lagides, le plus adroit et le plus pratique des lieutenants du grand Macédonien, sut rester Grec tout en se faisant Egyptien. C'est par Alexandrie que cette union s'opéra[1]. Elle devint un foyer littéraire et artistique, et plus encore un laboratoire de recherches, un creuset d'idées nouvelles et de connaissances scientifiques, une Athènes d'un goût moins pur, mais d'une influence plus mondiale.

Décadence d'Athènes. — Nous avons quelque peu oublié, dans cette fin d'une grande histoire, la cité de Pallas, où l'esprit avait commencé de régner, d'où la beauté avait rayonné sur le monde. C'est qu'Athènes s'oubliait elle-même. Au milieu du IVe siècle cependant, elle avait essayé de défendre sa liberté et la dignité de la Grèce contre les entreprises astucieuses de Philippe, à la voix de ses orateurs, dont le plus grand est Démosthène ; cette cause succomba, non sans gloire, à Chéronée (338). Séduite un instant par le héros dans lequel elle se sentait revivre, Athènes crut pouvoir s'affranchir du joug de ses successeurs. L'entreprise coûta la vie à Démosthène (320. Athènes finit par tomber sous le charme corrupteur de Démétrius Poliorcète. Ce fils d'Antigone fut un nouvel Alcibiade, un peu plus dégénéré dans une démocratie un peu plus décomposée encore. Il la caressa, la rudoya, la fit sourire et trembler, l'enrichit de monuments somptueux et l'avilit.

Désormais on peut aisément faire le compte de ceux qui méritent le beau nom de *derniers des Grecs :* il en est jusqu'à deux, Aratus et Philopémen. Celui-ci meurt en 183 : les Romains peuvent venir.

DIRECTIONS ET BIBLIOGRAPHIE

Cette partie de l'histoire grecque a été l'objet d'un travail historique considérable auquel on ne peut reprocher que son esprit de système, l'*Histoire d'Alexandre et de l'hellénisme,* par DROYSEN (4 volumes).

1. Voir plus loin, ETUDES ET LEÇONS.

Il sera toujours bien difficile de connaître le véritable Alexandre. La légende s'empare vite des hommes de cette taille; elle grossit démesurément certains traits de leur physionomie, et la fausse en la faisant prodigieuse. C'est ce qui est arrivé pour Alexandre, comme pour César, Charlemagne et Napoléon. Un médiocre écrivain du Ier siècle, QUINTE-CURCE, a fait de lui un héros de roman, un fanfaron de gloire. ARRIEN, homme politique, philosophe et érudit, qui vivait au temps de l'empereur romain Hadrien, a tracé un bon tableau des *Expéditions d'Alexandre,* d'après les plus sûrs documents. Mais le portrait le plus intéressant est celui qu'on doit à PLUTARQUE, — on n'ose dire le plus fidèle. — Plutarque est un Grec qui vécut de 50 à 140 après Jésus-Christ. Homme de lettres laborieux, d'une grande variété de connaissances et d'une singulière facilité de production, il doit sa gloire surtout à ses *Vies des hommes illustres,* qui ont été à travers les siècles le bréviaire de beaucoup de grands hommes. On ignore la nature des sources auxquelles il a puisé ses informations, et l'on a des doutes sur la valeur de ses anecdotes. Mais il a eu le don de *faire vivant.* On a peine à imaginer un Alexandre ou un César, un Thémistocle ou un Périclès autres que ceux qu'il nous a montrés. Un traducteur français du XVIe siècle, AMYOT, ajouta au texte grec une sorte de naïveté spirituelle qui ne s'y trouvait pas. Depuis la Renaissance, la lecture de Plutarque fut un des éléments essentiels de toute éducation classique. (Voir les *Morceaux choisis* des *Vies des hommes illustres,* traduction L. HUMBERT.) Pour l'art en Grèce, consulter l'ouvrage déjà cité : BAYET, *Histoire de l'art,* et aussi PARIS, *Histoire de la sculpture grecque.* Beaucoup de musées de province possèdent des reproductions des statues les plus célèbres. Le Louvre offre à notre admiration deux œuvres incomparables : la *Vénus de Milo,* la *Victoire de Samothrace.*

ÉTUDES ET LEÇONS

I. — Alexandrie.

De toutes les villes créées par Alexandre, c'est l'Alexandrie égyptienne qui a eu la fortune la plus éclatante. Ce qui fait son originalité, c'est qu'elle semble avoir été conçue dès le début dans une vue d'ensemble, pour abriter une énorme population et servir de vastes desseins. En face des cités renommées de l'Orient ou de la Grèce, agenouillées autour de leurs temples et de leurs palais, ou serrées contre leurs Acropoles, elle a ce quelque chose de régulier, de voulu, de confortable (si l'on peut se permettre l'anachronisme) que nous offrent les grandes villes américaines.

Le terrain sur lequel elle fut construite était une langue de terre s'étendant à l'ouest du delta du Nil, entre une lagune (lac Maréotis) et la mer. Un promontoire qui s'avance à l'est (Lochias), une île (Pharos) qui se dresse au nord, formaient les éléments premiers d'un port : Alexandre le divisa en deux par une jetée de sept stades reliant l'île à la terre. Aux deux ports correspondirent deux villes : derrière le grand port (partie orientale) s'éleva *Bruchion*, la ville royale, grecque, monumentale et savante; derrière le vieux port, ou port du Bon-Retour (partie occidentale), c'était *Rhacotis,* la ville populaire, indigène, commerciale. De grandes voies se coupant à angle droit traversaient et reliaient ces deux centres d'activité très divers; à l'intersection des deux axes, une vaste et haute place de *Bellevue* Panéum) offrait aux promeneurs une large perspective. Enfin, un canal dérivé du Nil à Canope alimentait la ville par deux aqueducs souterrains et plus de cinq cents citernes. Telles étaient les grandes lignes du plan que, suivant la tradition, Alexandre lui-même avait tracé à son architecte Dinocratès.

Les deux premiers Ptolémées (*Soter* et *Philadelphe*) firent de ce rêve une réalité. Ils élevèrent sur le Lochias leur magnifique palais. Ils dressèrent sur l'île de Pharos une tour avec des feux à puissants réflecteurs, pour donner des signaux aux marins; d'où le mot de *phare*. Ils construisirent le Sérapéum, le Musée, la Bibliothèque. Le Musée fut une sorte d'université où 14.000 étudiants se réunirent : il y avait même des boursiers. De précieuses collections étaient leurs instruments de travail. La Bibliothèque contint jusqu'à 700.000 volumes, chiffre extraordinaire dans l'antiquité et jusqu'à l'invention de l'imprimerie.

A la cour des Ptolémées vinrent vivre des poètes : le Sicilien Théocrite est l'auteur d'idylles que Virgile a imitées; Apollonius de Rhodes composa une épopée sur le voyage des Argonautes; Callimaque donna des hymnes et des élégies. Le peintre d'Alexandre, Apelle, surpassa tous ses successeurs; les sculpteurs s'ingénièrent à trouver des formes nouvelles et raffinées du beau. Mais c'est la science surtout, sous toutes ses formes, qui illustra l'école d'Alexandrie : la géographie y naquit avec Eratosthène : Euclide y enseigna les éléments de la géométrie; les grammairiens y étudièrent, pour le fixer, le texte d'Homère, et les *Septante* celui de la Bible.

L'alexandrinisme fut une civilisation de décadence, très différente de la splendeur harmonieuse du v° siècle; ses caractères furent la délicatesse, la recherche, la mièvrerie. Elle honora cependant le génie hellénique, et en prolongea l'éclat plusieurs siècles après que la Grèce même était tombée dans la servitude et le silence.

II. — La statuaire grecque.

La sculpture fut, de tous les arts, celui où les Grecs ont été plus particulièrement inimitables. En aucun temps, en aucun pays, la beauté et l'harmonie des formes humaines n'a été exprimée avec plus de perfection. L'évolution de cet art serait très intéressante à étudier. Il emprunta d'abord, par l'intermédiaire des Phéniciens sans doute, ses modèles à l'art de l'Orient, de l'Assyrie et de l'Egypte principalement, ainsi que le montrent certains détails de la chevelure, de la barbe, du type physique, du costume. Bientôt il s'*hellénise* par une observation exacte et directe de la nature : dans les écoles doriennes, vers le vi⁰ siècle, quelques œuvres d'une simplicité un peu rude et archaïque méritent d'être placées à côté des plus beaux morceaux du vieil art chaldéen et égyptien : tel l'*Héraclès tirant de l'arc,* d'Egine.

Le v⁰ siècle, pour la statuaire comme pour tout le reste, atteint la beauté *idéale.* Le nom de Phidias le domine. Nous ne pouvons malheureusement qu'imaginer d'après des descriptions vagues, des médailles ou des réductions très imparfaites, ses deux œuvres maîtresses : l'*Athénè du Parthénon,* le *Zeus d'Olympie.* Mais nous avons les frises du fronton du Parthénon, auxquelles il travailla sans doute en collaboration avec ses élèves. Ce qui caractérise cette école du Parthénon, c'est le don qu'elle a eu de traduire dans des formes humaines la majesté et la sérénité divines. Elle recherche la noblesse plus que la grâce. Cependant la grâce et l'élégance des mouvements ne lui sont point étrangères, comme l'attestent le *Lanceur de disque,* l'*Athlète renouant ses bandelettes,* et la délicieuse *Victoire rattachant sa sandale,* des Propylées. Polyclète et Myron, auxquels, sans grande certitude, on attribua quelques-unes de ces œuvres, sont de cette époque. On travaillait alors, avec une égale maîtrise, le marbre, le bronze, l'ivoire et l'or.

Au iv⁰ siècle, où brillent les noms de Scopas et de Praxitèle, l'art devient moins religieux, plus humain ; il s'exerce surtout sur la beauté féminine, sur la gracilité des adolescents. Peut-être est-ce un commencement de décadence : exquise décadence, en tout cas, à laquelle nous devons la *Vénus de Milo,* l'*Apollon tueur de lézards,* et l'émouvante *Victoire de Samothrace :* celle-ci est la dernière grande œuvre athénienne, de l'Athènes déjà dégénérée de Démétrius Poliorcète.

Dans la période alexandrine, dans les écoles de Pergame, de Rhodes, d'Alexandrie, la déviation de l'art est visible en des œuvres très belles encore, mais qui répondent à une autre conception. La sculpture vise au fastueux, au colossal, au dramatique, à l'ingénieuse interprétation des idées compliquées : témoin l'*Apollon du Belvédère,* le *Colosse de Rhodes,* le *Laocoon,* le *Nil.* Elle est, comme la littérature alexandrine, parfois réaliste, toujours raffinée, mièvre souvent. L'idéal, pour ainsi dire, est descendu de l'Olympe, et, après avoir séjourné dans les gymnases d'Athènes, il s'est altéré et égaré dans la société plus mêlée des grandes capitales gréco-orientales.

CHAPITRE VII

La République romaine.

I. — Rome a eu dans l'antiquité un rôle considérable et nettement déterminé : grâce à sa forte organisation politique et militaire, elle a conquis le monde méditerranéen; plus tard, transformée en Empire, elle lui a assuré la paix et lui a communiqué la civilisation qu'elle avait elle-même empruntée aux Grecs.

C'est grâce à sa position qu'elle a pu jouer ce rôle : la géographie explique ici encore l'histoire. La péninsule italique est comme une longue jetée au milieu de cette Méditerranée, où s'est exercée toute l'activité antique. Rome est au centre de l'Italie. Bâtie sur sept collines, au bord du Tibre, près de la mer, elle put se former, se défendre, s'étendre. Plusieurs races se mêlèrent là, avec leurs aptitudes diverses, les Etrusques et les Grecs, bâtisseurs et trafiquants, surtout les Latins laboureurs et les belliqueux Sabins.

Suivant la tradition, Rome fut fondée en 753 par Romulus, qui aurait été allaité par une louve. L'histoire des sept rois qui la gouvernèrent d'abord est un tissu de légendes, où se reflète le rude génie de la vieille Rome : celles du belliqueux Romulus qui tua Rémus son frère, du religieux Numa, d'Horace, vainqueur des Curiaces et meurtrier de sa sœur, de Servius Tullius, ami des petites gens, de Tarquin le Superbe, tyran détesté, après l'expulsion duquel la royauté fut à jamais abolie (509).

II. — La République, qui remplaça la royauté, fut d'abord tout aristocratique. Les chefs des grandes familles patriciennes composaient seuls le Sénat, exerçaient seuls le consulat, avaient seuls un nom, des biens, des dieux. Ils spoliaient et réduisaient presque en servitude la plèbe, la foule des pauvres sans foyer sans culte, sans droits. Mais ceux-ci étaient forts de leur nombre: ils menacèrent de faire sécession, de fonder une autre Rome (493); ils obtinrent successivement que l'on reconnût comme inviolables leurs chefs, les tribuns de la plèbe, qu'on rédigeât un code de lois (les Douze Tables) commun à tout le peuple, qu'on leur permît d'épouser les patriciennes, qu'on les admît enfin au partage du consulat (366), puis de toutes les autres magistratures. Dès lors il n'y eut plus qu'un peuple romain.

III. — Mais bientôt les conquêtes, en livrant à Rome les dépouilles du monde, altérèrent sa constitution et ses mœurs. Les lettres, les arts, la religion de la Grèce, modifièrent l'esprit simple et rude de la vieille cité latine ; la haute classe, les sénateurs et les chevaliers, enrichis par l'exploitation des provinces conquises, acquirent d'immenses domaines et d'énormes capitaux ; les petits propriétaires ruinés affluèrent à Rome, s'y mêlèrent aux affranchis de toute origine et y formèrent un peuple mendiant et dépravé. Vainement Caton, le sévère censeur, essaya de réformer les mœurs : il échoua. Vainement les Gracques tentèrent de reconstituer la classe des cultivateurs par leurs lois agraires : ils périrent victimes de la vengeance des grands (133-121).

I. La Méditerranée. — Pour les anciens, le monde habité se réduisait au rivage d'une seule mer, qu'à raison même de sa position ils appelaient *mer intérieure* (Méditerranée) et que les Romains, après l'avoir conquise tout entière, nommèrent orgueilleusement « notre mer ». C'est autour de ce bassin maritime que la civilisation s'est éveillée et développée, se déplaçant de l'est à l'ouest : après avoir eu pour foyers l'Égypte, l'Assyrie, la Phénicie, l'Asie Mineure, la Grèce, elle atteint l'Italie, plus tard la Gaule et l'Espagne. Jusqu'aux découvertes du xve et du xvie siècle qui ont élargi l'horizon de l'humanité et fait la fortune des États riverains de l'Atlantique, la Méditerranée est restée le centre de la vie politique, économique, intellectuelle. Platon, d'une façon pittoresque, compare les peuples à des grenouilles placées en rond autour d'une mare.

L'Italie. — Dans cette mer prédestinée, l'Italie occupe une situation privilégiée : elle s'allonge entre les deux bassins distincts que forme, à l'est et à l'ouest, la Méditerranée, comme l'immense jetée d'un port, ce qui lui permet de centraliser les activités de toute l'Europe méridionale et de l'Afrique du Nord. Quant à sa configuration, elle présente des inconvénients et des avantages, comme celle de la Grèce : trop morcelée pour que l'unité politique puisse s'y établir promptement et s'y maintenir aisément, elle est divisée en parties d'inégale valeur. Au nord, le bassin du Pô, si riche aujourd'hui, fut longtemps bouleversé par les inondations et laissé en friche; pendant de longs siècles, les Romains ne le considérèrent pas comme faisant partie de l'Italie; ils l'abandonnèrent aux incursions des Barbares voisins. A l'est, le pays compris entre l'Apennin et l'Adriatique est pauvre, morcelé en petites vallées, sans ports; il est toujours resté en marge de la puissance romaine et de la civilisation italienne. Toutes les forces productrices et dominatrices se concentrèrent donc sur la partie occidentale, sur la côte de la mer Tyrrhénienne, abritée au large par les grandes îles de Sicile, de Sardaigne et de Corse. Là, la nature a dessiné trois beaux compartiments ayant chacun leur ceinture de montagnes, leurs plaines, leurs fleuves. Le plus septentrional, l'Etrurie (Toscane), avec l'élégance et l'harmonie de ses lignes et de ses couleurs, semble fait pour un peuple épris d'art, de littérature, d'idéal; une nouvelle Athènes s'y élèvera plus tard, sur les bords de l'Arno : Florence. Le plus méridional, la *Campanie* (pays napolitain), « un morceau du ciel tombé sur la terre », est un de ces pays trop favorisés, enfants gâtés de la nature, que leur bien-être amollit et que leur mollesse livre aux appétits de leurs voisins; il sera, pendant vingt-cinq siècles, l'éternel objet des convoitises et la proie des forts.

Le Latium. Rome. — C'est dans la région intermédiaire, le *Latium,* qu'a été fondé l'édifice de la grandeur romaine. La côte est mauvaise et infectée par les émanations paludéennes (la *malaria*); le fleuve qui s'y jette, le Tibre, déborde souvent et laisse sur les rives des dépôts marécageux; mais la plaine, à peine hérissée de quelques accidents volcaniques, est saine, propre à la culture, et faite pour un peuple de robustes laboureurs. Derrière se dressent les plateaux de la Sabine et de l'Ombrie, dont les pâturages et les bois sont souvent couverts de neige. Sur les bords du bas Tibre, non loin de la mer, à l'extrémité de la plaine et à proximité de la montagne, surgissent quelques petites collines où les premiers habitants trouvèrent sécurité et salubrité : les Romains en comptaient sept : le temps, qui nivelle tout, les a à peu près effacées; mais l'histoire de Rome a rendu deux noms impérissables : le Palatin et le Capitolin.

Formation du peuple romain. — Malgré quelques conditions favorables, la nature, on le voit, n'a pas tout fait pour cette ville : l'énergie du peuple qui l'habitait a été le principal artisan de sa puissance. Ce peuple lui-même fut le produit d'un mélange de races dont les qualités se complétèrent en se pénétrant, pour former peu à peu un tout formidable. Les éléments primordiaux furent les Latins et les Sabins : les premiers, bons laboureurs, adoraient les dieux des champs, célébraient les fêtes de la terre, mais étaient prêts à quitter leur charrue pour défendre leurs moissons et leurs foyers; les autres, rudes pasteurs, se trouvaient souvent jetés par la pauvreté de leur sol et l'âpreté de leur climat aux aventures de la guerre et du pillage; ils adoraient Mars ou Quirinus, le dieu de la lance. Bien vite les Latins ou Sabins entrèrent en contact, en conflit, en commerce, au delà du Tibre, avec les Étrusques : c'était un peuple laborieux et triste; ils assainissaient le sol par de grands travaux; ils bâtissaient beaucoup et surtout des tombeaux; ils se plaisaient à chercher le secret du destin dans les entrailles des victimes; ils aimaient l'ordre, les pompes, les cérémonies. Rome leur doit beaucoup. Enfin, des riches colonies grecques de l'Italie méridionale, de Tarente, Sybaris, Crotone, etc., un peu de culture hellénique s'infiltra de bonne heure jusqu'à « l'agreste Latium ». Rien de tout cela n'était inutile pour faire une cité comme celle dont nous allons résumer l'histoire : il n'y a pas eu de *race romaine,* mais un *peuple romain.*

La patrie; l'État. — Dans le caractère de ce peuple, il y a un trait qui semble plus fortement marqué que tout le reste : c'est le patriotisme. « Le fond d'un Romain, a dit Bossuet, était, pour ainsi dire, l'amour de la patrie. » Certes, cela est vrai; mais ce n'est pas assez dire. Les cités grecques, elles aussi, aimaient d'un amour ardent

leurs foyers et leurs autels; elles les défendirent héroï-
quement contre les *Barbares,* furieusement contre les
cités voisines. Elles ne s'élevèrent jamais à la conception
de l'*Etat,* où Rome atteignit de très bonne heure. Les
Grecs, les Athéniens surtout, sacrifient la communauté
à l'individu; leur fantaisie personnelle a bientôt fait de
rompre les conventions, de changer les institutions, de
répudier les traditions qui leur pèsent. A Rome, l'individu est immolé à l'Etat : dans la famille, tous obéissent
au père, dans la cité aux magistrats, dans la vie nationale aux coutumes des ancêtres. C'est du sacrifice des
volontés personnelles que s'est faite la volonté romaine;
c'est de l'habitude d'obéir qu'est né ce don de commander qu'on ne peut exprimer que par un mot latin : *Imperium.* « Ton rôle, ô peuple romain, a dit un poète, c'est
de commander aux peuples. »

Les légendes. — Tel est le vrai sens du mot de *République :* la chose publique, l'intérêt de tous, devenait la
loi suprême. Et, dans ce sens, on peut dire que la République romaine a existé dès le début, même lorsque Rome
était gouvernée par des rois. L'existence de ces rois est
problématique, leur histoire est vraisemblablement un
tissu de légendes, et beaucoup d'entre elles sont de pro-
venance grecque plutôt que d'origine romaine. Et cependant elles ont un air de famille, une physionomie
romaine, parce que les Romains ont retenu celles qui
flattaient leur orgueil et glorifiaient comme ils l'enten-
daient les débuts de leur cité. Dans toutes, c'est l'âpre
lutte, la joie de vaincre, la foi dans la puissance promise
à la « ville éternelle ». C'est aussi le don de soi fait à la
chose publique, le sacrifice de tous les intérêts, de toutes
les affections, des liens mêmes de famille, offert à l'Etat.

L'époque royale. — Deux enfants jumeaux, exposés
sur le Tibre, allaités par une louve, recueillis par des
pâtres, fondent sur le Palatin, leur acropole, une ville,
qui sera d'abord un refuge et un repaire. L'un des deux,
Romulus, s'est arrogé, de par un présage, le droit de la

nommer, et il en trace l'enceinte sacrée. L'autre, Rémus, par dérision, franchit d'un saut cette terre fraîchement remuée qui doit être inviolable : son frère le tue; c'est le premier crime pour la patrie. Plus tard, sous Tullus Hostilius, Rome veut s'émanciper de la domination d'Albe, sa métropole : un combat singulier entre trois frères romains et trois frères albains, les Horaces et les Curiaces, en décidera. Le plus jeune des Horaces reste seul debout des six combattants et donne la victoire à sa patrie. A son retour, il rencontre sa sœur Camille, qui pleure un des Curiaces, son fiancé, et maudit la victoire de Rome, et Rome même; il punit ce blasphème en la frappant mortellement; le roi condamne le meurtrier, le peuple l'absout. Enfin, après que le dernier des rois a été expulsé à la suite d'une révolution, lorsqu'un complot, tramé pour rétablir dans son pouvoir Tarquin le Superbe, a été découvert, le premier magistrat de la cité, Brutus, apprend que ses fils en sont les complices; il les condamne à mort et les fait exécuter sous ses yeux.

II. La République; le consulat (509). — Cette expulsion des Tarquins, dont les Romains ont fait l'ère de leur République (509), fut en réalité à peine une révolution; elle modifia peu la constitution de la Rome royale; au lieu d'un roi à vie, il y en eut deux, les consuls élus, et pour un an : c'était la garantie contre le retour de la tyrannie, contre le pouvoir d'un homme qui s'élève au-dessus des lois. La vraie révolution s'est produite un peu plus tard, en 493; c'est alors qu'ont été changées les bases sur lesquelles reposait la cité antique.

La cité antique, la «gens». — Qu'était-ce donc que la cité antique? Le premier groupe social a été la famille; il s'est formé autour de l'autel domestique où brûlait le feu sacré, où l'on sacrifiait aux mânes des ancêtres et aux dieux familiaux. Tous ceux qui avaient le même sang dans les veines participaient à ces sacrifices : c'étaient les hommes libres ou *ingénus*. Ils y admettaient aussi des hommes de condition inférieure, sans ancêtres, sans ressources, sans foyer. On les appelait les *clients;* pour prix des services qu'ils rendaient, ils tenaient une place modeste, il est vrai, aux fêtes et aux repas de la maison. Au-dessous d'eux, il y avait les esclaves. Avec le temps, le nombre des ingénus croissant à chaque génération, ainsi que le nombre des clients et celui des esclaves, une famille devenait un petit Etat, une *gens* (au pluriel, des *gentes*). Certaines *gentes* comprenaient plusieurs milliers d'individus : elles avaient leur hiérarchie; leur chef, le *père de famille,* c'est-à-dire le chef de la branche aînée, était le prêtre, le chef militaire, le juge de ce peuple en réduction.

Les prêtres; la royauté. — Peu à peu les *gentes* trouvèrent avantage à s'unir entre elles, au lieu de vivre dans un perpétuel état de guerre. Cette fédération, ce fut la *cité,* qui se constitua à l'image de la *gens* et fut une véritable *famille de familles.* Elle eut son ancêtre, son dieu fondateur : elle dressa sur un haut lieu son autel, son foyer public, dont le feu était entretenu par des prêtresses vierges, le collège des *vestales.* D'autres prêtres étaient chargés de conclure les traités, suivant des rites particuliers *(féciaux);* d'autres, d'interpréter les signes de la volonté divine *(augures)* ; d'autres, de présider aux cérémonies du culte *(pontifes)* ou d'organiser les sacrifices *(flamines).* Mais le grand sacrificateur était le *roi;* comme le père dans la famille, il était naturellement juge des différends entre les *gentes,* chef de guerre des forces de toutes les tribus (groupe de *gentes*); la conception primitive s'était élargie, mais ne s'était nullement modifiée.

Le Sénat; les comices. — Ce roi, investi d'un caractère sacré, ne gouvernait pas suivant son caprice, mais conformément aux traditions et avec l'appui d'un conseil dont faisaient partie tous les chefs de *gentes;* ce conseil se nommait le *sénat :* ce fut la plus originale et la plus persistante des institutions romaines. Dans certains cas, on réunissait tous les hommes libres des *gentes* dans des assemblées, appelées *comices* des *curies :* là, les lois étaient ratifiées, les causes capitales jugées en dernier ressort, les revues d'entrée en campagne passées.

Roi, sénat, comices, hommes libres, clients, tout cela c'était le peuple romain, *populus,* et le peuple romain *n'était que cela.* Tous ceux qui n'étaient pas réunis sous le nom et admis au culte d'un ancêtre n'avaient point de place autour du foyer public, point de droit dans l'Etat; ils ne faisaient pas partie de la cité.

La plèbe. — Mais, avec le temps, Rome attira autour d'elle un grand nombre d'individus d'origines diverses : vaincus transportés dans ses faubourgs après la ruine de leur ville, trafiquants, ouvriers agricoles, aventuriers cherchant fortune, clients ayant rompu le lien qui les attachait à une grande famille, tout ce qui vient grossir progressivement une agglomération déjà considérable. Ceux-là étaient les *sans feux ni dieux :* point de garanties pour leurs biens ou leur personne, parce que point de nom ni de place aux sacrifices privés ou publics. Ce fut la *plèbe.* Elle vivait en marge de la cité; elle n'avait pour elle que le nombre : cela lui suffit à conquérir le reste.

Servius Tullius; les centuries. — Déjà, au temps de la royauté, un roi populaire, Servius Tullius, probablement un parvenu usurpateur ou un aventurier étranger, avait essayé une organisation plus large, qui répartissait les droits et les obligations entre tous les habitants, proportionnellement à leur fortune; c'était le système des *classes* et des *comices par centuries,* acheminement lointain vers l'égalité civique. Mais, après l'expulsion des Tarquins, le *populus* resserra les rangs, reprit tous ses privilèges. Seuls, les hommes des *gentes* votèrent les lois, jugèrent, commandèrent aux armées, arrivèrent au consulat. Une magistrature extraordinaire, la dictature, fut même créée pour les moments de troubles, avec le droit de vie et de mort sans appel sur tout habitant de Rome.

La retraite sur le mont Sacré; le tribunat (493). — Seulement Rome, pour sa défense et ses conquêtes, eut

besoin de grossir ses armées, de faire appel au nombre :
le nombre, c'était la plèbe. Les plébéiens se fatiguèrent de
servir une cité qui ne leur reconnaissait aucun droit, de
contracter des dettes qu'ils payaient, un jour ou l'autre,
de leur liberté. En 493, au retour d'une campagne, las des
vaines promesses des grands, ils refusèrent de rentrer
dans la ville et allèrent planter leurs enseignes sur le
mont Sacré. Par cette *sécession,* ils menaçaient de fonder
à quelques lieues au nord de Rome, sur le Tibre, une
Rome d'en face, qui eût été pour l'autre une rivale militaire et une concurrente commerciale. Le Sénat capitula :
un de ses membres, Ménénius Agrippa, alla expliquer aux
plébéiens la fable célèbre des *Membres et de l'Estomac;* en
fait, l'estomac avait besoin des membres. La plèbe rentra
dans Rome aux conditions suivantes : elle formera un
corps politique; elle aura ses assemblées (les *comices par
tribus*) où tous voteront, sans distinction de naissance, les
lois applicables à tous, les *plébiscites;* elle élira ses chefs,
les *tribuns de la plèbe.* Ceux-ci pourront porter secours
à tout plébéien injustement traité; bientôt ils auront
même le droit de suspendre d'un mot, *veto* (je m'oppose),
l'exécution des lois, et il sera défendu, sous peine de
mort, de les interrompre quand ils parlent. Ils sont inviolables; toucher à leur personne est un sacrilège. Ils sont,
en réalité, les ambassadeurs d'un peuple au milieu d'un
autre, car il y a désormais deux peuples dans Rome : des
efforts opiniâtres et la force des choses les amèneront à
se pénétrer et à se fondre en un seul.

L'égalité civique; la loi des Douze Tables. — Ceci
est la véritable révolution politique et sociale. Elle fut
suivie de plusieurs autres qui firent porter à la première
tous ses fruits. En 493, la plèbe avait conquis l'existence, le droit de s'organiser. En 450, elle conquit l'égalité devant la loi, ou égalité politique. La loi étant considérée comme une expression de la volonté des dieux,
seuls les hommes du *populus,* les *patriciens,* pouvaient
la connaître, l'interpréter, l'appliquer. Une nouvelle me-

nace de sécession mit fin à ce privilège : la loi fut désormais l'expression de la volonté du peuple : son texte, gravé sur douze tables, put être connu de tous [1].

L'égalité politique; partage des magistratures. — Puis, ce fut le tour de l'égalité politique, c'est-à-dire l'admission de tous aux magistratures. La vieille idée religieuse dominait encore la vie politique à Rome. Pour convoquer les comices, pour juger, pour conduire une expédition, il fallait savoir si les dieux étaient favorables, interpréter les présages, prendre les *auspices*. Or les patriciens seuls pouvaient consulter les dieux; les dieux ne connaissaient que les patriciens. Mais de grandes familles plébéiennes s'étaient peu à peu formées, riches elles aussi et influentes; quelques-unes s'alliaient même par des mariages aux patriciens sans fortune. Elles réclamèrent le droit d'arriver au consulat. Ce fut une belle bataille de plus d'un siècle. Les patriciens employèrent en vain la ruse et la force; pour ne pas céder entièrement, ils créèrent des magistratures inférieures auxquelles ils admettaient des plébéiens, faisant ainsi la monnaie du consulat, mais gardant pour eux la pièce la plus précieuse. Enfin, en 366, ils cédèrent : la plèbe eut accès à la magistrature suprême, au consulat. Bientôt même, la dictature, créée jadis contre elle, lui fut ouverte. Enfin, en 300, les plébéiens purent partager le sacerdoce. De proche en proche, ils avaient forcé toutes les portes, même celles du sanctuaire. Il n'y avait plus qu'un peuple dans Rome.

La constitution romaine; les comices. — C'est au début du IIIe siècle avant Jésus-Christ, à la veille de la grande lutte entre Rome et Carthage, qu'on peut jeter une vue d'ensemble sur la constitution de la République romaine. Elle se compose de trois éléments qui ne vivront pas toujours en harmonie : le peuple, dans lequel réside la *souveraineté;* les magistrats, qui exercent le *pouvoir;* le Sénat, qui dirige le *gouvernement.*

---

1. Voir, à la fin du chapitre, ETUDES ET LEÇONS.

La souveraineté du peuple s'exerce dans les assemblées où l'on vote, ou *comices*. Il y a trois sortes de comices : les comices par curies, purement aristocratiques et qui perdent bientôt toute leur importance ; les comices par centuries et par tribus, qui se partagent, d'une façon assez difficile à préciser, le vote des lois, l'élection des magistrats, les jugements. Les comices se tiennent soit au champ de Mars, soit au forum. Le forum, situé entre le Palatin et le Capitolin, orné de temples, de portiques, de statues, est, avec sa célèbre tribune aux harangues, le centre de la vie politique à Rome.

Les magistratures. — La plus haute des magistratures est le consulat. Les consuls sont au nombre de deux ; ils sont élus pour un an, et leurs noms, inscrits dans les *Fastes consulaires,* servent à fixer la chronologie. Ils se partagent les pouvoirs judiciaire, militaire, administratif, mais de telle façon que l'un des deux contrarie souvent l'autorité de l'autre et paralyse son action : c'est une des faiblesses de la constitution. Du reste, à Rome, toutes les magistratures, sauf la dictature, sont *collégiales,* c'est-à-dire partagées entre plusieurs élus. Au-dessous des consuls, il y a les préteurs, spécialement chargés de la justice, de l'instruction des procès, de l'interprétation de la loi ; les édiles, préposés à la surveillance des marchés, des édifices, etc. ; les questeurs, dont la besogne est surtout administrative, et qui dirigent ce que nous appellerions le travail des bureaux. Tous les cinq ans, des magistrats d'un caractère particulier, les censeurs, dressent la liste des sénateurs et peuvent, pour cause d'indignité, dégrader les membres des plus riches et des plus nobles familles. Quand ces fonctions sont confiées à un partisan des vieilles mœurs et du vieil esprit romain, comme fut le premier Caton, elles font de lui un véritable inquisiteur. Enfin, en dehors de la série des magistratures, se trouve le tribunat de la plèbe, qui garda de ses origines le caractère révolutionnaire. Il fut toujours un ferment d'agitation dans la constitution[1]. Tous ces noms de magistratures sont restés célèbres dans l'histoire ; mais on aurait tort d'y voir le dernier mot de la science politique : les attributions mal définies des magistrats, les rivalités des collègues entre eux, engendraient des conflits et des troubles. Ces institutions, résultat de nombreux compromis et inspirées par la défiance, aboutissaient souvent à une anarchie légale.

Le Sénat. — Heureusement, au-dessus de cette partie mobile et confuse de la constitution, il y avait la chose durable, la pensée romaine, le cerveau de la République, le Sénat : là résidait le gouvernement, c'est-à-dire les longs desseins, la suite dans la conduite des affaires, la modération des partis, les intérêts du lendemain au-dessus des passions du jour. Cette assemblée, dont le nom est demeuré le symbole de la raison politique, n'était nullement un corps représentatif. Les sénateurs n'étaient pas élus, mais désignés par le censeur, tous les cinq ans, parmi les membres des grandes familles ; ils n'étaient pas renouvelables, pas responsables par suite ; en outre, les hauts magistrats y entraient en sortant de charge ; ils y apportaient leur expérience et y trouvaient une grande indépendance, n'ayant plus rien à redouter des caprices de la popularité. Les pouvoirs du Sénat étaient assez vagues, mais très étendus, en matière d'administration, de guerre, de politique extérieure, d'organisation des conquêtes ; surtout, il représentait la réflexion et la tradition. Il prenait des décisions (sénatus-consultes) qui pouvaient pourvoir aux dangers imminents, sans avoir à subir les délais ou à affronter les orages des comices, comme les plébiscites. — L'édifice où le Sénat jugeait, et qui était le plus souvent un temple, s'appela *Curie*. Les sénateurs votaient en se séparant par groupes qui se portaient soit à la droite, soit à la gauche de la salle.

---

1. A leur sortie de charge, les consuls et les préteurs étaient prorogés dans leur pouvoir pour exercer *hors de Rome* des commandements d'armée ou des gouvernements de province. C'était alors des *proconsuls* et des *propréteurs*.

Le Sénat a eu un beau chapitre dans les annales romaines : il a lutté longtemps contre la tyrannie et contre la démagogie. Finalement il a été vaincu par celle-ci au profit de celle-là. Ce qui l'a corrompu et perdu, c'est l'exploitation à outrance des provinces conquises. Il s'est fait le protecteur, le complice, des magistrats qui la pratiquaient, des Verrès sortis de ses rangs ; il a ruiné par là son autorité longtemps si haute, et préparé ainsi sa domestication sous les Césars.

On a pu voir qu'il y a une grande différence entre la nature de ces institutions et celles qui, dans la plupart des pays modernes, ont emprunté leur nom. Chez nous, depuis la Révolution, le vocabulaire politique est presque tout romain. Mais il faut se garder d'en conclure à la similitude des constitutions, et savoir distinguer entre le mot et la chose.

III. Décadence des institutions. — Cette fusion des deux peuples en un seul donna à Rome une grande force, au moment où elle commençait les grandes guerres qui devaient lui assurer la possession du monde européen. Mais, au cours de ses conquêtes, une autre lutte intérieure commença qui aboutira, après deux ou trois siècles, à la ruine des institutions républicaines : ce fut la lutte des riches et des pauvres. En voici l'explication sommaire.

Aristocratie sénatoriale, chevaliers. — Les guerres en Afrique, en Orient, en Occident[1], le butin, la rançon des vaincus, firent affluer à Rome des trésors qui accrurent dans d'énormes proportions la fortune publique et surtout la richesse de deux classes : aristocratie sénatoriale, chevaliers. La première était celle dans laquelle se recrutait le Sénat et qui aspirait aux *honneurs,* c'est-à-dire aux magistratures ; elle avait presque le monopole du gouvernement des provinces conquises : elle les exploita à outrance, les pressura sans merci, et consacra

---

1. Voir le chapitre suivant.

ses bénéfices à acheter des terres. Bientôt elle posséda presque toute l'Italie : elle y organisa de vastes exploitations rurales, s'adonnant surtout à l'élevage, avec des troupeaux d'esclaves pour garder des troupeaux de bœufs et de moutons.

Les chevaliers formaient une classe inférieure par la naissance, mais puissante et avide, qui s'adonnait aux affaires. Banquiers de l'Etat, fermiers des impôts, ils accaparaient dans le monde méditerranéen presque tout l'argent en circulation, la fortune mobilière. Avec ces capitaux sans cesse accrus, ils créaient des banques de prêts, des assurances maritimes, des compagnies de transport, des entrepôts de blés et de toutes sortes de produits, des ateliers de fabrication, par des moyens qu'on pourrait comparer aux *trusts* de la moderne Amérique : et c'étaient encore des esclaves qui peuplaient leurs bureaux et leurs manufactures. En somme, l'esclave, dans l'antiquité, fut tout ensemble la machine et l'ouvrier pour le travail agricole et industriel, machine qu'on acquérait à vil prix, ouvrier qu'on ne salariait pas et qui coûtait peu à entretenir.

La classe inférieure. La nouvelle plèbe. — Contre cet accaparement de la culture et de l'industrie par le moyen du travail servile, que pouvait le travailleur libre, aux champs ou à la ville ? Il renonça vite à une concurrence impossible, vendit son lopin de terre, ferma sa boutique et vint vivre sur la place publique ; de quoi, sinon de corruption et de mendicité ? Le mal fit des progrès d'autant plus rapides que ces petites gens, que la misère vouait à l'oisiveté, trouvèrent à Rome une foule d'aventuriers, d'affranchis qui y avaient apporté les vices de toutes les races : les mauvais dépravèrent les bons ; les « faux fils de l'Italie », comme le disait un vrai Romain, Scipion Emilien, eurent bientôt fait d'effacer le caractère latin. Ainsi se forma une plèbe nouvelle, qui goûtait les délices de la paresse, se nourrissait des distributions gratuites de blé faites par l'Etat (l'*annone*) ou par les riches familles (la *sportule*), qui vendait ses suffrages au plus offrant, qui encombrait les gradins du cirque ou de l'amphithéâtre. Pour elle, on multipliera les spectacles : il y en aura bientôt six séries par an, chacune de plusieurs jours ; les candidats aux magistratures en feront les frais et rivaliseront de folie.

Caton le Censeur; les Gracques. — Un Romain de vieille souche, représentant attardé de la forte race des laboureurs qui avaient défriché l'Italie et des soldats qui avaient conquis le monde, Caton l'Ancien, essaya d'opposer l'âpre vertu d'autrefois à ces vices nouveaux. Censeur, c'est-à-dire magistrat préposé à la moralité publique, il attaqua avec fureur la vénalité de la plèbe, la corruption des grandes familles, le luxe des femmes, et aussi la littérature, les arts, auxquels il imputait [cette décadence. Il passa sa vie à dénoncer, à accuser, à « aboyer » au vice. On l'estima, on l'écouta; on ne le suivit pas.

Deux autres grands citoyens, deux frères, les Gracques, tentèrent, au moyen des lois agraires, de reconstituer la petite propriété. La populace, dont ils essayaient de refaire un peuple, les applaudit, puis les livra avec indifférence à la haine des grands. Tous deux périrent de mort violente[1].

Tout cela, après une longue crise d'anarchie militaire, devait aboutir et aboutit à César et au césarisme.

DIRECTIONS ET BIBLIOGRAPHIE

L'histoire romaine classique, celle qu'on puise surtout dans Tite-Live, celle que le bon Rollin résumait avec tant de simplicité pour l'éducation morale et politique de son temps a été, comme tant d'autres, profondément atteinte par la critique historique. C'est au milieu du xviiie siècle qu'un Français réfugié en Hollande, Louis de Beaufort, émit pour la première fois des doutes sur « l'incertitude des cinq premiers siècles de l'histoire de Rome » (1738). Aujourd'hui il est établi — les raisons scientifiques seraient trop longues à analyser — que l'histoire de Tite-Live est surtout un magnifique monument de patriotisme, que le grand écrivain a enchâssé dans son récit d'une belle ordonnance les légendes qui répondaient le mieux

---

1. Voir, à la fin du chapitre, ETUDES ET LEÇONS.

à l'orgueil de ce grand peuple et lui permettaient de « consacrer ses origines » ; bref, que l'historien faisait souvent place au poète, surtout dans les premiers livres.

Sur les ruines de cette histoire classique, un premier système fut édifié, grandiose, mais factice, au commencement du XIX⁰ siècle, par un savant de trop d'imagination, le Danois NIEBUHR. Un demi-siècle après, un Allemand d'une érudition vraiment formidable, THÉODORE MOMMSEN, qui vient de mourir, a construit sur ce sujet une œuvre puissante. Dans les onze volumes de son *Histoire romaine*, il rejette les légendes, en gardant seulement quelques fragments, quelques lignes, qui lui paraissent avoir un caractère certain d'archaïsme authentique. Il nomme à peine les rois de Rome. Il fonde son étude des origines sur ce qui avait été jusqu'ici à peine abordé : 1° l'étude détaillée du territoire italien, des noms géographiques ; 2° les témoignages relatifs à la religion primitive, aux rites et aux formules ; 3° les textes très curieusement interrogés du vieux droit romain ; 4° la connaissance approfondie de l'économie rurale, de la vie privée, de la vie militaire, etc. Il a assemblé tout cela avec un sentiment très pénétrant de l'originalité du peuple romain, dans des tableaux souvent saisissants. Il y a bien une part de conjectures dans ces reconstitutions, mais le plus souvent sa manière de voir s'impose, et, à mesure qu'il avance dans leur récit, il y apporte une chaleur et une passion communicatives. On le dirait contemporain et presque acteur des événements qu'il déroule sous nos yeux.

Avec moins de science, mais avec ce don de *résurrection* qu'il a porté partout, notre MICHELET a écrit sur l'*Histoire de la République romaine* (2 vol.) bien des pages qui resteront.

V. DURUY, dans sa grande *Histoire du peuple romain* (7 vol. admirablement illustrés de monuments de toute sorte), s'est d'abord inspiré de Mommsen, puis, pour l'Empire surtout, si mal connu et si mal jugé pendant longtemps, il a fait personnellement œuvre d'érudit, en même temps que de vulgarisateur.

Bien que l'admirable *Cité antique* de FUSTEL DE COULANGES ne soit pas spécialement une histoire de la cité romaine, elle jette une vive lumière sur l'évolution politique et sociale du grand peuple dans lequel la race aryenne a plus particulièrement réalisé ses destinées.

Pour les précis, on se servira de ceux de GUIRAUD et LACOUR-GAYET et de JALLIFFIER et VAST (*Histoire de l'antiquité*).

ÉTUDES ET LEÇONS

I. — La loi des Douze Tables. Le droit romain.

L'histoire du décemvirat et de la loi des Douze Tables est intéressante par les épisodes qui l'entourent, et importante comme origine du droit romain.

1. La plèbe était lasse d'être jugée par les patriciens en vertu de lois dont le texte non écrit, mystérieux comme une formule religieuse, pouvait toujours être appliqué de la façon la plus arbitraire. Au moyen d'une vaste agitation, organisée par ses tribuns, elle arracha au patriciat la promesse d'une législation

écrite et connue de tous. Pour la rédiger, on institua dix magistrats extraordinaires, les décemvirs; pour leur donner toute liberté, on les arma de pouvoirs sans limites, et l'on suspendit momentanément toutes les autres magistratures. Ce qui devait arriver se produisit : grisé par cet absolutisme momentané, un des décemvirs, Appius Claudius, rêva de la tyrannie et devint un autre Tarquin le Superbe; il attenta à l'honneur de la famille, qui était à Rome, avec l'État, la chose la plus sacrée : les plébéiens eurent leur Lucrèce. Ces rééditions d'un même épisode sont d'ailleurs fréquentes dans l'histoire de la Rome primitive. Appius Claudius cita à son tribunal une jeune plébéienne qu'il convoitait, Virginia, et, à l'aide de faux témoignages, se la fit adjuger comme une esclave qui lui aurait été dérobée. Son père Virginius, un centurion, revint de l'armée trop tard pour la défendre, et la tua pour la sauver du déshonneur. Son fiancé, le tribun Icilius, appela la plèbe aux armes : le décemvirat fut aboli; Appius Claudius, arrêté, se tua dans sa prison.

2. Malgré cette ébauche de tyrannie, le décemvirat avait accompli une utile besogne. Il avait fait graver sur douze Tables les lois nouvelles, qui, déposées au Capitole, pouvaient être consultées et invoquées partout. Nous possédons, par fragments, une bonne partie de ce texte, où l'on peut voir le germe de cette grande chose : le droit romain. Malgré quelques traces encore de barbarie, les grands principes y sont posés, qui ont, depuis lors, prévalu dans toutes les sociétés civilisées : d'abord, la loi n'est plus un mystère divin, une sorte d'oracle; elle est l'expression de la souveraineté de la cité, « ce que le peuple a ordonné en dernier lieu ». Puis elle est impérative, et ses règles générales ne comportent pas d'exception : « On ne fait pas des lois pour des individus ou pour des cas particuliers. » Enfin, elle est la même pour tous; elle ne fait pas acception de la naissance ou de la fortune : tous les articles commencent par cette formule : *Si quis,* si quelqu'un... L'ensemble, tout archaïque qu'il paraisse, est déjà rédigé dans cette langue précise, sobre, impérative, dont les Romains ont eu le secret.

3. Le droit était fondé sur ces bases; mais l'édifice était encore rudimentaire. Le peuple romain n'a pas mis moins de dix siècles à l'élever et à lui donner sa forme définitive. Chaque année les préteurs, dans un *édit,* éclairaient ou complétaient par des prescriptions spéciales quelques parties obscures ou insuffisantes de la législation. De temps en temps, des lois votées par le peuple (*plébiscites*), des résolutions du Sénat (*sénatus-consultes*), plus tard des actes émanés de la volonté impériale (*rescrits, constitutions*), ajoutaient quelque chose au trésor législatif des siècles précédents. — Puis vinrent (et cela principalement sous les Césars et les Antonins) les *jurisprudents* ou jurisconsultes, qui

se donnèrent pour tâche de commenter ces textes si nombreux, de les coordonner, et surtout, c'est la vraie grandeur de leur œuvre, de les subordonner à des vues générales d'équité; c'est par eux que le *droit écrit*, débarrassé de sa rudesse et de sa brutalité primitive, se rapprocha insensiblement du *droit naturel*. On pouvait maintenant *codifier*, c'est-à-dire grouper les lois dans un ordre logique. Essayée à plusieurs reprises dès l'époque de Hadrien et de Marc-Aurèle, la codification fut achevée seulement dans l'empire byzantin, par les jurisconsultes au service de Justinien, au vi° siècle après Jésus-Christ. D'innombrables copies furent faites dès lors du *Code Justinien* : elles l'ont sauvé d'une perte qui eût été irréparable. C'est là, en effet, que l'humanité a, pour ainsi dire, retrouvé ses titres. Le *Code* a été, pour les sociétés du moyen âge et des temps modernes, la grande école de justice, comme l'Évangile la grande chaire de charité. Ce n'est pas la moindre gloire de Rome que d'avoir doté le monde de ce qu'on a pu appeler la *raison écrite*.

II. — Les lois agraires : les Gracques.

Les lois agraires ne consistent pas, comme on le croit généralement, dans un partage des grandes propriétés privées, mais dans une reprise de la propriété publique usurpée. L'Etat, à Rome, prélevait une part des terres dans toutes les provinces conquises, et cette part, il l'affermait, par lots considérables, aux grandes familles aristocratiques. Le prix du bail était modique, et bien vite, avec la complicité du Sénat et des magistratures, qui se recrutaient dans cette aristocratie, le fermage cessait d'être payé : le domaine de l'Etat se confondit ainsi avec celui des particuliers qui le détenaient; la ferme devint une partie de la propriété.

Tibérius Gracchus, petit-fils de Scipion, fils de Cornélie (qui est restée le type de la mère romaine), témoin attristé de la misère et des vices qui rongeaient la plèbe, voulut refaire un peuple de travailleurs des champs. Elu tribun, il fit voter une loi agraire. Du domaine public dilapidé, cette loi faisait deux parts : l'une était laissée à ceux qui l'avaient usurpée, l'autre reprise et divisée en petits lots de trente arpents (environ sept hectares), qui seraient attribués aux pauvres. Ame généreuse, les regards tournés vers le passé, Tibérius fut, malgré lui, un conservateur révolutionnaire, un modéré que les circonstances jetèrent dans les mesures violentes. Il fit déposer par le peuple un tribun que ses adversaires avaient soudoyé pour mettre le *veto* sur sa loi. Combattu avec fureur par les grands, il fut abandonné par la plèbe, qui, au fond, n'avait cure de revenir aux vertus rustiques. Il fut mortellement blessé dans une émeute savamment organisée, le jour où il briguait, illégalement d'ailleurs, un troisième tribunat (131).

Un peu plus tard, Caïus Gracchus voulut à la fois venger son frère et reprendre son œuvre. La loi agraire fut remise en vigueur; Caïus y joignit un projet de colonisation dans les grandes villes déchues, à Capoue, à Tarente, à Carthage. La plèbe aurait eu ainsi le choix entre l'agriculture et le commerce : elle préféra croupir dans l'oisiveté. Caïus aurait eu besoin du concours de toutes les forces populaires dans la lutte qu'il menait hardiment contre le Sénat et les grands propriétaires. Ceux-ci lui firent une guerre acharnée. Par une manœuvre plus perfide que celle du *veto*, ils suscitèrent contre lui un autre tribun qui enchérissait sur ses réformes, demandait le blé gratuit, quand il en faisait diminuer le prix, et douze colonies quand il en proposait trois. Puis on exploita contre lui la vieille haine que soulevait le nom de Carthage; on le taxa d'impiété pour avoir voulu relever de ses ruines une ville maudite par les dieux. Enfin, on l'accusa (accusation mortelle à Rome) d'aspirer à la royauté. Un consul alors, sur l'injonction du Sénat, conduisit contre Caïus une bande de forcenés. Une poignée d'amis essayèrent de défendre, sous les yeux de la foule indifférente, le fils de Cornélie, qui, désespéré, se fit donner la mort par la main d'un affranchi. On s'acharna sur son cadavre, qui fut décapité, sur sa maison, qui fut pillée, sur ses proches, auxquels on défendit de porter le deuil, sur ses partisans, dont 3,000 furent égorgés.

CHAPITRE VIII

Conquête de l'Italie et de la Méditerranée.

I. — L'union du patriciat et de la plèbe au dedans fit la force de Rome au dehors. Rome lutta d'abord pour l'existence, contre les peuples voisins, Etrusques, Latins, Sabins; elle finit par les soumettre. Elle fut longtemps en péril, et, sans doute, souvent vaincue; mais ses historiens ont voilé ces défaites de légendes héroïques. Elle faillit disparaître sous l'ouragan de l'invasion gauloise; mais les oies sacrées et Manlius sauvèrent le Capitole; Camille mit le Brenn en déroute (390). Puis Rome alla chercher jusque dans leurs montagnes les belliqueux Samnites, qui lui disputaient la Campanie; elle ne les réduisit qu'au bout d'un siècle. Enfin, elle se mesura contre un aventurier grec, Pyrrhus, venu au secours de Tarente (275), et elle étendit ses conquêtes jusqu'à l'extrémité méridionale de la péninsule.

II. — Alors Rome se heurta contre le plus formidable de ses ennemis, Carthage, et la domination du monde fut l'enjeu des guerres puniques. C'était le duel gigantesque de la puissance commerciale et de la puissance militaire. La riche cité phénicienne avait des comptoirs sur toutes les côtes, des vaisseaux sur toutes les mers ; mais son gouvernement était tyrannique et détesté, ses mœurs dissolues, son armée uniquement composée de mercenaires toujours prêts à la révolte. Rome lui opposa ses légions, qui étaient, par l'organisation et la discipline, un admirable instrument de victoire, ses mœurs simples et sévères encore, l'étroite union de tous ses citoyens dans un ardent patriotisme.

Le premier objet de la lutte (264-241) fut la Sicile. Pour en rester maîtresse, Rome créa une flotte qui battit deux fois les maîtres de la mer. Carthage traita et paya rançon.

Mais un Carthaginois entreprit de sauver sa patrie malgré elle : ce fut Annibal, l'un des plus grands capitaines de l'antiquité. Il crut pouvoir vaincre Rome en Italie ; il faillit y réussir ; il franchit les Pyrénées, les Alpes, l'Apennin ; il anéantit à Cannes (216) les légions. Mais la constance de Rome eut raison du génie de son adversaire : en 202, Scipion prenait à son tour l'offensive ; Annibal, rappelé en Afrique, était battu à Zama. Carthage, ruinée par une énorme contribution de guerre, privée de sa flotte, devenait une puissance de second ordre.

III. — Le reste du monde méditerranéen fut facile à soumettre. La Macédoine isolée, la Grèce livrée à ses querelles, la Syrie amollie, succombèrent en un demi-siècle. L'Egypte affaiblie accepta le protectorat romain. Entre temps, Carthage, dont la prospérité commerciale inquiétait encore Rome, fut anéantie par un autre Scipion (146). La résistance fut plus opiniâtre chez les peuples à demi barbares de la Gaule et de l'Espagne (Numance, 133) ; mais les provinces côtières furent soumises. Avant la fin du deuxième siècle, la Méditerranée était un lac romain.

IV. — Ces conquêtes si vastes et si rapides transformèrent entièrement la vieille cité romaine. Cette révolution, à laquelle on donne le nom d'hellénisme, résulta du contact de la rudesse romaine avec la civilisation avancée des Grecs et avec le riche monde oriental : l'horizon de la pensée s'élargit : ce peuple agreste connut les arts, la littérature, mais il connut aussi le luxe et les vices des vieilles sociétés corrompues ; il y eut progrès intellectuel et décadence morale.

I. **La conquête romaine.** — Rome a possédé au

même degré la science du gouvernement et celle de la conquête. Nous avons vu comment elle a créé successivement tous les organes politiques qui lui étaient nécessaires, élargi le cercle trop étroit de la cité primitive et développé la force de l'Etat. Nous allons voir de quelle façon elle a conjuré les périls qui d'abord menaçaient de toute part son existence, puis étendu sa domination et fait de la ville un monde. Ces deux ordres de faits ont eu d'ailleurs l'un sur l'autre une action réciproque. Les dangers extérieurs, les nécessités de l'action militaire, ont influé sur la lutte des patriciens et des plébéiens et hâté la fusion de deux peuples en un seul. Cette fusion, aboutissant à une solide constitution, la mit en possession de toutes ses ressources; elle lui a permis d'étendre ses conquêtes et a développé chez elle en même temps, au plus haut point, l'instinct d'organisation.

Trois périodes. — L'expansion de Rome s'est produite par cercles concentriques; on y peut distinguer trois grandes périodes : elle lutte d'abord, pour sa sécurité, contre les peuples qui l'enserrent; et quand elle en a triomphé, son élan la porte jusqu'aux extrémités de la péninsule italique, qu'elle absorbe tout entière. — Là elle se heurte contre une grande puissance qui, par le commerce, avait acquis l'empire de la mer; après un duel aux péripéties tragiques, dont l'enjeu était la possession du monde, Carthage succombe. — Le monde méditerranéen est, en effet, le prix de la victoire, et en moins d'un siècle Rome le met sous sa loi. Chacune de ces guerres a été pour elle une école de science militaire, en l'obligeant à perfectionner ses instruments de victoire, l'armée, la flotte, la politique; son éducation de « peuple né pour commander aux peuples » a été méthodique, complète, efficace.

La lutte pour l'existence. — La petite ville des sept collines, déjà agressive et envahissante, risqua souvent, dès l'époque royale, d'être étouffée par ses voisins. Elle traversa surtout une crise redoutable lorsqu'ils se coalisèrent contre elle, à l'occasion de l'expulsion des Tarquins. Il est probable qu'elle subit alors la dure loi d'un vainqueur, le roi étrusque Porsenna. Mais ses défaites, qu'elle a voilées de légendes héroïques, ne furent pas définitives. Elle continua la lutte au nord contre les riches cités étrusques; au sud, contre les villes latines confédérées, et plus loin contre les belliqueuses populations des Èques et des Volsques; à l'est, elle repoussa les invasions des bandes pillardes de la Sabine. C'étaient des guerres d'une semaine ou d'une saison, une alarme chaque jour. L'ennemi avait bientôt fait d'arriver, à travers les champs dévastés, jusqu'aux portes de Rome. En hâte on enrôlait au champ de Mars, sous le commandement des consuls ou d'un dictateur, gens de la ville et laboureurs, patriciens et plébéiens momentanément réconciliés. Une légion[1], instrument encore rudimentaire, mais déjà redoutable, était formée, l'assaillant repoussé, parfois jusqu'à une position bien choisie où l'on créait, sous le nom de colonie, un poste de défense, Préneste, Fidènes, Circéi, Anxur. Puis les soldats licenciés retournaient à leurs travaux et à leurs querelles civiques. C'est la continuité de ces dangers qui a donné à l'énergie romaine sa forte trempe. Deux faits furent décisifs dans l'histoire de ces luttes obscures : la victoire du lac Régille sur les Latins (496), la prise de la grande cité étrusque de Véies, par Camille, après un siège de dix ans (395). Afin de retenir sous les enseignes les soldats pendant cette longue opération, le général romain avait créé la solde.

Les Gaulois. — A ce moment un orage soudain fondit sur Rome : une horde de Gaulois, venus de l'Italie du Nord, ennemis d'aspect nouveau et saisissant. A la vue de ces hommes à la haute stature, à la peau blanche, à la crinière rousse, aux cris rauques, aux armes étranges, l'armée romaine s'effara. La déroute de l'Allia (390) laissa arriver les Gaulois jusqu'à Rome. De nouveau, ici, un tissu

---

1. Voir, à la fin du chapitre, ÉTUDES ET LEÇONS.

de légendes recouvre les humiliations du peuple romain. La vérité semble celle-ci : les Gaulois pillèrent et ruinèrent la ville; mais, comme ils avaient plus d'élan que d'esprit de suite, ayant mis par hasard le pied sur cette fourmilière, ils négligèrent de l'écraser; ils s'éloignèrent chargés de butin, coururent à d'autres aventures. Dispersés, en moins d'un demi-siècle ils disparurent de l'horizon latin.

Les Samnites. — Alors Rome élargit ses ambitions. Elle alla chercher des adversaires dans l'Apennin méridional et disputa la riche Campanie aux Samnites. C'était un peuple non seulement belliqueux, mais militaire, et presque aussi bien organisé pour la conquête que Rome même; de plus, protégé par un chaos de montagnes, un lacis de défilés, telles les fameuses *Fourches Caudines*. Là, les Romains commencèrent à faire la grande guerre : ils éprouvèrent les surprises, les embuscades, et ils les pratiquèrent. Il fallut établir des plans, faire des campagnes, proroger les généraux dans leur commandement; on créa le proconsulat. A la fin, les Samnites essayèrent de grouper autour d'eux toutes les rancunes des peuples vaincus, Etrusques, Gaulois, Sabins. Rome brisa ce cercle de forces ennemies, anéantit dans de sanglantes journées, comme celle du lac Vadimon (283), les Samnites, qui avaient fait serment de vaincre ou de mourir; puis elle implanta ses colonies-garnisons à Venouse, à Bénévent, sur tous les points qui commandaient les deux versants de l'Apennin.

Tarente; Pyrrhus. — Par delà elle découvrit un autre monde et rencontra un autre adversaire. Ce monde était celui des colonies grecques de l'Italie méridionale; la richesse y avait déjà produit son œuvre de démoralisation et d'énervement. L'une d'elles, Tarente, brava ses barbares voisins, puis, effrayée, chercha un défenseur. Ce défenseur, un adversaire devant lequel le génie de Rome se troubla un instant, était Pyrrhus, roi d'Epire; cet aventurier était, dans une certaine mesure, l'héritier du génie, de l'ambition et de la science militaire d'Alexandre le Grand. Pour la première fois, les soldats de Rome avaient affaire à la phalange macédonienne et aux éléphants, qu'ils appelèrent « des bœufs de Lucanie », du nom de la province où ils les rencontrèrent. A Héraclée (280), ces bœufs monstrueux renversèrent tout sous leurs pas, mais on apprit à les éviter. Quant à la phalange, autre bête « monstrueuse, hérissée de piques de toutes parts », elle fut pénétrée et disloquée par la légion, plus souple. Après une seconde victoire sans lendemain, « à la Pyrrhus », le roi d'Epire, battu à Bénévent (275), s'éloigna sans retour. C'est ainsi que Rome apprenait à faire la guerre, toute sorte de guerres. Elle allait avoir besoin de toute sa science et de toute son énergie pour une lutte décisive.

Au retour d'une courte incursion en Sicile, Pyrrhus avait dit : « Quel beau champ de bataille je laisse aux Romains et aux Carthaginois ! » Ce fut sur ce terrain, en effet, que se heurtèrent ces deux puissances, ces deux mondes.

II. **Carthage.** — Carthage était une colonie de Tyr, la plus illustre des villes élevées par les Phéniciens, ces Anglais de l'ancien monde, un « anneau de cette chaîne immense » dont ils avaient paru vouloir enlacer les pays méditerranéens. Elle éclipsa vite sa métropole. Placée entre l'Afrique et l'Europe, sur le seuil qui séparait les deux bassins de la « mer intérieure », maîtresse du passage qui les commandait, elle couvrit la Méditerranée de ses vaisseaux marchands, étendit son empire sur l'Afrique du Nord, les Baléares, les côtes de l'Espagne, de la Sardaigne et de la Sicile, explora jusqu'aux régions, alors inconnues, de la Guinée et de l'Angleterre actuelle, draina le commerce de tout le monde occidental et accumula bientôt de colossales richesses. Mais, derrière la façade brillante de son négoce, Carthage cachait des causes de faiblesse mortelles. A l'intérieur, elle manquait d'unité. C'était un incomparable comptoir de commerce, un entrepôt sans rival; ce n'était pas une cité. Chaque Carthaginois n'avait qu'un souci, sa propre fortune : il ne s'élevait pas à la conception d'un intérêt collectif supérieur au sien, et le souci de l'avenir de l'État lui demeurait absolument étranger. Carthage estimait que la richesse suffit à tout, qu'on peut tout acheter, même la force militaire, quand on en a besoin. Hors de ses murs, elle s'était moins préoccupée de coloniser ses territoires que de les exploiter. Elle avait courbé ses tributaires sous un despotisme sans frein, les dépouillant de leurs biens, démantelant leurs villes, rançonnant leurs campagnes; tous étaient, par vengeance, prêts à se jeter dans les bras du vainqueur qui les en viendrait délivrer. Ses sujets les plus voisins étaient les plus hostiles; toute armée ennemie qui débarquait en Afrique « mettait d'abord, dit Montesquieu, Carthage au désespoir ».

A cette politique d'exploitation, Rome opposait l'adresse avec laquelle elle s'était attaché ses alliés, en les faisant entrer dans sa confédération et en les intéressant au succès d'une cause qui était devenue la leur. A cette anarchie intérieure, elle opposait l'harmonie de sa constitution et l'intime union des deux ordres, depuis qu'ils avaient confondu leurs rangs et coalisé leurs forces vives pour la poursuite d'un but commun. Il faut ajouter que les mœurs, qui étaient encore à Rome simples et sévères, étaient singulièrement corrompues à Carthage.

Voilà pourquoi, dans le duel gigantesque qui allait s'engager, Rome devait fatalement vaincre. En l'emportant, elle fit triompher non seulement la race indo-européenne sur la race sémitique, mais encore l'esprit politique sur l'esprit d'industrie et de négoce. Et ce fut un spectacle émouvant que « ce choc des deux races et des deux génies qui dominèrent le genre humain ». (MICHELET.)

La première guerre punique. — Il y eut trois guerres puniques. Ce fut d'abord la possession de la Sicile qui fut en question, puis la domination de la Méditerranée, enfin l'existence même de Carthage. La première guerre, qui dure près d'un quart de siècle (264-241), n'est qu'une sorte de préface. Les deux puissances tâchent d'acquérir ce qui leur manque pour la lutte. Carthage forme une armée, mais une armée de mercenaires, qui sont sans patrie, étant de tout pays, Numides, Grecs, Gaulois, et qui deviendront terribles à leurs maîtres, le jour où ils se révolteront ; il est vrai que Carthage trouve chez elle un grand soldat pour manier cet instrument dangereux, Amilcar : il tiendra longtemps les Romains en échec dans les montagnes de Sicile. Rome, qui n'avait encore lutté que sur terre, crée de toutes pièces une flotte de guerre et inflige deux défaites à la puissante marine de sa rivale. A la fin, Carthage, qui voyait en toute chose une opération commerciale, ayant dressé le bilan de ce que lui coûteraient la victoire à tout prix ou la défaite acceptée, se décide à passer la guerre aux profits et pertes : elle paye une lourde rançon, abandonne la Sicile et retourne tranquillement à ses affaires.

La seconde guerre punique : Annibal. — La seconde guerre fut cependant un effort héroïque contre Rome ; seulement, cet héroïsme ne fut pas celui de Carthage, mais celui d'un Carthaginois, Annibal, homme d'Etat et de guerre exceptionnel.

Il appartenait à l'illustre famille des *Barca,* qui dirigeait le parti démocratique et patriote et qui réclamait des réformes politiques empruntées à Rome, afin d'en mieux triompher. Contre elle, les aristocrates, commerçants, financiers et spéculateurs, peu soucieux de compromettre leurs bénéfices par l'aventure d'une guerre incertaine, étaient menés par les Hannon. Amilcar Barca, par sa résistance en Sicile et ses conquêtes en Espagne, avait pourtant bien mérité de Carthage ; il n'en était pas moins devenu suspect et avait été rappelé. Son gendre Asdrubal transporta en Espagne ses forces militaires et ses ambitions. Il y avait fondé une ville nouvelle, Carthagène ;

on le soupçonnait d'en vouloir faire la capitale d'un empire ibérique, aussi bien indépendant de sa métropole que de Rome; il périt assassiné. Enfin le fils d'Amilcar, Annibal, hérita tout à la fois du génie de sa famille et de l'armée que son père et son beau-frère avaient formée. Tout jeune encore il avait juré une haine éternelle à Rome. Annibal, « bien plus qu'Alexandre et César », est « le vrai génie de la guerre »; « il est grand sans légende ». (MICHELET.) Sorti de Carthage à treize ans, élevé dans les camps au milieu des soldats de son père et formé à la rude guerre d'Espagne, il connaissait à peine sa patrie. Il n'était rien qu'un guerrier; mais il fut le général le plus habile et le plus complet, sinon le plus heureux, de l'antiquité. Il unit la méthode la plus patiente, pour accumuler d'immenses ressources, à l'audace la plus entreprenante et au coup d'œil le plus sûr.

Plan d'Annibal. — Le plan d'Annibal était d'une extraordinaire audace. Il avait résolu d'attaquer en Italie la grande puissance italienne, de vaincre Rome à Rome. Il savait qu'il ne pouvait rien attendre de Carthage, ni compter sur l'effort soutenu de ses flottes : la route de terre était la seule qu'il pût prendre; son armée se grossirait sans doute des populations belliqueuses qu'elle traverserait : peut-être les haines des vaincus et des opprimés s'éveilleraient-elles à son approche contre Rome.

La marche vers l'Italie. — Le passage des Alpes. — Il parut d'abord devoir jusqu'au bout réussir. Sa marche de l'Ebre au Tibre est sans doute la plus magnifique épopée militaire de l'antiquité. Laissant l'Espagne à ses lieutenants, il traverse les Pyrénées avec 50,000 fantassins, 10,000 cavaliers et 37 éléphants. Dans la Gaule méridionale, rien ne lui résiste : le Rhône, grossi par les crues, est franchi malgré les Gaulois riverains. Il s'engage enfin dans les Alpes, à travers des gorges étroites et par des chemins à peine frayés, où il eût suffi d'une poignée de montagnards hardis pour faire rouler son armée au fond des ravins. Neuf jours sont nécessaires pour en atteindre la cime, à travers les neiges et les glaces qui emplissent de terreur ses frileux Africains. Il faut creuser des chemins dans le roc pour livrer passage aux éléphants, abandonner des bêtes de somme, des chevaux et même des hommes, et, selon une légende singulière, faire éclater à l'aide de vinaigre (ou d'acide) des quartiers entiers de montagne. Pour ranimer les courages défaillants, il leur montre, du haut des cimes, la riche plaine du Pô, qui se déploie à leurs pieds et leur ménage leur récompense. Dès lors, peu importe que la descente, par des pentes abruptes, soit encore plus difficile que la montée : l'épaisse chaîne est franchie, et, quoique réduite à 20,000 fantassins et à 6,000 cavaliers, l'armée punique n'a plus désormais à lutter que contre des armées.

Il fallait en effet, après avoir triomphé de la nature, venir encore à bout des Romains. A vrai dire, mollement dirigés par leurs consuls, et peut-être étourdis et démoralisés par cette marche extraordinaire, ils se défendirent d'abord mal : à trois reprises, sur le Tessin et sur la Trébie, affluents du Pô, puis, après la traversée de l'Apennin, dans la petite plaine étrusque qui entoure le lac de Trasimène, ils furent écrasés (218-217). La route de Rome parut ouverte, et le triomphe des armes puniques définitivement assuré.

Bataille de Cannes (216). — Ce n'était que la préface de la plus grande défaite que Rome eût jamais subie. A Cannes, dans une plaine nue, où Annibal, réduit à moins de 50,000 hommes contre près du double, eut l'habileté de mettre au visage de ses adversaires le soleil, la poussière et le vent, 70,000 cadavres romains restèrent sur le champ de bataille contre 5,000 des siens, parmi lesquels 4,000 Gaulois ; et l'on conte qu'à ramasser les anneaux d'or des chevaliers tués dans le combat, il en put envoyer un boisseau entier à Carthage. Le consul Paul-Emile était parmi les morts.

Ce jour-là, Rome parut perdue. Et cependant, cette fois encore, elle ne s'abandonna point. Il sembla, au contraire, que l'adversité surexcitât son courage, et jamais elle ne fut plus admirable que dans ce danger. Le Sénat refusa de traiter, et 100,000 hommes s'enrôlèrent pour renouveler la lutte jusqu'au triomphe final. D'ailleurs les colonies, admirablement situées sur des positions faciles à défendre, pouvaient indéfiniment prolonger la résistance; Annibal n'était le maître que de la rase campagne.

Il lui aurait fallu, pour en finir, ou recevoir des ressources nouvelles — Carthage les lui refusa, sous prétexte qu'un vainqueur n'a pas besoin d'être secouru — ou obtenir de son armée un suprême effort; mais, pour des mercenaires, le lendemain de la victoire est l'heure du repos et des grossières jouissances. Ce ne fut pas, sans doute, Annibal qui s'oublia dans les « délices de Capoue »; ce furent ses soldats qui l'immobilisèrent dans cette ville de plaisir, et « ils auraient trouvé Capoue partout ».

Quand Annibal put agir, Rome s'était ressaisie. Elle déjoue tous les plans du grand capitaine; elle forme contre lui des généraux qui seront, suivant les besoins, « son bouclier ou son épée », Marcellus, Scipion. Elle lui reprend successivement les villes dont il avait fait le centre de ses opérations, Syracuse, Capoue, Tarente.

Défaite finale d'Annibal. — Zama. — En vain, pendant quatorze ans, le grand Carthaginois multiplia les efforts, rappelant ses soldats d'Espagne, essayant d'ébranler la fidélité des villes latines, remuant le monde pour susciter de nouveaux ennemis aux Romains. Dans cette lutte, qui n'était plus celle de deux puissances, mais celle « d'un grand homme contre un grand peuple », il ne pouvait que sauver l'honneur par une résistance prolongée. Un jour vint où, après la défaite et la mort de son frère Asdrubal, accouru d'Espagne à son aide, il dut retourner en Afrique, où les Romains, reprenant l'offensive, débarquaient avec Publius Scipion. C'est en pleurant qu'il quitta cette Italie où il bataillait depuis seize ans, et qu'il avait pu croire conquise. La fortune n'était plus avec lui : à Zama (202), il fut à son tour mis en déroute.

Le traité que Scipion imposa était désastreux : rendant les prisonniers, livrant ses éléphants et, sauf dix, tous ses navires, s'engageant à ne plus faire la guerre sans l'autorisation de Rome, saignée d'une énorme indemnité, Carthage déchue cessait de compter dans le monde.

Troisième guerre punique; ruine de Carthage (146). — Elle essaya pourtant de se relever : mais Rome veillait. Annibal s'efforça de préparer sa patrie à la revanche. Les Carthaginois durent le proscrire pour conjurer les menaces du Sénat. Malgré tout, celui-ci estimait que le danger n'aurait réellement disparu que le jour où Carthage aurait été complètement détruite; et, pour bien graver cette idée dans le cœur de ses auditeurs, Caton l'Ancien ne manquait jamais, quel que fût le sujet sur lequel il venait de discourir, de conclure en réclamant cette ruine : « Je suis d'avis, en outre, qu'il faut détruire Carthage. » Sa persévérance imposa son opinion.

A l'heure propice, un prétexte fut facilement trouvé; le Sénat chargea Scipion Emilien, fils adoptif du vainqueur de Zama, d'en finir avec l'éternelle adversaire. Dans toute l'histoire des peuples phéniciens, il n'y eut jamais plus héroïque résistance; les femmes, les vieillards et les enfants travaillèrent jour et nuit, aussi bien que les hommes, à la mise en défense de la cité. Les édifices publics furent démolis pour que, de leurs poutres, on pût faire de nouveaux navires. Par une digue, Scipion bloqua alors le port. Une nouvelle issue à la flotte punique fut creusée dans le roc. Quand les Romains eurent enfin brûlé les vaisseaux et emporté d'assaut les remparts, la lutte se prolongea six jours encore dans chaque rue et dans chaque maison. Lorsqu'il ne resta plus que 30,000 habitants sur 500,000 qu'avait comptés la ville, la citadelle de Byrsa capitula (146). Carthage fut rasée, et son territoire forma une province romaine, la province d'Afrique.

III. Conquête de la Méditerranée. — Rome n'avait pas attendu d'avoir anéanti Carthage pour tirer de la victoire tous les profits qu'elle comportait. Après Zama, la question était résolue entre elle et sa rivale ; dès le début du IIe siècle, elle put donner un libre essor à son esprit de conquête, et elle aspira à dominer tout le bassin méditerranéen. Ces entreprises devaient réussir, parce qu'elles n'étaient pas l'œuvre d'une ambition princière, mais celle d'un peuple entier, parce que l'énergie de ce peuple avait été comme forgée et trempée pour la victoire par trois cents ans de luttes pour l'existence, parce qu'enfin, dans ce monde ancien dont l'équilibre avait été rompu par Alexandre, il n'y avait plus de force qui pût s'opposer à celle-là.

La conquête de l'Orient fut particulièrement facile. Là, les royaumes alexandrins de Syrie, d'Egypte, de Pergame, étaient vastes, les capitales opulentes, les armées innombrables, l'appareil de guerre fantastique, l'orgueil des rois divinisés incommensurable. Mais la richesse et le luxe, la mollesse du climat, la décadence des mœurs, tous les vices de l'antique Orient renaissant sous la culture grecque, rendaient impossible toute résistance vigoureuse.

La Macédoine et la Grèce (146). — Seule, la Macédoine, où quelque chose subsistait des vertus guerrières qu'Alexandre avait lancées à la conquête de l'Asie, barra quelque temps la route à l'ambition romaine. Rome dut s'y reprendre à deux fois pour l'achever, vaincre Philippe à Cynoscéphales, où la légion montra sa décisive supériorité sur la phalange (197), écraser à Pydna (168) son fils Persée, qu'on vit au Capitole, vêtu de noir, à pied, avec ses trois enfants, derrière le char triomphal de son vainqueur Paul-Emile. En 146, la Macédoine devint une province romaine.

Quant à la Grèce, ses divisions la livrèrent aux Romains, comme elles l'avaient déjà livrée à Philippe de Macédoine. Elle n'était plus qu'une poussière de cités, troublées par les querelles des riches et des pauvres, formant des ligues éphémères qui se combattaient sous l'œil bienveillant des Barbares d'Occident. Fort habilement, un consul romain, Flamininus, commença par proclamer, au milieu des Grecs enthousiastes réunis aux jeux Isthmiques, la liberté des cités grecques, la liberté de s'entre-déchirer. Quand elles en eurent usé, au premier mouvement de révolte contre la politique du Sénat, une armée romaine vint piller consciencieusement Corinthe, l'entrepôt des richesses grecques ; il ne fut même plus question ni de Sparte ni d'Athènes ; et la Grèce, sous le nom d'Achaïe, devint, elle aussi, une province romaine, l'année même où périssaient Carthage et la Macédoine (146).

La Syrie, l'Egypte. — En Asie, en Egypte, les édifices politiques avaient de magnifiques façades, mais ils étaient déjà vermoulus : ils croulèrent du premier coup. Annibal, qui, infatigable dans sa haine, avait cherché asile en Syrie, puis en Bithynie, essaya de conjurer l'Orient contre Rome. Antiochus, roi de Syrie, fut vaincu en Grèce, aux Thermopyles (191), puis en Asie, à Magnésie (190), et vit son royaume réduit de moitié par la création de la province d'Asie. Annibal s'empoisonna pour ne pas être livré aux Romains (183). Prusias, roi de Bithynie, vint se prosterner dans le Sénat, avec le costume et le bonnet des affranchis, en disant humblement : « Je vous salue, dieux sauveurs ! » A Alexandrie, les Ptolémées dégénérés subirent docilement les injonctions impérieuses de la politique sénatoriale, et l'Egypte devint une espèce de protectorat romain.

L'Espagne, la Gaule. — Les peuples de la Méditerranée occidentale succombèrent aussi, mais moins honteusement. « L'Occident, dit Michelet, guerrier, pauvre et barbare, plein de sève et de verdeur, était une vaste confusion de tribus dispersées... Il avait suffi à Rome de toucher du doigt les successeurs d'Alexandre pour les faire tomber; elle raidit ses bras contre l'Espagne et la Gaule. » Elle rencontra, en effet, dans la péninsule ibérique, de forts adversaires : un héros populaire, le pâtre lusitanien Viriathe, prolongea jusqu'en 140 la guerre de partisans, la *guérilla,* facile à mener dans ce pays hérissé de montagnes, coupé de défilés. Puis la ville de Numance résista aux Romains, comme plus tard Saragosse à Napoléon, avec une furie de patriotisme tout espagnole; il fallut envoyer pour l'anéantir le vainqueur de Carthage, Scipion Emilien (133). L'Espagne soumise fut découpée en trois provinces. — De la Gaule, regorgeant de forces barbares et désordonnées, Rome ne prit alors que ce qu'il lui fallait pour son « chemin de ronde » autour de la Méditerranée : elle réduisit le littoral rhodanien en province (d'où plus tard le nom de *Provence*) et y créa deux grandes colonies, Aix et Narbonne (118).

Le cercle de la conquête était désormais complet autour de la *mer intérieure.* Au début du IIIe siècle, Rome n'était qu'une cité, étendant, à vrai dire, sa domination sur la péninsule italique. A la fin du IIe, elle était un empire.

IV. **L'hellénisme.** — Les conséquences de ces conquêtes sont incalculables; elles ont décidé du sort de Rome et du monde civilisé. Sans parler de nouveau de la révolution sociale et de la révolution politique qui en résultèrent, l'âme même de Rome, sa vie intellectuelle et morale, furent entièrement transformées. On donne à cette transformation le nom d'*hellénisme,* parce qu'elle s'est produite sous l'influence du génie grec. « La Grèce conquise, a dit Horace, conquit à son tour son farouche vainqueur; ses arts envahirent l'agreste Latium. » Et Cicéron : « Après les guerres d'outre-mer, un large fleuve d'idées pénétra dans Rome. » Ce peuple sans littérature et sans idéal esthétique connut et goûta, surtout dans les classes élevées, les œuvres immortelles de la pensée grecque. Des esclaves grecs donnèrent aux fils des grandes familles une éducation athénienne ou alexandrine. On traduisit d'abord Homère; puis Ennius, un peu lourdement, l'imita pour célébrer la gloire des guerres puniques. Plaute et Térence adaptèrent à la scène et au goût public les comédies de Ménandre. Pour les arts, les Romains, médiocrement doués à cet égard, se contentèrent longtemps d'importer en masse les œuvres exquises qu'ils arrachèrent aux cités vaincues. » La religion eut sa large part dans cette révolution. Les dieux de l'antique Rome, sans beauté et sans légendes, subirent le contact des divinités qui avaient peuplé de leurs formes gracieuses et rempli de leurs aventures la mer, les bois et les montagnes de l'Hellade : le Panthéon rustique de Numa fut régénéré par l'Olympe grec. Les Romains toutefois, peuple essentiellement formaliste, gardèrent, de leur culte primitif, les noms, les rites, les gestes, pour ainsi dire; mais ils firent ces gestes désormais sans conviction. Et le scepticisme, délicat chez les esprits cultivés, devint bientôt, dans la foule, grossier et brutal. La religion n'enveloppa plus, comme autrefois, tous les actes de la vie publique et privée.

Causes de démoralisation. — A cette cause d'affaiblissement moral vint se joindre la dépravation que produit la richesse, surtout la richesse subitement acquise, chez un peuple à la vie simple, aux ressources médiocres. Les dépouilles du monde gréco-oriental inondèrent en quelques années le monde italique, qui ne connaissait pas le luxe, à peine le bien-être. A la suite des grandes victoires, le peuple vit, pendant des semaines entières, défiler, sur la voie triomphale du Capitole, les vases précieux, les lingots, l'or et l'argent monnayés. Les rois vaincus versèrent au trésor des rançons dont quelques-unes atteignirent 80 millions. Enfin l'exploitation sans mesure, sans pitié, des nouvelles provinces, enfla dans d'invraisemblables proportions la richesse publique et privée.

Le luxe privé et public. — Alors tout changea, les sentiments, les habitudes, la vie et la ville. La vieille

maison romaine avec sa cour carrée, l'*atrium,* entourée
de quelques pièces fort simples, se doubla d'un *péristyle,*
élégant jardin à bassin central et à colonnades, avec des
chambres, des salles de festin et de réception, des revêtements de marbre, un riche ameublement, des statues,
des armes et des lampes de bronze. Des armées d'esclaves, au nombre desquels se mesurait le faste d'une famille,
furent affectées aux services de la domesticité. Quatre repas par jour rassasièrent à peine la gourmandise de ce
peuple, jadis frugal : le dernier, chez les riches, devenait
le plus souvent une orgie : aux convives, couronnés de
roses et couchés sur des lits, on servait des mets rares et
fantaisistes. — Le costume des hommes conserva sa simplicité; la tunique était portée par les petites gens; les
citoyens gardèrent, par orgueil national, la toge, noble-
ment drapée. Mais la toilette des femmes s'ingénia aux
inventions d'un luxe extravagant.

Le peuple eut aussi sa part. Pour flatter son orgueil,
on éleva dans Rome, surtout au forum, des monuments
de style grec, des temples à colonnes. — Pour abriter la
flânerie, on construisit les premières basiliques, sortes de
promenoirs, garnis de comptoirs et de boutiques, des
portiques où l'on stationnait à l'ombre, des bains chauds
ou *thermes,* qui jouaient à peu près le rôle de nos cafés :
on y venait pour rencontrer ses amis, deviser des choses
du jour, oublier le souci des affaires.

Les spectacles. — Puis il y avait les spectacles, l'au-
mône faite par les riches à la foule oisive, l'appât offert
par les ambitieux à la plèbe vénale. Cette plèbe ne goûta
jamais beaucoup les spectacles vraiment littéraires où
se complaisaient les Grecs, la tragédie, la comédie; elle
quittait sans vergogne le théâtre pour aller voir défiler
des ours sur la place publique. Son goût, resté grossier,
s'accommodait mieux des courses de chars qu'on donnait au grand cirque, où 15,000 spectateurs s'entassaient
sur les gradins. Mais ce qui lui plaisait par-dessus tout,
c'étaient les jeux de l'amphithéâtre, les combats de gladia-

teurs. Des entrepreneurs formaient des troupes d'esclaves, d'affranchis, de barbares, destinés à ces jeux; on les mettait aux prises, jusqu'à ce qu'ils se fussent entr'égorgés. Lorsque l'un d'entre eux allait succomber, la foule pouvait, en levant le pouce, demander sa grâce; en l'abaissant, elle exigeait le plus souvent sa mort. Ils s'achevaient parfois à coups de fourche. Les Romains appréciaient encore les luttes de bêtes fauves et généralement toutes les exhibitions grossières. Pour devenir populaire, tout grand personnage en devait offrir, et l'on mesurait son crédit à leur splendeur.

Les conséquences de l'hellénisme. — On voit à quel point ce mot d'hellénisme est complexe, et ce qu'il renferme à la fois d'idées de progrès et de visions de décadence. Un jugement d'ensemble est bien difficile à formuler sur cette révolution, qui est toutefois un fait capital de l'histoire générale. Faut-il regretter cette transformation de la vieille cité latine en un monde nouveau? Oui peut-être, pour Rome elle-même, qui, n'ayant pas encore de culture propre, perdit à ce contact son originalité, sa cohésion, sa vigueur morale surtout; non, pour le monde méditerranéen, dont Rome va être désormais l'éducatrice, et auquel, sans l'hellénisme, elle n'aurait communiqué que ses dures et égoïstes vertus.

DIRECTIONS ET BIBLIOGRAPHIE

Rien à ajouter aux indications données dans le chapitre précéden Les chapitres consacrés par MOMMSEN à l'hellénisme sont particulièrement intéressants et originaux. Il y aurait grand profit encore à citer et à expliquer quelques pages choisies de MONTESQUIEU (*Grandeur et Décadence des Romains*), sur les caractères et les ressorts de la politique romaine.

Sur la vie publique et privée des Romains, on trouvera tout ce qu'il importe de connaître dans les excellentes *Lectures historiques* (*Histoire romaine*) de P. GUIRAUD. C'est, pour les écoliers de tout âge, un véritable livre de maître.

ÉTUDES ET LEÇONS

I. — Les légendes sur l'histoire des conquêtes romaines.

Elles sont nombreuses et ont grande allure. Peu d'entre elles trouvent grâce devant la critique; mais l'histoire, en dépit des objections qu'elles soulèvent, ne saurait en faire abstraction. Empruntées ou inventées, le peuple romain les a faites siennes, a idéalisé en elles son passé, son génie, sa simplicité, son désintéressement : c'est Cincinnatus qui dépose après la victoire sa dictature pour reprendre le soc de sa charrue; c'est Fabricius refusant les présents de Pyrrhus sans interrompre son repas frugal. La noblesse et la constance du Sénat arrachent à Cinéas cet hommage qui semble une définition : « J'ai vu une assemblée de rois! » Quels beaux exemples de dévouement et de don de soi-même à la patrie, depuis la *gens Fabia* périssant tout entière sur les bords de la Cremère, jusqu'à Décius se précipitant dans un gouffre pour offrir aux dieux irrités le sacrifice humain qu'ils réclament! Mais c'est surtout sur les défaites de Rome et pour les cacher que les légendes poussent drues. Il y en a toute une moisson autour du siège de Rome par Porsenna après l'expulsion des Tarquins (Horatius Coclès, Clélie, Mucius Scævola, etc.) et autour de l'invasion gauloise (les sénateurs massacrés sur le seuil de leurs maisons, les oies sacrées et Manlius sauvant le Capitole, l'orgueilleux *væ victis!* du *brenn*, l'arrivée de Camille et la déroute finale des Barbares, etc.).

II. — L'organisation des provinces conquises.

Les Romains se montrèrent là habiles autant qu'impitoyables : l'administration provinciale fut, du moins sous la République, une machine admirable pour extraire du sol jusqu'à l'épuisement tout ce qui pouvait en être extrait. Elle reposait sur ce principe que le gouvernement des pays conquis n'est que la conquête continuée, l'occupation militaire organisée. Le général en chef du corps d'expédition, le proconsul ou le propréteur, devenait le gouverneur; son chef d'état-major, le questeur, était préposé à l'administration financière; sa garde prétorienne composait les bureaux. Sur tous les habitants de la province, les citoyens romains exceptés, le gouverneur avait tous les droits, même celui de vie et de mort. De nombreux impôts pesèrent sur les provinciaux : impôts personnel et foncier (*vectigal, tributum*), douanes (*portoria*), prestations en nature pour l'armée et l'administration, etc., le tout arbitrairement réparti et durement exigé; les provinces furent littéralement pressurées.

Le mode de perception aggravait le poids de l'impôt : l'Etat ne le recueillait pas lui-même, comme chez nous; il *l'affermait*. En d'autres termes, de riches citoyens, les *publicains,* versant d'avance à l'Etat une somme fixe, en recouvraient ensuite le montant à leurs risques et périls. On devine qu'ils ne se faisaient pas scrupule de percevoir, en sus d'un légitime bénéfice, d'énormes sommes usuraires; en fait, les provinciaux étaient livrés à leur complet arbitraire, et l'extorsion était légale. On vit des villes, écrasées de taxes, appauvries et même ruinées à jamais. Les abus de ce système furent bientôt si effrénés qu'il y eut scandale, et l'on se préoccupa de forger des lois contre la concussion. On créa, pour les appliquer, des tribunaux ou commissions permanentes. Mais ces juges, alliés ou complices des accusés, n'offraient pas de garantie. Le Sénat, d'ailleurs, n'aimait pas qu'on soulevât de pareils procès, qui déconsidéraient l'aristocratie, et il n'infligea, par esprit de classe, que des peines dérisoires, lesquelles ne comportaient même pas aux yeux des Romains une flétrissure morale. Il n'y eut ainsi guère d'obstacle aux rapines officielles, qui furent, pour les provinciaux, la rançon de la paix et de la civilisation.

III. — L'organisation militaire chez les Romains. La légion.

Les Romains ont excellé dans l'organisation militaire ; l'instrument avec lequel ils ont conquis le monde est la légion : par elle, ils ont fait dans l'art de la guerre une véritable révolution. Cette révolution avait déjà été commencée par les Macédoniens, créateurs de la phalange. Mais la phalange, compacte et puissante par sa masse, était peu maniable en face de certains ennemis et sur certains terrains ; la légion, au contraire, par la souplesse de son organisation, pouvait évoluer partout et se prêter à tous les besoins.

Elle s'est d'ailleurs considérablement transformée, tant au point de vue social qu'au point de vue technique, depuis son origine jusqu'à l'époque impériale. En outre, beaucoup de détails de son organisation nous restent mal connus. Nous essayerons d'en donner une idée dans la période comprise entre les deux grandes réformes militaires attribuées à Camille et à Marius. La légion que nous étudions est celle qui a vaincu Carthage et soumis le monde méditerranéen.

1. *Formation.* — L'armée n'est pas alors permanente. Suivant les nécessités de la lutte, on forme une ou plusieurs légions. La levée se fait au champ de Mars, où le consul convoque tous les citoyens âgés de moins de 46 ans. Il a pleins pouvoirs pour enrôler ceux qu'il lui plaît; il a sur eux aussitôt droit de vie et de mort (on est hors de l'enceinte de Rome, où ils pourraient en appeler à l'assemblée du peuple) : les citoyens sont devenus soldats, et le magistrat général.

Depuis Camille, une solde est payée, pendant la durée de la campagne, aux légionnaires. C'est une première atteinte à l'esprit primitif : l'accomplissement du devoir militaire comportera un profit. Marius achèvera de ruiner la vieille tradition en n'enrôlant guère que des volontaires, en les retenant indéfiniment sous les enseignes, en ajoutant à la haute paye la part du butin, en substituant une profession au devoir de la défense de la patrie.

2. *Composition.* — Le nombre des soldats composant la légion a varié de 3.500 à 6.000. Il y faut distinguer d'abord un premier élément, le plus solide, l'infanterie de ligne. Elle est divisée en 10 *cohortes ;* les cohortes, qui sont, comme notre bataillon, l'unité tactique, ont remplacé de bonne heure les *manipules,* divisions moins nombreuses. Elles comprennent elles-mêmes chacune six centuries, groupes de 60 à 120 hommes, qu'on peut assimiler à nos compagnies. Dans une centurie, il y a trois lignes, c'est-à-dire trois catégories de soldats, qui sont, par ordre de valeur, les *hastati,* les *principes,* les *triarii :* faire avancer ces derniers, c'est « faire donner la garde ». A l'origine, les citoyens étaient répartis entre ces trois catégories suivant leur classe, c'est-à-dire suivant leur fortune : ils le sont maintenant d'après leurs seules aptitudes.

Outre l'infanterie de ligne, il y a l'infanterie légère, les *vélites,* auquel aucun rang n'est assigné: ils comblent les vides, ou ils sont jetés en avant au commencement de l'action. Il y a aussi les auxiliaires, des soldats non citoyens, qui sont levés dans les cités alliées: ils renforcent l'effectif de la légion et parfois, après les sanglantes journées des guerres puniques par exemple, ils en forment la plus grande partie.

Chaque légion a enfin sa cavalerie, 300 hommes recrutés principalement dans la classe riche des chevaliers. Elle est placée soit en queue de la légion, soit plus souvent en flanc; d'où le nom d'*ailes* donné aux troupes de cavalerie. Les ailes sont divisées en 10 escadrons (*turmæ*) de 30 cavaliers, auxquels sont adjoints aussi des auxiliaires à cheval. La légion, on le voit, est, malgré les analogies, quelque chose de plus qu'un régiment; elle est à elle seule une petite armée complète; elle a même ses ouvriers, ses machines, qui sont son artillerie, et jusqu'à ses trompettes, qui forment sa musique militaire. Le tout est groupé sous les *enseignes,* suivies et défendues avec la même passion que nos modernes drapeaux

3. *Commandement.* — Une armée romaine a pour chef le consul (ou le proconsul), le préteur (ou le propréteur), bref, un magistrat pourvu de l'*imperium :* dans les circonstances graves et pour un temps limité, le dictateur, assisté d'un maître de la cavalerie. Le général a pour insigne de son commandement le *paludamentum,* manteau rouge. Il est assisté d'un questeur, qui lui sert d'intendant et de chef d'état-major et qui est, comme lui, un magistrat, élu par les comices. Le général a encore auprès de lui un corps d'élite, préposé à sa garde, la cohorte prétorienne.

Chaque légion est soumise à l'autorité des tribuns militaires, soit élus par les comices, soit nommés par le consul. Ces dix tribuns ne se partageaient pas le commandement : ils l'exerçaient alternativement. Sous leurs ordres, deux *centurions* étaient préposés à chaque centurie, et, à un degré inférieur, des *décurions*. Les dix tribuns étaient, si l'on veut, la monnaie d'un colonel ; les centurions, des capitaines ou des lieutenants ; les décurions, des sous-officiers. Mais centurions et décurions ne s'élevaient jamais à un grade supérieur.

4. *La discipline. L'armement.* — Une discipline de fer régissait la légion. Les pouvoirs du tribun faisant fonctions de chef étaient sans limites : en cas de désobéissance, les verges ; en cas de défection, la mort ; lorsque la révolte était collective, il avait le droit de décimer ses troupes, c'est-à-dire, pour l'exemple, de faire périr un homme sur dix, ou même plus. Mais il avait rarement l'occasion de recourir à ces peines terribles.

Les soldats étaient armés : pour la défensive, d'un casque, d'une cuirasse, de jambières et d'un bouclier, d'abord rond, plus tard rectangulaire ; pour l'offensive, d'un long javelot, appelé *pilum*, pour le combat à longue distance, d'une pique (*hasta*) et d'une épée courte (*gladius*) pour le corps à corps. Ils étaient bien entraînés : l'exercice était permanent et comportait, à côté du maniement des armes, d'effrayantes marches sous le poids d'un bagage accablant ; et surtout ils étaient bien pénétrés de la pensée qu'ils portaient avec eux les destinées de leur patrie : on les trouvait prêts à tous les dévouements, à tous les sacrifices.

Pour tous, il y avait des récompenses. Les moindres étaient distribuées à l'armée même par les chefs : épée d'honneur, bouclier de parade ; d'autres, plus recherchées, étaient décernées par le Sénat : couronne obsidionale au vainqueur d'un siège, couronne civique en feuilles de chêne à qui avait sauvé des vies romaines. Enfin, pour les hauts faits d'armes, on décernait au général le triomphe, qui comportait encore deux degrés : l'un, l'*ovation* simple, où le vainqueur entrait dans la ville à cheval ; l'autre, le *triomphe* proprement dit, où, sur un char traîné de chevaux blancs, derrière le cortège des sénateurs, de ses tribuns, de ses captifs, le long de la voie Sacrée et jusqu'au Capitole, le vainqueur recevait l'hommage enthousiaste du peuple entier. Celui de Paul-Émile (168) dura trois jours, au milieu d'un véritable délire.

5. *Le camp.* — Tout, dans l'armée romaine, était soumis à des règles, fruit de l'expérience : l'ordre de bataille (*acies*), l'ordre de marche (*agmen*), et surtout le campement. Quelle qu'eût été la fatigue de la journée, l'armée devait se construire le soir, sous le nom de camp, une véritable forteresse provisoire. Il fallait, l'espace une fois choisi, creuser tout à l'entour un fossé profond de sept pieds et large de neuf ; élever, à l'aide des terres enlevées,

un épais rempart (*vallum*) surmonté de palissades; tracer à l'intérieur deux larges voies perpendiculaires entre elles et aboutissant à quatre portes sur les façades du camp; dresser, à leur intersection, le prétoire du tribun faisant fonctions de général; disposer dans les quatre angles les tentes des soldats, chacune pouvant abriter dix hommes; partager enfin les veilles, factions de trois heures, aux quatre portes et par relais. C'était une véritable fortification; mais, outre qu'elle tenait le soldat en perpétuelle haleine, elle constituait, aux jours d'insuccès et de retraite, un retranchement inexpugnable où l'armée pouvait se refaire avant de reprendre le combat.

CHAPITRE IX

Jules César.

I. — Après l'ère des conquêtes, s'ouvre l'ère des guerres civiles : l'armée, qui a soumis le monde, va subjuguer la cité. Le premier auteur de cette révolution est un soldat de fortune, Marius. Il avait vengé Rome de Jugurtha, l'insolent Africain; il l'avait sauvée des barbares Cimbres et Teutons (104); il entendait garder le pouvoir et s'éterniser au consulat, avec l'appui des soldats et de la démagogie. Son rival, Sylla, le chef du parti aristocratique, à son tour sauva Rome des Italiens (guerre sociale, 90) et la vengea de Mithridate, le redoutable Oriental. Tant de sauveurs finissent par ruiner la liberté; l'enceinte sacrée de la ville est violée par les troupes, qui n'y devaient jamais pénétrer. Le sang coule à flots par les proscriptions. Marius meurt dans l'orgie (86). Sylla prend, puis abdique dédaigneusement la dictature, et meurt après avoir rétabli le pouvoir des grands (78). Tous les deux ont préparé César.

II. — Les deux générations suivantes virent périr la République au milieu des crises où la dictature alternait avec l'anarchie.

La crise d'anarchie, ce fut la conjuration de Catilina, qui avait groupé autour de lui tous les éléments de désordre. Rome fut sauvée par l'éloquence et le courage de Cicéron (63).

La dictature fut d'abord exercée en fait par Pompée, général toujours heureux, qui termina par des victoires toutes les guerres de ce temps (Sertorius, Spartacus, les pirates, Mithridate). A son retour, pour mieux dominer, il forma un triumvirat avec Crassus et Jules César (60). Dans cette association de la gloire, de la richesse, du génie, c'était le génie de César qui allait recueillir tous les bénéfices.

III. — Après ses campagnes des Gaules, qui l'égalèrent aux plus grands capitaines, César engagea la lutte finale. La fortune du vaniteux Pompée s'écroula tout d'un coup : il fut vaincu à Pharsale (48), assassiné en Egypte. César, après plusieurs victoires nouvelles, revint prendre à Rome la dictature avec le pouvoir suprême.

Il fut assassiné en plein Sénat (44), au moment où il jetait les bases d'un régime nouveau. Son lieutenant Antoine, son neveu Octave, s'unirent pour punir ses assassins et recueillir son héritage. Il y eut un second triumvirat, de nouvelles guerres civiles; enfin Antoine fut vaincu à Actium (31); cette journée marqua à la fois le rétablissement de l'unité romaine et la fin de la République.

I. Les révolutions du second et du premier siècle.

— L'histoire romaine, surtout lorsqu'elle se dégage des fables et des légendes qui enveloppent ses débuts, est d'une logique plus rigoureuse, ou du moins plus aisément saisissable que toute autre histoire. On comprend qu'elle ait été longtemps pour les hommes politiques une sorte d'école, et qu'elle attire particulièrenent encore ceux qui cherchent dans l'enchaînement des faits l'explication des grandes transformations sociales et économiques. Parce que Rome a conquis rapidement les pays les plus riches du monde connu et les a mis en coupe réglée, les conditions de la société y ont été toutes changées : il n'y a plus eu que deux classes : les exploiteurs du monde, la plèbe mendiante, et souvent menaçante, vivant à leurs dépens. — Parce que Carthage, la Grèce, l'Orient, avaient atteint, au moment de la conquête, le dernier degré d'une civilisation brillante, raffinée, corrompue, les mœurs des conquérants se corrompirent; la rudesse latine fut gâtée par la contagion du luxe et des vices importés de toute part. — Parce qu'enfin l'armée avait été le facteur essentiel de ces conquêtes, le rôle de l'armée devint prépondérant dans la cité, en rompit l'équilibre, en faussa les institutions, en amena la dissolution. Ainsi, le fait de la conquête, qui résulte lui-même du tempérament et de l'éducation de la vieille Rome, explique les trois grandes révolutions, sociale, morale, politique, qui remplissent les deux derniers siècles de la République. Nous avons donné un aperçu des deux premières : il faut nous arrêter sur la troisième, qui nous conduira directement au césarisme et à l'Empire.

L'ancienne armée. — Ce rôle de l'armée est un fait capital. Elle s'était transformée par la force des choses, à mesure que les entreprises militaires devenaient plus lointaines, plus longues, plus fructueuses. Dans les guerres des premiers temps, le consul, on l'a vu, réunissait, à l'heure du danger, les citoyens en âge de combattre, au champ de Mars, enrôlait ceux qu'il lui plaisait de choisir et les conduisait à l'ennemi. Le danger passé, l'armée était ramenée à Rome, et licenciée en en franchissant l'enceinte. Les soldats, de plus, étaient armés et rangés en bataille suivant la *classe* à laquelle ils appartenaient par leur fortune, les plus riches servant à cheval (chevaliers), les plus pauvres dans l'infanterie légère, sans armes défensives (vélites). C'étaient leurs magistrats, consuls, préteurs, questeurs, qui devenaient leurs généraux et leurs officiers supérieurs : dans toute la force du terme, l'armée était la *cité en armes*.

L'armée nouvelle. — Ce principe fut déjà altéré lorsque, pour les nécessités d'une campagne de quelque durée (ce fut, dit-on, au temps de Camille et du siège de Véies), on créa la solde. A l'idée du devoir civique se joignit celle du service rétribué. Mais, lorsqu'on dut immobiliser en Orient, en Afrique, en Espagne, pendant des années, des forces considérables, il devint impossible d'arracher arbitrairement les citoyens à leur vie ordinaire, pour un temps indéterminé. Alors on n'enrôla que des volontaires; l'appât d'une haute paye, la promesse d'un riche butin, l'espérance d'une distribution de terres ou d'argent aux *vétérans,* rendirent facile la création d'armées professionnelles. Le service devint un métier, et le plus avantageux. Mais ces soldats ne louaient guère leur personne qu'à un chef sous les ordres duquel la victoire fût assurée. Ils s'attachaient à sa fortune; ils étaient son armée plutôt que celle de Rome. Les grands ambitieux comprirent vite quel parti ils pouvaient tirer de cette force; ils la tournèrent contre leurs rivaux, contre le Sénat ou le peuple, contre la République. Après la cité en armes, nous allons voir *l'armée dans la cité*.

Marius; Jugurtha. Les Cimbres et les Teutons. — Deux noms sont étroitement liés à cet avènement du *militarisme* dans l'histoire romaine, ceux de Marius et de Sylla, qui furent, chacun à leur manière, des précurseurs de César. Entre eux, tout est parallélisme et contraste. Ce qui fit leur fortune à tous les deux, c'est que, par delà les provinces conquises, de nouveaux et redoutables ennemis surgirent contre Rome. Ils les vainquirent; ils luttèrent l'un contre l'autre; mais ce fut la liberté républicaine qui reçut des coups mortels.

Marius, de petite naissance et de médiocre culture, s'éleva aux honneurs dans la guerre contre Jugurtha, roi de Numidie. Longtemps ce petit prince africain brava Rome, battit ses généraux incapables, fit passer ses armées sous le joug. Mandé à Rome, il s'assura à prix d'or la complicité des magistrats chargés d'informer contre lui, et s'éloigna en regrettant de n'être pas assez riche pour acheter « une ville où tout était à vendre »! Tout changea quand Marius fut nommé consul (107) : celui-ci lui fit une rude guerre[1], le traqua, et se le fit livrer à la fin par le roi de la Mauritanie, le Maroc actuel. Jeté dans « les froides étuves » de la prison Mamertine, ce corps de fer agonisa trois jours, avant d'y mourir de faim.

Après avoir vengé Rome de Jugurtha, Marius la sauva des Cimbres et des Teutons. C'était une immense horde de barbares Germains, lointains précurseurs des grandes invasions qui mettront fin à l'Empire romain, cinq cents ans plus tard. Elle roulait des Alpes au Rhône, à la Ga-

---

1. Assez semblable à la lutte que nous avons soutenue sur le même théâtre contre Abd-el-Kader.

ronne, aux Pyrénées, à l'Ebre, balayant les légions, pillant les cités; elle revenait, chargée de butin, sur l'Italie épouvantée. Marius reconstitua les armées démoralisées, écrasa la moitié de ces Barbares près du Rhône, à Aix-en-Provence, l'autre moitié à Verceil, près du Pô (102-101), et reçut le titre de troisième fondateur de Rome, après Romulus et Camille.

Sylla; Mithridate. — Marius était un grand soldat, rien qu'un soldat; en politique, il n'avait que des instincts, et surtout des appétits. Du pouvoir, il aimait les jouissances grossières. Longtemps prorogé au consulat, pour faire face aux ennemis, il ne se résigna pas à y renoncer. Pour le conserver, il s'appuya sur le parti populaire et même sur la basse démagogie. Cela fit la fortune de son ancien lieutenant, devenu son rival, sa vivante antithèse. Sylla, grand seigneur, d'une culture raffinée, d'une ambition patiente et comme indolente, se laissa porter au pouvoir par le parti aristocratique. Il se distingua dans la *guerre sociale* contre les Italiens que la brutale domination romaine avait soulevés. Le Sénat l'en récompensa en le chargeant de la guerre contre Mithridate, roi de Pont. Ce souverain des bords du Pont-Euxin fut une espèce de « surhomme », en qui l'Orient dégénéré semble avoir rassemblé tout ce qui lui restait de génie, d'audace et de force. Il affranchit un instant l'Asie de la puissance romaine, et, reprenant le rêve d'Annibal, songea à marcher sur Rome même à travers les provinces mal soumises.

L'armée dans Rome; les proscriptions. — Une guerre contre un tel adversaire, et dans un pays riche, était une ambition qui tentait tous les généraux. Sylla en ayant reçu le commandement du Sénat, Marius se le fit décerner par le peuple : ce fut alors une étrange mêlée. Sylla, qui a déjà réuni ses légions, n'entend pas se laisser dépouiller : il marche sur Rome, en force l'enceinte inviolable; c'est bien l'armée dans la cité, sans métaphore cette fois (87). Confirmé dans ses pouvoirs, il repart, bat les

lieutenants de Mithridate en Grèce, le roi lui-même en
Asie, et lui impose un traité. Devant le retour offensif de
son rival, Marius s'était enfui, avait échappé miraculeusement à la mort dans la boue des marais de Minturne, erré
sur les ruines de Carthage. Sylla parti, il revient, livre
ses adversaires aux vengeances de ses satellites, dans
de sauvages proscriptions, se vautre dans le pouvoir, et
meurt au milieu de sanglantes orgies. — Bientôt c'est
Sylla, vainqueur de l'Asie, qui reparaît dans Rome, trois
fois violée, et qui *proscrit* à son tour. Mais il a « sa manière ». Au lieu de laisser égorger ses ennemis politiques
par une soldatesque furieuse, il les décime par des exé-
cutions méthodiques, savamment prolongées, en parta-
geant leurs dépouilles entre ses partisans et lui. Il prend
la dictature qui légalise tout (82).

L'œuvre politique de Sylla. — D'ailleurs il a des vues
politiques. Son dessein est de ramener Rome aux institutions aristocratiques des débuts de la République. Pour
cela, il élabore une véritable constitution. Tous les pouvoirs, ou à peu près, sont concentrés entre les mains du
Sénat, le grand représentant des intérêts aristocratiques.
Une sorte de loi de *lèse-majesté* l'arme contre tous ses
adversaires. Les pouvoirs des magistrats sont affaiblis,
celui du tribunat réduit à rien, celui des comices à peu de
chose. Dans un pareil édifice, la dictature ne pouvait pas
trouver de place : très logiquement, et avec un apparent
désintéressement, Sylla l'abdique; il retourne à ses dé-
lassements intellectuels et à ses mœurs dépravées. Quand
il meurt (78), l'adulation publique lui fait des funérailles
dignes d'un souverain de l'ancien Orient.

Son œuvre fut, en somme, rationnelle et systématique.
Son caractère, avec ses nombreuses contradictions, reste
quelque peu énigmatique. L'histoire de sa rivalité avec
Marius est une préface nécessaire à celle de César.

II. Pompée. — La génération qui arrive aux affaires
après la mort de Sylla, a vu la fin de la République. Elle
est remplie de troubles, de conflits, d'ambitions, d'intri-

gues souvent fort difficiles à démêler. On peut au moins essayer d'en connaître les principaux acteurs, ceux entre lesquels se jouera la partie décisive.

Au premier rang, Pompée. Il a eu des débuts précoces et brillants, et l'on a vu en lui d'abord le chef du parti aristocratique, le continuateur de Sylla. Il a remporté des succès faciles et éclatants, en achevant les guerres commencées par d'autres et en leur dérobant leur gloire. Il porte les derniers coups en Espagne au chef du parti populaire, Sertorius, qui avait organisé dans ce pays la guerre de partisans; en Italie, à Spartacus, qui, à la tête des gladiateurs révoltés, avait fait trembler Rome un moment; sur mer, aux pirates qui, longtemps impunis, infestaient les côtes et affamaient l'Italie; en Asie, à Mithridate, qu'il force à se suicider. Lucullus avait déjà réduit le vieux roi de Pont aux abois, quand Pompée vint lui arracher sa proie : « Pompée, disait-il, est un corbeau qui s'acharne sur les cadavres d'autrui. » Entre temps, Pompée s'était rapproché du parti populaire pour obtenir d'autres honneurs, car il lui fallait toujours des commandements exceptionnels, en dehors des règles ordinaires, au-dessus des magistratures. Un poète latin, Lucain, le représente « laissant gonfler sa voile par le souffle de la popularité. C'est l'ombre d'un grand nom », ajoute-t-il. Il y a en lui, en effet, plus de bonheur que de génie, plus de vanité que de véritable et forte ambition. Il a pour tout programme son *moi* superbe et indécis. C'est une ombre de grand homme, flottante et inconsistante. Pompée, c'est la gloire, et c'est le *glorieux*.

Crassus; César. — Crassus, c'est la richesse : avec son immense fortune et quelques talents militaires, il a le dépit de n'être le premier que par l'argent; il porte envie à ceux qui l'écartent du premier rôle. Il est prêt à toutes les alliances, et sera la dupe de tous ses alliés.

César, c'est le génie au service de l'ambition : mais il n'a encore montré ni l'un ni l'autre, s'attardant dans le plaisir et le vice. Mais il est d'une grande famille, celle

des Jules, qui se donne pour ancêtres Anchise et Vénus;
et, neveu par alliance de Marius, il a osé, une nuit, relever les trophées abattus du rival de Sylla. Il se prépare
au rôle de grand seigneur démagogue; il donne au peuple
des fêtes magnifiques, dont ses créanciers font tous les
frais. Mais dans ce débauché tapageur il y a un grand
capitaine que la guerre des Gaules révélera, un esprit
puissant que remplit un monde de conceptions nouvelles,
un audacieux sans scrupules et un séducteur irrésistible.
A la jeunesse dorée de Rome, il montre les scandales de
sa vie privée; à la plèbe, sa libéralité à peu de frais; aux
irrésolus, sa confiance. Il ne cache encore que sa ruse et
sa force. C'est pour lui que tous vont travailler.

Autour de ces trois hommes qui vont s'unir, de ce
syndicat politique de la gloire, de la richesse et du génie,
il faut placer les mécontents, les agitateurs vulgaires,
comme Clodius, Pison, Milon, Catilina, et quelques hon-
nêtes gens, tels Caton et Brutus, défenseurs du droit,
mais d'esprit étroit, de vertu maladroite.

Le premier triumvirat. — En 63, une crise d'anarchie, restée malgré tout assez obscure, la conjuration de
Catilina, mit en jeu tous ces éléments de troubles, et en
lumière le courage ainsi que l'éloquence de Cicéron, qui la
fit avorter[1]. Comme il arrive souvent, l'anarchie prépara
et hâta le triomphe du despotisme. Quand Pompée revint
de la guerre contre Mithridate, la conjuration était déjà
vaincue. Cependant il ne trouva pas l'accueil qu'il espérait : déjà son étoile pâlissait. Le parti aristocratique,
dont il avait été jadis le chef, lui reprochait de l'avoir
abandonné; le Sénat lui en voulait d'être trop puissant et
de commander à une armée trop forte. Le parti populaire
se détachait de lui par inconstance. Il se rapprocha alors,
par dépit, des deux hommes qui déjà balançaient son crédit dans la République, et, nouant avec eux une coalition
pour asservir l'Etat, forma le premier *triumvirat* (60) :

1. Voir plus loin, ETUDES ET LEÇONS.

César eut le consulat, avec promesse, au sortir de sa charge, d'un gouvernement provincial; Pompée reçut des terres pour ses vétérans d'Asie; on ignore quelle fut la part de Crassus. Au fond, chacun espérait duper les deux autres; ils n'étaient d'accord que contre la liberté.

Le consulat de César. — Ce fut César qui retira du triumvirat les avantages immédiats et certains. Elu consul avec l'argent de Crassus et l'influence de Pompée (59), il devint vite le premier personnage de l'Etat; il s'attacha le peuple par une loi agraire, les vétérans de Pompée par des gratifications. Son collègue, un sot, Bibulus, représentant de l'aristocratie boudeuse, crut paralyser son activité en s'enfermant dans une inaction systématique : César passa outre, et le public appela plaisamment ce consulat *consulat de Jules et de César*. Rien ne gêna plus les triumvirs; ils se partagèrent ce qu'on peut déjà appeler l'Empire. Crassus eut le plus mauvais lot : l'Asie lointaine, avec le commandement d'une guerre contre des Barbares insaisissables, les Parthes. Il y périra bientôt (53). Pompée accepta l'Espagne, et n'y alla pas. César prit la Gaule Cisalpine (on appelait ainsi la région du Pô) et la Provence, avec le dessein de soumettre la Gaule barbare : il en entreprit aussitôt la conquête.

La conquête des Gaules. — « Ce chaos belliqueux et barbare » était une superbe matière pour son génie. Nous ne referons pas ici le tableau de ce pays déchiré par d'incessantes guerres civiles et toujours sous les menaces des invasions germaniques, ni le récit des campagnes du général romain; on les trouvera au début de l'histoire de France[1]; car, en imposant « aux Gaules » par la conquête l'ordre et l'unité, César a tracé le premier chapitre de nos annales nationales. Il soumit cette race fière, mais désordonnée, par son habile politique autant que par ses légions. Après une série de promptes

---

1. Voir le Cours de *première année,* chap. Ier.

et audacieuses expéditions, il eut un instant, en face de lui, toutes les forces de la Gaule groupées en un surprenant élan de patriotisme autour de l'Arverne Vercingétorix. L'effort fut héroïque, mais éphémère et inefficace. Vainqueur à Gergovie, vaincu à Alésia, Vercingétorix se livra (51); la Gaule se soumit. Et comme, au milieu de sa barbarie, elle aspirait à la civilisation et à l'ordre, elle accepta la conquête qui lui apportait l'un et l'autre. Elle fut presque instantanément et profondément romanisée, et devint bientôt la plus florissante des grandes colonies de Rome.

III. **Rivalité de César et Pompée.** — César, d'ailleurs, n'avait pas travaillé seulement pour son pays, mais aussi pour son ambition. « Il lui fallait, dit Michelet, la Gaule pour conquérir Rome. » Et l'heure était venue. Tandis qu'il préparait au delà des Alpes les moyens de reparaître en maître au Forum et qu'il incorporait après la victoire les meilleurs guerriers gaulois dans ses légions, Pompée négligeait d'aller prendre son commandement en Espagne et ne quittait pas Rome. Pour supplanter son rival et gagner le Sénat, il n'hésitait pas à trahir le peuple et à redevenir le chef du parti aristocratique, et, seul consul en 52, il rompait avec César et tentait de lui faire enlever par le Sénat son armée et son commandement.

César ne redoutait plus la guerre civile; au contraire, il était tout prêt à l'engager contre Pompée. Depuis que la mort de Crassus, réduisant le triumvirat à un duumvirat, les avait laissés face à face, il était fatal que l'un des deux, annihilant l'autre, s'emparât du pouvoir souverain. César n'avait d'ailleurs jamais perdu de vue les intrigues du Forum; chaque année, il venait prendre ses quartiers d'hiver au nord de l'Italie, où accouraient à sa rencontre une foule d'amis et de clients; il n'avait pas même cessé de diriger son parti et de nouer ses intrigues du fond de ses camps gaulois. Au fur et à mesure que ses victoires le désignaient comme le pacificateur et le maître de la République, les tergiversations de Pompée, ambitieux sans audace, prêt à recevoir la dictature, non à la conquérir, augmentaient ses chances; son rival s'usait entre ses propres partisans et ceux de Caton et des institutions républicaines.

Le jour où il considéra que la guerre était inévitable, après les dernières sommations adressées au Sénat et à Pompée, César l'engagea à sa manière, avec fougue. Il franchit la petite rivière qui limitait son gouvernement, le Rubicon, à la limite de l'Italie et de la Gaule Cisalpine, en prononçant la parole célèbre : « *Alea jacta est* : le sort en est jeté, » et marcha droit sur Rome.

Guerre civile. — Pompée s'était flatté « qu'en frappant le sol du pied, il en ferait sortir des légions » : la seule approche de César le fit s'enfuir en Grèce. César n'avait pas seulement pour lui la supériorité du génie; il avait aussi celle de son excellente armée, entièrement dévouée à sa fortune, aguerrie par dix ans de succès en Gaule, où l'infanterie pesante de la Belgique se mêlait à l'infanterie légère de l'Aquitaine et aux cavaliers germains. Du côté de Pompée, il n'y avait que des noms et des titres, le Sénat, déjà discrédité, Cicéron, observateur spirituel et désabusé des fautes de son parti, et Caton, indifférent par stoïcisme aux revers comme aux succès.

César commence alors une course étonnante à travers le monde : en trois ans, il aura reconquis tout le bassin de la Méditerranée, que le peuple romain avait mis cent cinquante ans à soumettre. Il aurait pu poursuivre Pompée en Orient sans délai. Il préféra d'abord assurer solidement sa domination sur l'Occident : la force réelle des pompéiens était en Espagne; il courut d'abord y détruire « une armée sans général » avant d'aller réduire en Orient « un général sans armée ». Ce fut vite fait. Au retour, il enleva Marseille.

Passant ensuite en Épire, après un léger échec devant Dyrrachium, il écrasa Pompée dans les plaines de Pharsale (48). La supériorité du nombre ne put rien contre l'irrésistible entrain des légions de Gaule. Le vaincu s'enfuit en Egypte chez Ptolémée. Au moment où il débarquait, celui-ci le fit assassiner, pour mériter les bonnes grâces de César, qui suivait le vaincu de près.

Soit grandeur d'âme, soit habileté, César témoigna son horreur de cet hommage sanglant : il détrôna Ptolémée et le remplaça par sa sœur, la fameuse Cléopâtre, auprès de laquelle il s'oublia quelque temps. Mais il retrouva toute son activité pour aller en Asie écraser Pharnace, fils de Mithridate, qui voulait recommencer la guerre; il y suffit de sa présence : *Veni, vidi, vici,* dit-il : « Je suis venu, j'ai vu, j'ai vaincu. » Puis, sans s'arrêter en Italie, il alla achever en Afrique, par la victoire de Thapsus, les débris du parti pompéien. Caton, réfugié à Utique, s'y donna la mort pour ne pas tomber dans ses mains (46). Restaient les fils de Pompée, dont il se débarrassa par une dernière victoire, en Espagne, à Munda (45). Il rentra enfin à Rome, maître incontesté du monde.

On a répété que le sol sacré de la République avait été violé par le passage du Rubicon : mais l'enceinte de Rome avait déjà été forcée par l'armée de Sylla ; — que la liberté et le droit avaient succombé à Pharsale : mais Pompée, qui les défendait alors, leur avait porté dix fois atteinte, en s'élevant au-dessus des lois et en poursuivant, lui aussi, la dictature. Il restait peu de vrais républicains parmi les « vaincus de Pharsale ». Ce qu'il faut voir, c'est l'usage que César fit de sa victoire.

Dictature de César. — Le Sénat, renouvelé par ses soins et peuplé de ses créatures, s'empressa de lui offrir la dictature à vie, dont avait jusqu'alors joui le seul Sylla. Il l'exerça avec un prestige et un éclat incomparables. De la royauté, il ne lui manquait que le titre. Réduisant le Sénat au rang d'un conseil d'enregistrement et le transformant par l'entrée de six cents nouveaux sénateurs, la plupart provinciaux, régularisant l'administration, la justice, la police, débarrassant la ville de sa plèbe oisive et dangereuse en lui distribuant des terres et en l'occupant

à d'immenses travaux publics, relevant l'agriculture par
le retour à la terre de tant de citadins, il assura sa domination par la grandeur de ses conceptions. Loin de souil-
ler ses victoires par des proscriptions, comme Marius et
Sylla, il rappelait les exilés et s'entourait de ceux qu'il
avait vaincus. Etendant au monde entier son champ de
réformes, il voulait être le représentant, non plus du
patriciat romain, mais de tous les citoyens de l'empire;
il conférait les droits politiques à des nations entières;
il fondait les lois de la cité exclusive dans celles du droit
des gens, projetant un code uniforme, relevant Corinthe
et Carthage, régnant sur le monde non plus pour Rome
seule, mais pour le monde entier. Rome n'y trouvait pas
la déchéance : elle devait être, au contraire, la capitale
splendide de l'univers transformé; dotée d'un nouveau
port dans Ostie, assainie par le desséchement des marais
Pontins, parée de monuments somptueux, elle serait la
reine de l'empire réorganisé.

En considérant tour à tour l'illégalité, la déloyauté,
la violence des moyens que César a employés pour conquérir le pouvoir, et la grandeur des desseins qu'il voulait réaliser, l'histoire hésite dans son jugement et ne
peut se résoudre ni à une condamnation absolue ni à une
admiration sans réserves. Sans doute la moralité a manqué à ce grand homme; mais il faut reconnaître en lui
une large humanité, par laquelle il s'élève au-dessus de
tous les partis dont il avait triomphé, et même au-dessus
de l'esprit romain.

Mort de César. — Ses vastes projets blessèrent l'orgueil aristocratique de la noblesse; celle-ci, avec son
patriotisme étroit, guidé par son seul intérêt, se refusait
au partage de l'Empire avec les provinciaux. Elle ne vit
en César qu'un tyran. Elle suscita contre lui un complot,
sous le prétexte qu'il voulait reprendre le titre de roi,
abhorré depuis les Tarquins. César probablement n'y avait
jamais songé; il était bien plus qu'un roi; il n'avait rien à
gagner, beaucoup à perdre à cette restauration. Ce fut

Brutus, dont le nom rappelait la révolution de 509, ami personnel de César et traité par lui comme son propre fils, qui se chargea, au cours d'une séance du Sénat, de le poignarder (44).

Le jour des ides de mars, César, conseillé par sa femme, aux oreilles de laquelle étaient parvenus des bruits de complot (on parlait d'ailleurs de prodiges, de feux célestes et d'apparition d'oiseaux nocturnes au Forum), hésitait à se rendre au Sénat. Brutus l'y entraîna. Dès son entrée, les conjurés l'enveloppèrent; l'un d'entre eux lui demanda le rappel de son frère exilé. Il s'assit en rejetant sa prière. Alors on lui découvrit le haut des épaules, ce qui était le signal de l'attaque. Casca, le premier, le frappa de son épée près du cou; mais la blessure ne fut pas profonde. César se retourna et saisit l'épée; mais alors tous les meurtriers le frappèrent à la fois. Ils étaient si serrés qu'ils se blessèrent les uns les autres. Brutus voulut avoir part au meurtre; alors César se couvrit la tête de sa toge, en s'écriant douloureusement : « Et toi aussi, mon fils! » Et, livrant son corps au fer des conjurés, il tomba au pied de la statue de Pompée. (PLUTARQUE.)

IV. **Les préliminaires de l'empire : Antoine.** — Il y a un épilogue à ce chapitre des dernières convulsions de la République : il est extrêmement confus, et les acteurs, à la différence de ceux de la génération précédente, en sont médiocres. Les deux principaux sont le lieutenant et le neveu de César, Antoine et Octave. Le premier était un soldat, brave et grossier, sans grandes vues politiques, sinon sans ambition. Il voulut tout de suite exploiter le souvenir du grand homme. Le jour de ses funérailles, il prononça au Forum l'éloge du dictateur, lut son testament avec des larmes, étala sa toge sanglante et ameuta la foule contre les meurtriers : par là il se débarrassa de Brutus; mais il alarma le Sénat, qui lui opposa Octave.

Octave. — Le neveu de César n'avait rien du prestige

et de la séduction personnelle de son oncle. Il vint à Rome pour recueillir sa succession. « C'était un enfant de dix-huit ans, petit, délicat, boitant souvent d'une jambe, timide et parlant avec peine, d'une voix sourde et faible. Assez d'audace politique..., d'autre courage, point : craignant le tonnerre, les ténèbres, craignant l'ennemi, et implacable pour qui lui faisait peur... Telle était la chétive figure du fondateur de l'Empire. » (MICHELET.) Mais il savait mettre au service d'une volonté tenace des pratiques tortueuses. Il accepta les pouvoirs que lui conférait le Sénat pour lutter contre Antoine, et il sut enrôler dans son parti Cicéron, qu'il appelait son père; le vieil ora-teur, depuis longtemps désabusé et retiré de la politique, retrouva son éloquence et son courage pour flétrir, dans les *Philippiques,* la dictature soldatesque. Ces chefs-d'œuvre devaient lui coûter la vie.

Le second triumvirat : les proscriptions. — Il arriva, en effet, qu'après une courte lutte Octave et Antoine se réconcilièrent; ils s'adjoignirent un autre officier de Cé-sar, Lépide, personnage insignifiant : on l'éliminera plus tard, en le reléguant dans les honneurs du Grand Ponti-ficat. Ainsi fut formé en 43 le second triumvirat, par un pacte public, cette fois, et non privé : c'était un pouvoir élevé au-dessus de tous les pouvoirs, une sorte de dicta-ture à trois têtes.

Le peuple accepta tout; le Sénat se trouva annihilé. Maîtres incontestés de l'empire, Antoine, Octave et Lé-pide se le partagèrent comme une proie; ils se réparti-rent la disposition de toutes les charges, la puissance législative, les légions et les provinces. Même, pour se mettre à l'abri de tout retour de fortune, ils proscrivi-rent en masse leurs ennemis : la mort de César leur ser-vait sans doute de leçon. Trois cents sénateurs et deux mille chevaliers périrent en quelques mois, et parmi eux Cicéron, lâchement abandonné par Octave aux rancunes d'Antoine. Ce fut la plus atroce tuerie de toute cette sanglante période.

Il ne restait plus qu'à disperser en Macédoine les légions qu'avaient rassemblées les derniers républicains, Brutus, Cassius. Elles furent anéanties à Philippes (42); leurs chefs se donnèrent la mort.

La dernière lutte : Octave. — C'est alors une fastidieuse histoire de ruptures et de réconciliations : prétentions rivales, besoin de s'unir pour écraser les derniers ennemis. Allons au dénouement. Octave s'était adjugé l'Occident, Antoine l'Orient. Celui-ci tomba amoureux de la reine d'Egypte, Cléopâtre, qui déjà avait séduit César. Il oublia ses devoirs et même ses ambitions dans les délices et les débauches d'Alexandrie. Quelques historiens pensent cependant que, chez lui, le calcul se joignait à la passion, qu'il voulait, en s'appuyant sur le prestige des Ptolémées, refaire un empire d'Alexandre, qui sait? y annexer Rome peut-être. On le disait à Rome avec colère, et Octave n'était pas fâché qu'on le dît.

Quoi qu'il en soit, le champ restait libre au plus persévérant. Octave, lui, se rendait cher à Rome, débarrassait la mer des pirates, réparait les routes et les monuments, fondait des colonies. Il employait à se fortifier tout le temps que son rival perdait en Egypte. La rupture définitive se produisit après un échec d'Antoine contre les Parthes. La partie était déjà presque perdue par celui-ci, quand il engagea, dans des conditions désavantageuses, une bataille navale à Actium (31), près de la Grèce, à l'entrée de l'Adriatique : il fut mis en déroute, en partie par la lâcheté des Egyptiens : leur reine avait donné le signal de la fuite. Peu après il se suicida, et Cléopâtre, après avoir inutilement tenté de gagner à son tour Octave, se fit, dit-on, piquer mortellement par un aspic. L'Egypte devint province romaine, et Octave, sans rival dans le monde, fonda l'Empire (31 av. J.-C.).

DIRECTIONS ET BIBLIOGRAPHIE

Cette période, dramatique entre toutes, de l'histoire romaine, a particulièrement tenté et, on peut le dire, passionné les historiens. Nulle part, en effet, Mommsen n'est plus passionné que dans les chapitres qu'il lui a consacrés ; ses portraits de Sylla, de Pompée, sont des morceaux rares. Grand admirateur de César, il s'acharne sur Cicéron, « ce méchant avocat ». Avec plus de justesse et de justice, G. BOISSIER a écrit sur *Cicéron et ses amis,* sur la *Conjuration de Catilina,* deux ouvrages très vivants, très attachants, d'une érudition bien française.

Tout récemment, un historien italien, G. FERRERO, a composé, sur *la Grandeur et la décadence de Rome* dans les deux derniers siècles de la République, des études qu'il poursuit encore et qui ont rencontré auprès du public la plus grande faveur. Ce sont des tableaux souvent brillants de la société, et aussi des thèses fort ingénieuses, où l'auteur fait une large part aux phénomènes économiques dans l'explication des révolutions politiques ; il n'est pas d'ailleurs le premier à y avoir songé.

César a eu aussi un historien impérial : NAPOLÉON III, avec la collaboration discrète et précieuse de nombreux savants, a commencé et laissé inachevée une *Vie de César.*

Ceux qui aiment les problèmes dont la discussion reste toujours ouverte s'intéresseront aux travaux, très nombreux, sur le véritable emplacement d'*Alesia* (Alise-Sainte-Reine, en Bourgogne, Aloise en Franche-Comté, etc.). Comme pour le passage des Alpes par Annibal, la controverse n'est pas près d'être close. Un problème d'un autre ordre, la crise éphémère du patriotisme gaulois, est analysé avec beaucoup de talent par C. JULLIAN (*Vercingétorix*).

ÉTUDES ET LEÇONS

I. — La conjuration de Catilina. — Cicéron.

Cette fameuse conjuration est un épisode curieux, qui, malgré les nombreux témoignages des contemporains et les travaux historiques dont il a fait l'objet, demeure quelque peu mystérieux. La tentative eut, en tout cas, des dessous politiques complexes et obscurs. Les deux protagonistes sont Catilina et Cicéron.

Sergius Catilina était un noble ruiné, intelligent, prêt à tout, le chef de jeunes gens, comme lui dissolus et perdus de dettes, de « mignons féroces », leur conseiller, presque leur professeur de vices et de crimes. Son historien Salluste en fait un malfaiteur de grande allure, et, avec quelque exagération peut-être, le génie classique du mal ; — son programme : organiser le pillage, le meurtre, l'incendie ; — son dessein : tout détruire. N'a-t-il rêvé que cela ? Ne fut-il pas plutôt le complice, l'instrument de quelques grands ambitieux, tels César et Crassus, qui espéraient tirer quelque chose d'une convulsion sociale et se ménageaient le rôle de sauveurs ? C'est assez vraisemblable. En tout cas, Catilina se proposa d'abord de faire triompher l'anarchie par les voies légales. Il brigua le consulat pour l'année 63. Ce fut Cicéron qui le força à se mettre hors la loi et se fit élire consul.

Cicéron avait débuté avec éclat, et non sans hardiesse, en attaquant un favori de Sylla encore tout-puissant, puis en dénonçant, dans de magnifiques plaidoyers, Verrès, le gouverneur pillard de la Sicile (73). Les luttes contre Verrès et contre Catilina sont les heures héroïques de cet homme éloquent, généreux, spirituel, un *homme de lettres* supérieur, plus fait pour les belles joutes oratoires et les dissertations philosophiques que pour les roueries de la politique et les sanglantes mêlées de la vie publique. Contre Catilina, il fut, par exception, clairvoyant et résolu.

Catilina avait formé hors de Rome une armée qu'il se réservait d'y déchaîner à son heure. En attendant cette heure, il restait dans la ville, venait au Forum, au Sénat, préparant à loisir son coup de main. Il fallait d'abord le faire sortir des voies légales. Un jour Cicéron, en plein Sénat, le dénonça avec une précision et une passion extraordinaires : c'est la première et la plus célèbre des *Catilinaires :* « Jusques à quand, Catilina, pousseras-tu à bout notre patience ?... » Devant cette attaque, si violemment personnelle, le hardi scélérat perdit son sang-froid. Le soir même, il sortait de Rome et allait rejoindre les catilinistes *extra muros.*

Ce départ affaiblissait singulièrement le parti. Mais il fallait agir encore pour empêcher les deux tronçons de la conjuration de se rejoindre, agir seul, car le collègue de Cicéron au consulat était un catiliniste masqué. Cicéron se procura par des moyens de police une preuve des intelligences des conjurés avec des étrangers, des ennemis de Rome. Il porta ces preuves au Sénat et demanda la mort pour les chefs du complot, qu'il venait de faire arrêter. Le Sénat hésita : la sentence demandée était illégale : seul, le peuple pouvait prononcer sur la vie des citoyens. Et puis, il y avait, parmi les sénateurs, des complices secrets et puissants de la conjuration. Cicéron parla, Caton le soutint : le Sénat vota la mort.

Le défilé le plus périlleux restait à franchir : faire exécuter la sentence. Le consul, accompagné seulement de quelques licteurs, alla droit de la curie à la prison Mamertine, au milieu d'une foule immense et houleuse, où plus d'un ami des condamnés tourmentait sous sa toge le manche d'un poignard : deux fois déjà, Cicéron avait failli être assassiné. Il entra dans le cachot, assista à l'exécution, et, en sortant, répondit à l'attente muette de cette foule par le mot fameux: *Vixerunt* (ils ont vécu!).

Quand on lui demanda, suivant l'usage, au sortir de sa charge, de jurer qu'il « avait respecté les lois », il répondit avec une éloquence qui ne manquait pas d'adresse : « Je jure que j'ai sauvé la République. » Il ne l'avait pas sauvée pour longtemps. D'ailleurs, dans sa vanité un peu naïve, il amplifiait son rôle, qui fut cependant alors celui d'un citoyen courageux et d'un véritable homme politique.

La politique lui réservait encore beaucoup de déboires, en attendant une fin tragique. Il crut pouvoir s'appuyer sur un parti formé des sénateurs et des chevaliers, les *gens de bien*, comme il les appelait : c'était en réalité les gens qui avaient du bien ; il ne trouva en eux qu'égoïsme et ingratitude. Il voulut combattre pour la République avec Pompée contre César ; il perdit bien vite toutes ses illusions dans cette vaniteuse « armée d'émigrés », qu'il a décrite en des lettres fort piquantes. Il se résigna sans trop de peine à la dictature clémente de César, et retourna pendant quelques années à ses chères études philosophiques et littéraires. On a vu qu'il n'en sortit que pour livrer une dernière bataille et périr, lâchement livré par Octave à la vengeance d'Antoine.

Il n'était pas inutile de faire, parmi les figures des grands ambitieux, une place à cet homme de bien ; il eut des défaillances et quelques ridicules ; mais son éloquence a droit à notre admiration, son âme généreuse à notre sympathie. A toutes les époques, il a été l'objet de jugements très divers. Le meilleur est peut-être celui que porta, non sans un secret remords, Octave, devenu Auguste. Un jour, l'empereur surprit son neveu en train de lire une œuvre de Cicéron ; le jeune homme essayait de la cacher sous sa toge ; l'empereur se fit remettre le livre, puis, rêveur un instant, le rendit en disant : « Celui-là était un grand orateur et qui aimait bien son pays. »

CHAPITRE X

Auguste.

I. — Octave, qui prit le titre d'Auguste (31 av. J.-C.-14 après) en devenant le maître du monde, n'avait pas le génie de César, mais il vint à son heure, au moment où la lassitude prépare un peuple à la servitude. Il ne changea pas d'ailleurs ostensiblement la forme du gouvernement ; il prit la réalité du pouvoir, laissant à l'aristocratie les titres et les vains honneurs ; il domina, sans les supprimer, le Sénat, les magistratures, les comices. Il dota Rome et l'Italie des services publics qui lui manquaient et des forces nécessaires pour y maintenir l'ordre. Il donna aux provinces, délivrées de la tyrannie des proconsuls, une administration bienfaisante.

II. — Rome paya ces avantages de la perte de sa liberté. Il est vrai qu'elle fut transformée en une ville magnifique, vraie capitale du monde. Le monde romain, lui, ne perdit rien et connut enfin la paix, la prospérité. Auguste rêva quelque chose de plus ; il aurait voulu réformer les mœurs, relever le sentiment de la patrie. Pour cela, il tâcha de ranimer le sentiment religieux, de placer au-dessus des dieux du vainqueur et des dieux des vaincus la grande divinité de Rome qu'il prétendait incarner. A cette tentative, d'ailleurs assez vaine, il associa tous les grands écrivains de son siècle.

III. — Mais il avait manqué de franchise dans l'établissement de son pouvoir. L'Empire, fondé sur l'équivoque, fut toujours fragile, malgré sa longue durée ; dans cette monarchie déguisée sous le costume de la république, le pouvoir ne pouvait se transmettre par une loi régulière de succession. Il échut, au hasard des intrigues de palais ou des révolutions de caserne, à Tibère, à Caligula, à Claude, à Néron, qui représentent toutes les variétés du despotisme et de la folie (14-68) ; une crise d'anarchie militaire donna à ce dernier quatre successeurs en deux ans. Les soldats voulurent faire la loi et nommer l'empereur ; chaque armée eut le sien, Galba, Othon, Vitellius (68-69).

I. **L'établissement de l'Empire.** — C'est à Auguste qu'on attribue la fondation de l'Empire ; c'est la bataille d'Actium que les historiens ont coutume de donner comme la date initiale du nouveau gouvernement du monde. Tout cela est un peu conventionnel : le passage de la République à l'Empire n'est pas l'œuvre d'un homme ni d'un jour, et ne ressemble en rien à un de nos modernes changements de régime. Pas de *journées,* de coup d'Etat, de constitution nouvelle. Les institutions subsistaient, et les mots cachaient les choses. Les contemporains purent s'y tromper, et croire qu'il n'y avait qu'un maître de plus, un seul, il est vrai. Et ce maître prit son temps : Sylla, César, avaient en quelques mois ébauché vigoureusement de véritables monarchies ; lui, il mit près de quinze ans à assembler patiemment les rouages de la sienne, en se gardant d'éveiller l'attention publique.

En réalité, cependant, c'est bien un nouvel ordre de choses qui commence, un nouveau gouvernement et surtout un nouvel esprit appliqué au gouvernement de Rome et des peuples soumis à ses lois ; et c'est avec raison que le titre pris par Octave, en arrivant au pouvoir, celui d'Auguste, est devenu la désignation de la puissance suprême.

Auguste. — Le créateur de l'Empire ne fait pas toutefois figure de grand homme. A ne considérer que sa chétive personne et ses tortueux débuts, on eût cru difficilement que l'admiration ou la crainte jetteraient le peuple à ses genoux. Mais les circonstances le favorisaient et le portaient d'elles-mêmes au sommet. De tant d'ambitieux de génie qui eussent pu s'opposer à lui, la plupart étaient morts; les autres, isolés, sollicitaient sa protection. Le souvenir de cinquante années d'agitation stérile ou sanglante, de rivalités personnelles dont l'Empire était le champ de bataille et l'objet, d'émeutes au Forum et de guerres dans les provinces, de massacres et de proscriptions, fit le reste. On avait surtout besoin de repos. Auguste ne bénéficia de rien tant que de l'immense lassitude du monde romain.

Il ne manquait pas d'ailleurs de qualités, et il les révéla au pouvoir : Auguste fut très supérieur à Octave. Celui-ci avait condamné; celui-là pardonna. Octave avait exterminé ses ennemis par les proscriptions; Auguste les gagna par sa clémence très politique. Il eut du tact, évita de heurter les préjugés de son temps; et, l'horreur des Romains persévérant pour la monarchie, il donna à son empire les couleurs d'une république. République libérale et lettrée, d'ailleurs, où l'éclat de la civilisation fit oublier les violences dont elle était née.

Enfin, pour tout dire, il bénéficia d'un dernier reflet de la gloire du vainqueur des Gaules, dont le nom devait rester non seulement à la dynastie, mais à tous les empereurs, au delà même de la chute de Rome, jusqu'à devenir, dans plusieurs langues, synonyme de maître souverain.

L'œuvre de l'Empire. — Le régime impérial, qui a trop longtemps servi de thème à des amplifications vagues ou à des déclamations, mérite d'être étudié de près; la chose est possible, car, pour être compliquée et dissi-

mulée, l'œuvre n'en est pas moins précise et méthodique.
Il y faut distinguer trois parties : à Rome, l'Empire
a changé la nature des institutions, en en conservant la
forme; — pour Rome, pour l'Italie, il a créé de toutes
pièces, ce qui n'existait pas, une administration ; — pour
les provinces, c'est-à-dire pour le monde, il a donné à
leur gouvernement un autre principe et un autre objet.

Pour bien comprendre l'opération subtile et dissi-
mulée qu'Auguste pratique sur les vieilles institutions
romaines, il faut se rappeler que la constitution républicaine comprenait trois éléments : 1° le peuple, en qui résidait la *souveraineté,* et qui l'exerçait dans les comices, en
élisant les magistrats et en faisant les lois (plébiscites);
2° les magistrats, qui exerçaient le *pouvoir* et avaient
l'*administration* (*imperium* et *potestas*); 3° le Sénat, à qui
appartenaient les hautes attributions du *gouvernement,*
la direction de la politique intérieure et extérieure. Auguste ne détruisit aucun de ces éléments : l'esprit romain,
très attaché aux traditions, aux *formules,* ne l'aurait pas
supporté aisément. Il les laissa tous debout, mais il les
assimila. Suivant la forte expression de Tacite, « il tira à
lui la substance du Sénat, des magistratures, des lois »,
c'est-à-dire du peuple qui les faisait. Les noms seuls
subsistèrent, avec les vains honneurs dont ils étaient
entourés.

L'Empire et les magistratures. — Ainsi, il y eut
encore des consuls, et même plus qu'autrefois : on en
compte souvent jusqu'à vingt. Etre consul était une faveur
très enviée toujours, à cause du prestige attaché à ce titre ;
l'Empereur le distribuait comme une récompense, et
ne dédaignait pas de le prendre lui-même quelquefois.
Il y avait encore des préteurs, des tribuns, des questeurs, etc.; mais — c'est là le point important — Auguste,
en prenant le nom d'*imperator,* se réservait à lui seul le
haut commandement des armées, les attributions judi-
ciaires avec droit de vie et de mort, l'administration des
marchés, des jeux, des bâtiments, la gestion financière.

Il prit aussi (il attendit pour cela la mort de Lépide) le Grand Pontificat, suprême magistrature religieuse. Il était ainsi le *magistrat suprême*, confinant les autres dans des délégations très limitées et dans un rôle de parade.

L'Empire et le Sénat. — De même, le nombre des sénateurs fut à peu près doublé, mais leur rôle n'était plus celui d'un corps gouvernant. Ils n'avaient plus aucune initiative législative; l'empereur pouvait les associer à la sienne en leur faisant rédiger ses sénatus-consultes. Ils formaient des commissions pour des objets déterminés et de peu d'importance. Auguste pouvait choisir à son gré parmi eux quelques hommes dont il faisait son conseil. Mais il ne laissait plus à personne la haute direction sur les choses du dedans ou du dehors. En se nommant *prince du Sénat* (le premier sénateur), il était devenu le Sénat à lui tout seul. D'ailleurs, par la fonction de *préfet des mœurs*, qui remplaçait la censure, il ouvrait ou fermait à sa fantaisie les portes de la curie. Ainsi domestiquée, cette ancienne « assemblée de rois » atteignit à certaines époques les dernières limites de la servilité.

L'Empire et les comices. — Quant au peuple, il continua à être théoriquement le souverain, dans ses comices, qui étaient de trois sortes. Mais les comices par curies n'étaient depuis longtemps qu'une formalité; les comices par centuries avaient déjà perdu la plus grande partie de leur importance. Les vraies assemblées populaires, les comices par tribus, survécurent quelque temps encore Seulement leur activité législative s'éteignit; les plébiscites étant remplacés par les édits impériaux, leur rôle électoral fut annihilé par la candidature officielle, et se borna à une sorte d'investiture donnée à ceux que désignait l'empereur, les *candidats d'Auguste*. Enfin, comme les magistrats, comme le Sénat, la plèbe s'incarna en un homme. Auguste, sans supprimer le tribunat, s'attribua la *puissance tribunitienne,* qui lui conférait l'inviolabilité sacro-sainte.

Chef de l'armée et magistrat suprême comme *imperator*, maître du Sénat comme *prince,* de la religion comme *grand pontife*, législateur, grand électeur, chef de la plèbe avec la *puissance tribunitienne,* telle est l'ingénieuse série de fictions légales et de mensonges grâce auxquels le successeur de César fit un peuple de sujets d'un peuple de citoyens, qui d'ailleurs n'avaient pas su défendre leur liberté. Il avait, comme on l'a dit, déguisé l'Empire sous les oripeaux de la République : tout le monde s'y trompa ou voulut s'y tromper.

L'administration de Rome et de l'Italie. — Mais ces pouvoirs qu'il avait pris pour lui, n'en laissant aux anciens titulaires que le costume et le geste, à qui allait-il les déléguer? A toute une hiérarchie de fonctionnaires choisis par lui, ne relevant que de lui. C'est là une véritable création, celle de l'*administration* de Rome et de l'Italie, car l'Italie est maintenant assimilée à Rome et englobée dans la *cité.* De véritables services publics sont organisés et confiés à des *curateurs* et *procurateurs,* que nous pourrions appeler chefs de division ou chefs de bureaux : il y a le service de l'édilité (*des lieux et des travaux publics*), des eaux (les *aqueducs* pour l'approvisionnement de Rome sont une des belles œuvres de l'Empire), des ponts et chaussées (les *voies romaines* répondent à tous les besoins de la conquête, de l'administration, du commerce), enfin *du lit et des rives du Tibre,* c'est-à-dire de la navigation.

On songea aussi à l'ordre public; car, chose singulière, avant l'Empire, Rome n'avait ni police ni gendarmerie. Les licteurs et les appariteurs qui accompagnaient les magistrats ne suffisaient pas à assurer le respect de la loi; c'est pour cela qu'au Iᵉʳ siècle surtout, la place restait libre à toutes les violences. Cette lacune allait être comblée par la création de corps spéciaux avec leurs *préfets* : le *préfet de la ville* assura l'ordre dans la rue par ses cohortes urbaines; le *préfet des vigiles* fut préposé à la police de nuit et à l'extinction des incendies; le *préfet de l'annone* régla les distributions gratuites de vivres; les deux *préfets du prétoire* furent chargés de la sécurité personnelle de l'empereur, création dangereuse, celle-là, comme celle de toute espèce de milices de cour; les prétoriens ne tarderont pas à rançonner leurs maîtres et finiront par disposer du pouvoir impérial au gré de leurs caprices[1].

Le gouvernement des provinces. — Restait le gouvernement des provinces. Auguste avait reçu du Sénat la mission de le réorganiser. Il y procéda d'après un plan d'ensemble, sans se départir cependant de ses habituels ménagements pour les formes traditionnelles; surtout il y apporta un esprit nouveau. Il laissa au Sénat le gouvernement d'une dizaine de provinces, celles de l'intérieur, où l'ordre était déjà assuré, la pacification complète; tous les ans, le Sénat désignait un de ses membres pour y exercer l'autorité, avec le titre de proconsul. L'empereur se réservait les autres provinces, celles où il fallait entretenir des légions et qui étaient encore mal rattachées à Rome : telles les Gaules, l'Espagne, la Syrie, l'Asie, l'Egypte, etc. Il les confiait à des *légats impériaux,* qu'il nommait pour un temps illimité; leurs pouvoirs étaient très étendus, mais soumis au rigoureux contrôle du maître. Ce contrôle, d'ailleurs, il l'exerçait aussi, en fait, sur les proconsuls des provinces sénatoriales. Partout d'ailleurs l'administration financière fut séparée de la direction politique, pour être plus aisément surveillée, et remise à des *procurateurs* relevant directement du souverain. Alors le monde romain cessa d'être *exploité* par une aristocratie avide, pour être *administré* par des agents responsables. L'ère des Verrès fut close. Cette centralisation, en dépit de quelques abus, fut un immense bienfait : « L'omnipotence, dit Fustel de Coulanges, fut au

---

1. A-t-on remarqué combien il est facile de traduire en notre langue administrative ces créations d'il y a vingt siècles ? Ce caractère moderne des institutions impériales n'est peut-être qu'une illusion d'optique. C'est nous qui, depuis la fin du moyen âge, sous la monarchie, la Révolution, l'Empire, avons de plus en plus emprunté des cadres et des types d'organisation aux Romains, ces maîtres en politique et en administration.

centre ; elle cessa d'être partout. Le despotisme impérial fut une garantie contre les tyrannies locales. Il y eut de détestables empereurs : il n'y eut plus de gouverneurs mauvais. »

II. Réorganisation militaire. — La réorganisation politique n'était pas la seule tâche qui s'imposât au souverain maître. Il fallut procéder à une reconstitution militaire, sociale, morale, plus difficile encore. Auguste la poursuivit aussi, mais il y réussit très inégalement. Il n'est pas facile de jeter dans le creuset tout un monde pour le refondre.

L'armée changea une fois encore de caractère. Elle avait été d'abord une milice nationale, levée en hâte et conduite par ses magistrats contre le péril immédiat. Puis elle devint une armée de métier, formée par des engagements volontaires, grossie par l'appât de la solde et l'espoir du butin, attachant sa fortune à celle d'un général heureux et ambitieux. On licenciait ces armées-là, la guerre finie, quand on le pouvait. L'armée de l'Empire sera permanente, ne relèvera que de l'empereur et constituera une sorte de nation armée dans la nation. Répartie entre des postes fixes, des camps permanents qui sont comme des forteresses vivantes, elle assurera longtemps, par sa forte organisation, l'ordre intérieur et la protection des frontières. Mais le vice de cette armée, c'est qu'elle devient de moins en moins romaine. Les citoyens n'y entrent plus guère ; les provinciaux les remplacent, et bientôt des barbares y sont reçus, isolément d'abord, puis par groupes et bientôt par peuples. Le patriotisme s'y éteindra ; l'indiscipline y fera d'effrayants progrès. Après avoir été un élément de perturbation pour la politique intérieure, elles finiront par se mêler, afin de prendre part à la curée, aux envahisseurs barbares, avec lesquels on les confondra aisément [1].

Réorganisation sociale. — La distinction entre les

1. Voir au chapitre suivant l'*Histoire militaire de l'Empire*.

classes de la société fut maintenue et même marquée plus fortement sous l'Empire : plus que jamais, l'égalité politique fut un vain mot. Plus que jamais la noblesse d'honneurs et la noblesse d'affaires, les sénateurs et les chevaliers, formèrent deux sociétés fermées l'une à l'autre et absolument étrangères à la lutte populaire. L'*ordre équestre* fut le plus utile; il fut étroitement **associé** à toute l'œuvre administrative des Césars. Mais il continua à accumuler les capitaux, à accaparer plus que sa part de la fortune publique. L'ordre sénatorial n'est guère digne d'estime. Les porteurs des grands noms d'autrefois n'en savaient pas soutenir la dignité. Tour à tour serviles et dangereux, ils tremblaient devant les Césars et les poursuivaient de leurs haines, de leurs calomnies, de leurs conspirations. Ils ne pardonnèrent jamais à ceux qui leur avaient arraché leur proie, le gouvernement des provinces. Quant à la plèbe de l'Empire, elle est, à Rome, plus méprisable encore que celle des derniers jours de la République. Ce sera bientôt le temps où elle ne demandera à ses maîtres que « du pain et des jeux », où elle « adorera et brûlera » ses favoris d'un jour, où elle applaudira avec fureur Néron sur la scène, Commode dans l'arène.

Heureusement il y a ailleurs de sérieuses réserves de forces politiques et morales : dans l'aristocratie provinciale, que les sages empereurs feront de plus en plus entrer au Sénat; dans la riche bourgeoisie municipale, intelligente, patriote à sa manière. C'est par là que la société romaine, si mal représentée à Rome même, **a pu durer** et prospérer pendant plusieurs siècles.

Restauration morale et religieuse. — « Que peuvent les lois sans les mœurs? » C'est une maxime de la sagesse romaine. Que peuvent-elles même contre la dépravation des mœurs, contre la dissolution de l'esprit public? Assez peu de chose : Auguste en fit l'épreuve. Il fit en vain, pour reconstituer la famille, des lois contre le célibat, contre l'adultère. Il donna l'exemple de la régularité dans sa vie privée. Dans cette œuvre, il appela la religion à son secours. Il réorganisa les sacerdoces ; il donna un grand éclat aux cérémonies du culte. Mais c'était le sentiment religieux lui-même qui était desséché et bien mort dans l'âme des foules matérialistes, comme dans les hautes classes, sceptiques ou tournées vers les conceptions philosophiques. — Le culte qui prit le plus grand développement fut un culte tout politique : ce fut celui de l'empereur. Non seulement celui-ci était mis au rang des dieux après sa mort, par l'*apothéose,* mais de son vivant même, son nom, associé au nom de Rome, devenait celui d'une divinité composite, en qui se symbolisaient l'unité et la grandeur romaines. Un collège de prêtres spéciaux, les *augustales,* était attaché à ce culte. Très ingénieusement on groupa autour de cette religion nationale les religions locales de la Gaule, de la Grèce, de l'Asie, etc. On adjoignait au nom des divinités exotiques des noms de divinités latines analogues, et le Panthéon, construit par Agrippa, s'ouvrit largement à tout ce peuple de dieux. Des fêtes d'un grand éclat, telles que celles de *Rome et Auguste,* célébrées à Lyon, au milieu des délégués de toute la Gaule, resserrèrent chaque année le lien national. Mais cette religion de l'Etat n'avait rien qui parlât à la conscience et au cœur. Auguste, assurément, ne se doutait pas que, sous son règne, naissait, dans une obscure bourgade de Palestine, celui qui ferait entendre la parole nouvelle.

La littérature; le siècle d'Auguste. — Enfin il considérait les lettres et les arts comme l'ornement nécessaire d'un grand règne. Un de ses conseillers les plus écoutés, Mécène, sut, par ses démarches et ses libéralités discrètes, grouper autour de lui les écrivains dont l'ensemble est désigné sous le nom de « siècle d'Auguste ». Celui-ci voyait d'ailleurs en eux des collaborateurs utiles ; cette « littérature d'Etat » avait pour mission de glorifier le nouvel ordre de choses, et surtout d'entretenir la religion de la patrie. Moralement le résultat fut médiocre, mais de belles œuvres sortirent de cet effort. Tite-Live

composa le tableau majestueux de l'*Histoire* de la royauté
et de la République, où les événements se déroulent logiquement pour mener à cette conclusion, comme à une apothéose, l'Empire. Virgile chanta d'abord les vertus rustiques, dans ses *Géorgiques,* et la fécondité de la terre latine
« mère des moissons, mère des hommes » ; puis, sur la
demande du prince, il unit, dans l'*Enéide,* les destinées de
Rome et celles de la famille des Césars, qu'il fit remonter
aux dieux. Horace célébra l'héroïsme des vieux Romains,
la fin des « tempêtes qui battaient le vaisseau de la République », les joies de la paix. Ovide fut surtout un versi-
ficateur facile et brillant, qui rajeunit les fables du culte
national, dans les *Fastes* et les *Métamorphoses;* il servit
moins les desseins d'Auguste en enseignant le culte du
plaisir, dans l'*Art d'aimer* [1].

La prospérité matérielle. — Un autre conseiller, serviteur précieux dans la paix comme dans la guerre,
Agrippa, prit le département des embellissements de
Rome, aqueducs, portiques, temples, basiliques, grands
travaux au Forum [2]. Auguste, dit-on, se vantait d'avoir
trouvé la capitale du monde bâtie de briques, et de l'a-
voir laissée bâtie de marbre.

Le monde lui-même ne gagna pas moins au changement de régime : il connut la paix, la *paix romaine,* avec
tout ce que ce mot comporte de sécurité retrouvée, de
bien-être accru, après les convulsions du siècle précédent. Deux flottes, ayant pour ports d'attache Misène et
Ravenne, purgèrent la mer de la piraterie. Les voies
romaines qui sillonnèrent tous les pays méditerranéens
portèrent jusqu'aux extrémités de l'Empire les soldats,
les marchands, les courriers publics (la poste impériale),
chargés des instructions du souverain et des rapports
des gouverneurs. Le régime municipal se développa, et
chaque cité devint une petite Rome. Les idées nouvelles

1. Voir à la fin du chapitre, ETUDES ET LEÇONS (*la Littérature latine*).
2. Voir à la fin du chapitre, ETUDES ET LEÇONS (*la Ville de Rome sous
l'Empire*).

enfin circulent avec les richesses échangées. La paix romaine, c'est tout cela.

Le rôle d'Auguste. — Ce règne de près d'un demi-siècle (31 av. J.-C.-14 après) présente en somme un spectacle curieux et, à certains égards, paradoxal. Jamais révolution plus complète ne fut moins bruyante et même moins visible : c'est une puissante conception politique réalisée par le détail et comme dans l'ombre; une grande œuvre, au demeurant, accomplie par un homme auquel manquent tous les caractères de la grandeur. C'est sur de petites qualités, sur son exactitude à remplir ses fonctions, son don de plaire à tous, qu'il fonde sa popularité. Il se fait l'intendant des plaisirs du Forum, assiste à tous les spectacles, s'excuse quand il ne peut venir; il paye les dettes des grands, multiplie pour eux la vaine monnaie des titres et des honneurs. Pour lui, il est comme un simple particulier dans sa maison du Palatin, ouverte nuit et jour comme celle des anciens tribuns; il est vêtu de la laine qu'ont tissée pour lui sa femme et sa fille. On finit par lui décerner le titre de *Père de la patrie;* mais, modestie ou prudence, il a toujours repoussé celui de maître (*dominus*).

Comment juger une nature aussi fuyante? « Les jugements les plus divers, dit C. JULLIAN, furent portés sur lui à Rome. On en fit le meilleur des citoyens et le plus désintéressé des hommes; on en fit aussi un hypocrite consommé et un ennemi du bien public. Auguste n'a été ni l'un ni l'autre, ou plutôt à la fois l'un et l'autre. Il a marché à son but dès le premier jour, fermement, sans hésitation, ne reculant devant aucun moyen, tour à tour vertueux et cruel, désintéressé et avare, hypocrite et droit, suivant l'intérêt de son œuvre. Cette œuvre, il l'a merveilleusement achevée, établie pour des siècles. » On prétend qu'à son lit de mort il dit à ceux qui l'entouraient : « Si j'ai bien joué mon rôle, applaudissez. » C'était le mot des comédiens sollicitant les bravos du public. Il fut jusqu'à la fin un acteur de premier ordre.

III. La succession impériale. — Il y a un point faible entre tous dans cette institution de l'Empire : c'est celui de la succession impériale. Auguste ne pouvait l'établir nettement sur le principe de l'hérédité : c'eût été avouer hautement ce qu'il cachait avec tant de soin, le rétablissement de la monarchie. On laissa donc aux circonstances le soin de résoudre la question à chaque changement de personne. Le peuple s'en désintéressait de plus en plus, et il n'intervint que rarement dans le choix de ses maîtres. Dès lors il n'y avait plus que deux solutions : l'intrigue ou la force. A l'origine de chaque règne, on trouvera ou de mystérieuses et sanglantes tragédies de palais, ou des séditions de caserne, soulèvements de prétoriens et d'armées provinciales. Ces révolutions militaires surtout, de plus en plus fréquentes, ébranleront de proche en proche tout le monde romain. C'est un mal que l'Empire apporte en naissant et dont il finira par périr.

La famille d'Auguste. — Rien n'est plus capricieux que la succession des Césars de 14 à 68 après Jésus-Christ. Auguste avait songé tour à tour, pour son héritage impérial, à son neveu Marcellus, à son gendre Agrippa, à ses petits-fils, qu'il avait nommés *princes de la jeunesse*. Tous moururent avant lui. Il finit par associer au pouvoir Tibère, un fils que sa seconde femme Livie avait eu d'un premier mariage on voit par là combien l'abus du divorce compliquait la famille romaine). Pour rattacher cet étranger à sa lignée, il le maria à sa fille Julie, déjà veuve de Marcellus et d'Agrippa : les débordements de celle-ci étaient notoires, mais elle apportait en dot la succession au trône. Tibère succéda donc à Auguste.

De Tibère à Néron. La folie impériale. — Alors c'est une alternance régulière de crimes commis dans l'ombre et de violences soldatesques. En même temps un autre vice du régime impérial se révèle : la conséquence de l'équivoque qui avait présidé à son établissement, c'est, pour tous ceux qui sont portés au pouvoir, la démence sous des formes variées. Cette puissance illimitée, et cependant emprisonnée dans une multitude de fictions, trouble tous les cerveaux; énergiques ou débiles, jeunes ou vieux, la folie guette l'un après l'autre ces maîtres du monde, qui ne sont pas sûrs du lendemain. Tibère, un homme d'intelligence nette cependant et de caractère ferme, en est frappé après la découverte des crimes de son préfet du prétoire, Séjan; à Caprée, dans ses dernières années, il se livra à d'atroces vengeances et à d'horribles débauches. Son successeur, son petit-neveu Caligula, l'élu des prétoriens, est presque un enfant, que le vertige impérial saisit bien vite et pousse à de monstrueuses extravagances. On l'étrangle dans l'ombre d'un couloir, et les prétoriens, ayant découvert dans un coin écarté du palais un vieillard de la famille des Césars, le font César, malgré sa terreur, en lui arrachant la promesse d'une large gratification (*donativum*). C'est Claude, point méchant homme, mais maniaque, pédant, jouet de ses affranchis et de ses femmes : la première, Messaline, le déshonore par ses débordements; la seconde, Agrippine, l'empoisonne, pour hâter l'avènement du fils qu'elle a eu d'un premier mari et qu'elle avait fait adopter par le second.

Ce fils fut Néron : on l'a appelé « un saltimbanque sanguinaire ». La folie du meurtre s'associe, en effet, chez lui à la vanité exaspérée de l'acteur prétentieux. Il fait tuer son frère Britannicus, sa mère Agrippine, ses maîtres Burrhus, Sénèque, son meilleur général Corbulon, son rival en poésie Lucain. Ses voyages dans les provinces sont des tournées où, monté sur la scène, il quête les applaudissements du public; il lui faut un théâtre, un décor merveilleux : il a peut-être allumé l'incendie qui détruisit une partie de Rome, pour en tirer des effets; puis, revenant à ses instincts sanguinaires, il accuse les chrétiens de ce crime et, dans une fête fameuse, donne au peuple le spectacle de leur supplice, avec d'atroces raffinements.

L'anarchie militaire. — A la fin, la conscience du monde se soulève. Du Rhin, de l'Espagne, de l'Asie, les armées marchent sur Rome, poussant leurs chefs à l'Empire, jaloux d'ailleurs du rôle des prétoriens. Abandonné de tous, Néron se fait tuer par un affranchi, en soupirant : « Quel artiste le monde va perdre! » En deux ans (68-69), trois empereurs sont proclamés et égorgés ; on se bat en Italie, et presque sur le Forum, au milieu de la foule indifférente et amusée; le Capitole est incendié. L'ordre renaît enfin avec un soldat énergique, Vespasien.

Certes, ce sont de honteuses pages dans l'histoire de l'Empire; mais on va voir qu'il y en a de fort belles. Ces crises d'anarchie sont encore rares, et ces monstruosités exceptionnelles. La paix romaine, dont le bénéfice s'étend à 80 millions d'âmes, n'en est pas encore profondément ébranlée.

DIRECTIONS ET BIBLIOGRAPHIE

On peut dire que l'histoire de l'Empire romain a été presque entièrement refaite de nos jours, et c'est un des plus beaux résultats de l'érudition moderne. On s'était, en effet, borné à l'histoire des empereurs et de la Rome impériale, surtout pour les deux premiers siècles, et encore l'avait-on faussée souvent. On l'écrivait surtout d'après le témoignage de trois écrivains : Suétone, Tacite, Pline le Jeune. Suétone, qui vivait sous Hadrien, a pu consulter dans la maison impériale des sources précieuses. Mais il a recueilli surtout des anecdotes, et souvent des commérages, dans les *Vies des douze Césars* : « Il écoutait aux portes, » a-t-on dit. Il a tracé ainsi, non sans habileté, des portraits assez vivants, fort peu édifiants, et souvent suspects. Tacite est un autre homme : Racine l'a appelé « le plus grand peintre de l'antiquité » ; c'est, en effet, un peintre incomparable des âmes et des sociétés. Observateur pénétrant, moraliste amer, rien n'échappe à son analyse cruelle, et souvent « il creuse dans le mal ». S'il n'est pas, autant qu'on l'a prétendu, l'interprète des rancunes de l'aristocratie romaine, du moins il pense en Romain ; il ne voit que Rome, même quand il étudie les *Mœurs des Germains*. Ses *Annales*, ses *Histoires,* sont trop les œuvres d'un penseur passionné pour être toujours impartiales. Pline le Jeune, serviteur et ami de Trajan, est, au contraire, un admirateur un peu complaisant et souvent monotone dans son *Panégyrique;* il y a plus à prendre — en laissant de côté le bavardage du bel esprit — dans sa *Correspondance avec Trajan* et dans ses *Lettres,* sur la vie publique et privée au temps des premiers Antonins.

Mais on savait peu de choses précises sur les institutions impériales, sur l'organisation administrative, sur ce qu'il y a de large et d'utile dans le régime. Rome et sa dégénérescence, les Césars et leurs folies, c'est quelque chose ; mais tout cela nous cachait le monde qui vivait sa vie laborieuse et s'épanouissait dans la paix, sans grand souci de ce qui se disait ou se faisait au Palatin ou au Forum. Ainsi réduite, l'histoire de l'Empire était devenue un sujet d'éloquents discours, ou même un arsenal de satires et d'épigrammes politiques. Sous Napoléon III notamment, l'opposition académique puisait dans Suétone et Tacite ses traits les plus acérés.

Cette manière a beaucoup vieilli. Elle est remplacée par une documentation sérieuse qu'on a demandée à l'épigraphie.

L'épigraphie latine, c'est-à-dire la lecture des inscriptions tracées sur la pierre, le marbre ou le bronze, est une science créée il y a un siècle par BORGHESI, enrichie avec l'appui des corps savants (notamment de l'Académie de Berlin), par les travaux de MOMMSEN, de LÉON RENIER, etc. De nombreux recueils appelés *Corpus* ont groupé par milliers les inscriptions recueillies dans les divers pays ayant fait partie de l'Empire. L'épigraphie latine a ce grand avantage d'être fondée sur des règles précises et invariables. La langue latine se prête d'ailleurs à merveille au style lapidaire. Les Romains surent faire tenir en un petit nombre de lignes et de signes abréviatifs une grande quantité de renseignements sur les familles, sur les titres et honneurs, sur les actes publics, sur les grands travaux, sur les événements. Les inscriptions tenaient lieu ainsi de nos journaux, de nos bulletins, de nos affiches, et elles avaient le mérite de durer indéfiniment. Les faits qui y sont relatés ne sauraient guère être faux, car tout le monde pouvait les contrôler. L'épigraphie est donc une excellente source d'informations. Sans doute, le bien seul y est relaté, et le ton est souvent celui de l'adulation; mais on peut s'en servir avec confiance, à la condition de ne leur demander que des choses, et non des jugements.

On a eu ainsi le large tableau des siècles dont on ne connaissait guère que les épisodes tragiques et les figures exceptionnelles. Voici qui peut donner une idée des éléments nouveaux apportés à l'histoire par cette science auxiliaire; il est utile d'insister sur cette rénovation, car c'est un des résultats les plus caractéristiques de la science contemporaine. Sans le *Testament d'Auguste*, découvert à Ancyre par G. Perrot en 1861, on ignorerait une grande partie des actes du premier empereur. — Sans la *Lex regia*, enfin bien interprétée, on ne saurait pas qu'à partir de Tibère probablement, les Césars faisaient régulariser en bloc l'ensemble de leurs pouvoirs, à leur avènement. — Sans le *Marbre de Thorigny*, on ignorerait les assemblées générales des Gaules, tenues chaque année à Lyon, et si importantes pour la garantie des intérêts provinciaux. — Sans les *Tables alimentaires*, on ne comprendrait pas le fonctionnement d'une des plus bienfaisantes créations des Antonins, etc.

MOMMSEN, qui a tant contribué à accroître le trésor de l'épigraphie latine, n'a pas abordé le récit de l'Empire. Mais cette partie est une des mieux traitées dans l'*Histoire du peuple romain* de DURUY. — FUSTEL DE COULANGES, dans le t. Ier de son *Histoire des institutions politiques de la France*, a dégagé d'une façon magistrale les idées dominantes du régime impérial. Enfin, avec l'emploi des précis déjà indiqués, on peut recommander l'*Empire romain* de PEYRE (*Bibliothèque d'histoire illustrée*), bon tableau d'ensemble des institutions et de la société pendant ces quatre siècles.

ÉTUDES ET LEÇONS

I. — **La littérature latine.**

Nous ne pouvons ici qu'en marquer les principaux âges. Il n'y a pas d'œuvres littéraires antérieures à l'époque des guerres puniques et à l'hellénisme. Ce peuple pratique et sans idéal n'a produit de lui-même que des *Annales* informes, des chants religieux sans poésie et des textes juridiques.

1. L'*âge de l'hellénisme* (III° et II° siècles) est marqué d'abord par des traductions d'Homère ou des auteurs tragiques, œuvres très primitives encore de Livius Andronicus, de Pacuvius; puis ce sont des imitations de ces modèles, par Ennius et Nævius, et bientôt des adaptations des comédies de Ménandre, où Plaute met plus de verve et de force comique, Térence plus de délicatesse et d'*humanité*. Les ouvrages de Caton le Censeur (*les Origines de Rome, l'Agriculture*) ont plus d'originalité et un goût de terroir très prononcé. Un seul genre fut alors créé par Lucilius, la *satire*, où les Romains ont plus tard excellé. De toutes ces œuvres, sauf pour Plaute et Térence, il ne nous reste que des fragments. A la même époque, l'éloquence politique prenait un grand essor.

2. L'*âge classique*, qui embrasse un demi-siècle avant et un demi-siècle après Jésus-Christ, comprend, comme notre XVII° siècle, deux parties.

C'est d'abord la période de la fin de la République. Inférieure peut-être par la perfection de la forme, elle est de premier ordre par la vigueur, la variété, la liberté de la pensée. Là, le génie latin s'est greffé sur l'inspiration grecque. Salluste crée à Rome la véritable histoire : son ouvrage est perdu, mais il nous reste de lui deux brillants *essais*, sur *Jugurtha* et sur *Catilina*. César écrit sur la *Guerre des Gaules* et sur la *Guerre civile* les premiers *Mémoires* de l'Antiquité; c'est l'histoire racontée par celui qui l'a faite. Cicéron porte à son plus haut degré l'éloquence latine (les *Verrines*, la *Milonienne*, les *Philippiques*). Il est aussi, en philosophie, un délicat moraliste (la *Vieillesse*, l'*Amitié*, les *Tusculanes*) et, dans ses *Lettres*, un chroniqueur tour à tour piquant et mélancolique des dernières luttes de la République. — La poésie a sa part. Si Tibulle et Properce ne sont que d'aimables et tendres élégiaques, Catulle associe aux raffinements des poètes alexandrins, qu'il imite, une verve souvent grossière, avec encore une réelle ardeur de passion. Enfin, dans son poème de la *Nature*, Lucrèce, avec une puissance sans égale, développe le système d'Épicure et évoque les premiers âges de l'humanité.

3. Le second âge classique est proprement le *siècle d'Auguste*.

Nous avons vu que tous les grands écrivains de cette génération sont associés par l'empereur à son œuvre de restauration nationale et morale : Tite-Live, Virgile, Ovide, Horace même, qui cependant n'est poète officiel qu'à ses heures. Pour la forme, pour le goût et la mesure, pour la langue, désormais fixée, c'est la période de la perfection ; mais un peu de la vigueur romaine a disparu, depuis que le souffle de la liberté n'anime plus le génie romain.

4. C'est une époque très riche encore en noms et en œuvres que celle qui s'étend du *règne de Claude à la fin des Antonins* (Voir le chapitre suivant). La philosophie avec Sénèque, la science avec Pline l'Ancien, la poésie avec Perse, Juvénal, Martial, l'histoire, sévère et familière, suivant qu'elle est écrite par Tacite ou par Suétone, ou dans les lettres de Pline le Jeune ; la critique littéraire créée par Quintilien, tout cela forme un ensemble extrêmement varié, où chaque écrivain a son tempérament et son style. Et la littérature grecque refleurit aussi, philosophique, historique, satirique : Épictète, Marc-Aurèle, Plutarque, Lucien.

5. Mais c'est la fin : les deux langues ne produisent plus que des œuvres de décadence, ou encore (Voir le chap. xii) des polémiques ardentes, et non sans beauté, entre les pères de l'Eglise et les derniers défenseurs du paganisme.

II. — La ville de Rome sous l'Empire.

La ville aux sept collines avait longtemps gardé sa simplicité un peu rustique. Elle commença à s'embellir quand le peuple romain prit contact avec la Grèce et l'Orient. La génération de Pompée et de César activa cette transformation. Mais ce n'est que sous Auguste et par ses soins qu'elle devint une ville magnifique, la digne capitale du monde. A son exemple, presque tous les empereurs se montrèrent prodigues, quelques-uns jusqu'à la folie, de constructions nouvelles, soit pour donner à la foule plus de bien-être et plus de plaisir, soit pour satisfaire leur propre orgueil et leur goût de luxe raffiné. Les plus beaux travaux furent exécutés principalement dans les quatre régions qui de tout temps avaient joué un grand rôle dans la vie de la cité.

1. *Le Palatin.* — Cette colline, dont l'altitude est à peine visible aujourd'hui, avait été le berceau de Rome. On y a retrouvé quelques morceaux de l'enceinte carrée (*Roma quadrata*) que la tradition attribue à Romulus, et l'emplacement du grand cirque taillé dans son flanc. Un peu négligée pendant la République, elle fut remise en honneur par Auguste, grand restaurateur du passé. Il y établit sa demeure, sans bruit, suivant sa méthode, en achetant la maison assez modeste de l'orateur Hortensius. Après un incendie, il la fit rebâtir avec plus d'ampleur et

de confortable : elle avait deux étages, des revêtements de marbre, des peintures : la plus remarquable était la carte du monde romain (*orbis pictus*) dressée par ses soins. Il y fit aussi une place aux principaux services publics. C'est depuis ce temps que le mot Palais (*Palatium*) a servi à désigner partout la résidence du souverain et aussi le siège du pouvoir central.

Tibère fit bâtir sa « maison » à peu de distance de celle d'Auguste. Caligula prolongea cette maison en un magnifique palais, qu'un pont reliait au Capitole : ce jeune fou voulait aller causer en voisin avec Jupiter. Quant à Néron, il trouva le Palatin trop étroit et chercha place ailleurs pour son extravagante *maison d'or*. Domitien et enfin Septime-Sévère revinrent au Palatin, où ils élevèrent des bâtiments dignes de l'Orient, par le faste et les dimensions. Le palais de ce dernier se prolongeait en une terrasse qui formait au-dessus du grand cirque une magnifique loge impériale. — Le Palatin était en outre couvert des habitations des grands personnages, des affranchis influents, des gardes, des serviteurs. — Les fouilles y ont été commencées en 1861 sur un terrain acheté par Napoléon III.

2. *Le Forum*. — C'était moins une place véritable qu'une sorte de très large voie, où venait aboutir, sous l'arc de Titus, la voie Sacrée ; il longeait le Palatin de l'est à l'ouest et allait buter contre le Capitole. Ce fut vraiment le cœur de Rome, à la fois marché, promenade et siège de la vie publique. Mais il reste peu de chose du Forum de la République ; on ne connaît pas même l'emplacement exact de la tribune autour de laquelle se sont déroulés tant de drames politiques. César la fit transporter à l'extrémité ouest, près du Capitole, avec les *rostres* (éperons pris aux navires ennemis). Peu après, le Forum devint silencieux, et c'est alors qu'Auguste et ses successeurs, par compensation sans doute, le firent magnifique. Il fut garni de basiliques pour les boutiques, les tribunaux, la flânerie à l'ombre ; des temples, des colonnes, des arcs triomphaux, des statues colossales, quelques souvenirs légendaires des temps primitifs, comme le *figuier Ruminal*, sous lequel la louve aurait allaité les jumeaux ; tout cela formait un ensemble grandiose, mais un peu confus. Les fouilles en ont été méthodiquement conduites à partir de 1871.

3. *Le Capitole*. — Ce fut l'acropole de Rome, le sanctuaire de la patrie, dont la grandeur semblait fondée sur ce « roc inébranlable ». Il se dressait à l'extrémité occidentale du Forum, comme un magnifique fond de tableau. C'était une colline disposée en demi-cercle : à l'arrière, les pentes abruptes de la roche Tarpéienne aux sinistres souvenirs ; sur les deux pointes qui s'abaissaient vers le Forum, une foule d'édifices publics étageaient leurs colonnades : le temple de la Concorde, celui de Saturne et le *Tabularium,* où étaient déposés le Trésor et les

archives, etc. Au sommet, le temple national par excellence, celui de Jupiter Capitolin. C'était sur la voie qui y conduisait que se déroulait le cortège des généraux auxquels on accordait le suprême honneur du *triomphe*.

La puissance de ces souvenirs a sauvé le Capitole de l'oubli, après la chute de l'empire romain. Dès le début de l'époque chrétienne, l'église d'*Ara cœli* s'éleva sur l'emplacement de l'ancienne citadelle (*arx*). Au moyen âge, le Capitole fut le centre de la vie municipale, souvent fort agitée. Son nom évoquait la grande idée de République; plus d'une fois, depuis Rienzi au XIV° siècle jusqu'en 1848, la République y fut proclamée. Du XV° au XVII° siècle, les papes y élevèrent un édifice Renaissance, qui servit à Rome à la fois d'hôtel de ville et de musée. Ils y logèrent le Sénat et aussi leurs précieuses collections de marbres et de bronzes. Cette colline privilégiée a symbolisé, en somme, l'idéal de la *ville éternelle*.

4. *Le champ de Mars.* — Cette plaine, qui s'étendait, en dehors de l'enceinte de la Rome républicaine, jusqu'au Tibre, a entièrement changé d'affectation au Ier siècle avant Jésus-Christ. Elle avait été jusque-là le lieu des enrôlements et le terrain des exercices militaires. Pompée, puis Marcellus, y construisirent de vastes théâtres. Auguste le couvrit de monuments propres à flatter l'orgueil et à charmer les loisirs du peuple. Il fit élever là son *mausolée,* une sorte de colline monumentale, et fit construire, par les soins d'Agrippa, le célèbre Panthéon, surmonté d'une coupole. Sa sœur Octavie fit les frais d'un superbe portique. On ouvrit au public les allées de verdure des jardins de Salluste, sur la colline qui est encore aujourd'hui, sous le nom de Monte-Pincio, la promenade mondaine de Rome. Le champ de Mars fut donc le cadre richement orné de la flânerie élégante, quelque chose comme le quartier qui, à Paris, s'étend de la place de la Concorde au bois de Boulogne.

Rome tout entière, du reste, eut part aux libéralités des empereurs. A ces parties maîtresses de ce qui fut dans l'antiquité la ville par excellence (*Urbs*), il faut joindre :

L'amphithéâtre du *Colisée,* œuvre des Flaviens, une montagne de pierre (550 m. de tour, 50 m. de haut) où pouvaient prendre place plus de 100,000 spectateurs;

Les *arcs de triomphe* de Titus, de Septime-Sévère, de Constantin;

Le *Forum de Trajan;* c'était une place monumentale, créée dans une tranchée de 200 mètres de large entre deux collines; on y admirait une basilique, une bibliothèque et la célèbre colonne à l'imitation de laquelle a été élevée notre colonne Vendôme;

Les *Thermes* de Caracalla, les plus richement ornés; ceux de Dioclétien, les plus vastes (ils pouvaient recevoir 32,000 baigneurs);

Le *tombeau d'Hadrien,* qui s'éleva à l'extrémité d'un pont du Tibre, lorsque Rome commença à déborder sur la rive droite; il devint une forteresse (château Saint-Ange), où la papauté chercha souvent un asile contre ses ennemis;

Les *égouts;* la plus antique construction romaine est le *grand égout,* attribué à l'époque royale;

Les *aqueducs :* ce fut un des grands luxes de la ville; il n'y en eut pas moins de onze, fournissant chaque jour un débit de 1,000 litres par habitant;

Les *voies romaines,* enfin, avaient aussi un caractère monumental. Bordées de tombeaux, comme ceux des Scipion, de Cæcilia Metella, de *columbaria,* véritables maisons de morts, elles se déroulaient à travers la campagne romaine; avec les arceaux des aqueducs, elles ajoutaient encore à la majesté de ses horizons et à leur beauté mélancolique. (V. G. Boissier, *Promenades archéologiques.*)

CHAPITRE XI

Les Antonins.

I. — **Les Flaviens (69-96) rétablirent l'ordre, à Rome d'abord, dans les provinces ensuite. Ce fut surtout l'occupation de Vespasien. Il eut pour successeurs ses deux fils, dont l'un, Titus, disait qu'il avait perdu sa journée quand il ne la marquait pas par un bienfait; mais l'autre, Domitien, à la fin de son règne surtout, marqua chacune des siennes par un crime.**

II. — **L'âge d'or de l'Empire, ce fut le siècle des Antonins (96-192), dynastie singulière, où l'on ne se succédait pas de père en fils, mais où un bon empereur adoptait le plus digne de le remplacer. C'est Trajan, qui incarne l'autorité et l'équité; Hadrien, qui passe sa vie à parcourir les provinces pour connaître et satisfaire leurs besoins; Antonin, qui rend la loi plus douce aux humbles et aux faibles; Marc-Aurèle, le philosophe couronné, le saint du paganisme; période unique dans l'antiquité, non seulement de paix et de prospérité, mais de justice et d'humanité. Elle est marquée par le développement du régime municipal, qui laisse aux cités une large autonomie; par les grands travaux publics, les réformes de la législation, une renaissance des lettres et des arts à Rome et en Grèce. Un souffle bienfaisant a passé alors sur le monde. Mais il suffit du règne d'un monstre,**

Commode, qui succède à son père, pour faire écrouler cet édifice trop fragile et livrer de nouveau l'Empire à l'anarchie militaire, dont les convulsions seront désormais de plus en plus violentes.

III. — Or, c'est à ce moment que le péril extérieur se manifeste. Les Barbares, un monde immense et mal connu, derrière le Rhin, le Danube, l'Euphrate, les montagnes de l'Atlas, s'agitaient et menaçaient les frontières. Jusqu'à la fin du deuxième siècle cependant, d'Auguste à Marc-Aurèle, l'Empire réussit à les contenir par des camps retranchés et de vastes remparts, à les diviser par sa politique, et même à les intimider par des pointes hardies. Pour mieux protéger les provinces exposées, quelques conquêtes nouvelles furent faites, la Grande-Bretagne, la Dacie. Rome put croire alors que le danger était conjuré.

IV. — Au troisième siècle, tous les éléments de destruction sont à l'œuvre. L'Empire traverse une crise d'anarchie militaire terrible. Malgré les efforts de quelques souverains énergiques, tel Septime Sévère, que les provinces fournissent à Rome, le désordre est partout ; les prétoriens mettent à l'encan la dignité impériale ; les légions assassinent les empereurs ; les pays soumis reprennent leur indépendance. Les Barbares ont forcé la frontière et pillent les provinces : derrière les Germains et les Parthes apparaissent les Goths et les Perses, puis les Huns, une horde de cavaliers effrayants.

Cependant l'ordre et l'unité sont un instant rétablis par un soldat, Dioclétien (285-305). Il crée un régime nouveau, une monarchie absolue et tout orientale, avec quatre empereurs et quatre capitales, pour mieux assurer la défense des frontières : c'est la tétrarchie, système compliqué, dont son énergie dirige le fonctionnement, mais qui, après son abdication, rejette le monde dans la guerre civile et le chaos.

I. **Les Flaviens.** — Voici en quels termes Tacite caractérise le règne de Domitien : « Quinze ans de servitude ! Quinze ans, cela compte dans la vie humaine... Nous avons donné alors un prodigieux exemple de patience. La délation nous avait interdit jusqu'à la faculté de parler et d'entendre ; nous eussions même perdu la mémoire avec la voix, s'il était aussi facile d'oublier que de se taire. »

La courte dynastie des Flaviens, en effet, avait bien commencé et mal fini. Vespasien, qui mit fin à la crise d'anarchie militaire, bon général, fils d'un fonctionnaire financier, avait l'âme d'un soldat, les habitudes d'un bourgeois : il rétablit l'ordre dans l'Empire, la probité dans l'administration. Du règne de son fils Titus, « l'amour et les délices du genre humain », les Romains gardèrent un souvenir attendri, peut-être parce que ce règne ne dura que deux ans. Celui de Domitien, frère de Titus, fut plus long : il dura trop. Après d'heureux débuts, ce prince fut pris, lui aussi, du vertige impérial, sous la forme d'une mélancolie soupçonneuse et cruelle. Par ses persécutions, il rappela Tibère ; par ses fantaisies sanguinaires, Néron. Ce fut surtout l'âge d'or des délateurs, « non moins odieux par leurs récompenses que par leurs crimes... Les mers furent couvertes d'exilés, les rochers lointains inondés de sang. » Un esclave le poignarda ; et le Sénat, enfin rassuré, refusa à ce César l'apothéose.

II. Le siècle des Antonins. — « Enfin nous respirons ! » ajoute Tacite. C'est le cri « de la conscience humaine, que le tyran avait cru pouvoir étouffer ». Un honnête vieillard, Nerva, fut élevé au pouvoir. Il n'eut que le temps (96-98) de choisir pour successeur Trajan. Cela suffit à sa gloire. Alors s'ouvre une ère nouvelle de longs règnes, de règnes bienfaisants. C'est l'âge d'or de l'Empire, une halte du monde romain dans la paix, la prospérité et la justice, le siècle des Antonins. En un peu moins de cent ans, quatre empereurs se succèdent, qui représentent, chacun avec son tempérament et ses qualités particulières, l'idéal du *bon prince,* et qui réalisent le même programme : « associer deux choses jusque-là inconciliables, le pouvoir et la liberté ». (Tacite.)

L'adoption. — Il y a peu d'exemples dans l'histoire des monarchies d'une si longue succession de souverains excellents. Il ne faut pas en faire honneur au seul hasard. Le fait est dû surtout à la règle que tous ces empereurs se sont imposée depuis Nerva, et qui est devenue comme une loi de succession : l'adoption ; non pas l'adoption qu'imposent au prince régnant d'aveugles affections ou de ténébreuses intrigues, mais l'adoption du plus digne. Tous choisissent, longtemps avant leur mort, dans leur entourage, parfois dans leur famille, mais avec le seul souci de l'intérêt public, celui que recommandent ses aptitudes et ses vertus ; ils l'adoptent, le préparent au pouvoir en l'y associant, lui lèguent leur œuvre à continuer. Ils prennent pour règle ce mot, prononcé par un empereur précédent : « Auguste a choisi son successeur dans sa maison ; je choisis le mien dans l'Etat. »

Le sacrifice de l'hérédité directe, à vrai dire, leur fut rendu facile par le fait qu'ils n'eurent pas de fils, sauf le dernier, Marc-Aurèle : ce fils, l'héritier du plus vertueux des empereurs, fut Commode, un monstre. L'exception ici confirme la règle.

Trajan (98-117). — Il n'y a pas de figure plus impériale que celle de Trajan ; nul n'a mieux pratiqué la formule chère aux vrais Romains : le pouvoir exercé selon les lois. Toute sa conduite est dirigée par le souci de l'ordre, de la justice, du bien de tous, et aussi par l'amour de la gloire et des conquêtes : peut-être est-ce là le seul excès de cette âme si bien pondérée.

Trajan et le Sénat. — Il était né en Espagne : les aristocraties provinciales étaient destinées à régénérer l'aristocratie romaine, décrépite et malsaine. Fort habilement, du reste, il se montra plein d'égards pour les vieilles familles, orgueilleuses et jalouses. Il châtia les délateurs qui les avaient décimées et dépouillées ; il avait, du reste, la délation en horreur. Il n'appliqua jamais la terrible loi de majesté. « Les grands noms, dit Pline, sont maintenant en honneur ». Trajan leur fit une large place au Sénat, dans les magistratures, dans le conseil du prince. Il écarta du palais la tourbe intrigante des affranchis, qui avaient accaparé ses prédécesseurs.

Il traita avec le même mélange de loyauté et d'adresse les institutions auxquelles Rome était attachée par tradition. Il donna au Sénat l'illusion d'un grand rôle politique, « le laissant parler beaucoup, agir un peu ». On y prononça de beaux discours ; on y jugea de grandes causes. Trajan était assidu aux séances ; il prenait une grande part aux débats, « non comme un maître, mais comme le plus juste des sénateurs ». (MARTIAL.) Il rendit même au Sénat le droit de scrutin secret : confiance mal placée, car Pline raconte que les sénateurs inscrivirent plusieurs fois sur leurs bulletins anonymes d'irrévérencieuses plaisanteries. Ces descendants des anciens maîtres du monde n'avaient plus le sentiment de leur dignité. « Tu nous as commandé d'être libres, » dit naïvement Pline. Cette liberté de commande, c'était surtout les respects extérieurs prodigués par le souverain au passé de Rome; car de véritables libertés, de pouvoirs représentatifs, de contrôle exercé sur les volontés impériales, il n'y en eut guère plus qu'auparavant. Le pouvoir continua à être fort et resta essentiellement personnel.

Gouvernement. — C'est Trajan seul, en effet, qui gouverna, et son activité se manifeste dans toutes les branches du gouvernement. Pline montre avec quel souci de l'équité il exerçait personnellement la justice dans son conseil, le plus souvent possible. Pour les finances, il abandonne, en prenant le pouvoir, le lourd impôt de l'*or coronaire,* sorte de don de joyeux avènement; il exempte de l'impôt du vingtième les petites successions. Les dépenses s'accroissent cependant; il y pourvoit par un sévère examen de l'administration financière. — Quant à l'armée, dont il a toute la confiance, il lui impose une sévère discipline. Il maintient les soldats dans leurs cantonnements : « Il ne faut pas éloigner les soldats des enseignes; les petites garnisons détruisent l'esprit militaire. » Dans l'intervalle des campagnes, il occupe les légions à de grands travaux publics. Quand l'heure des grandes entreprises a sonné, il se retrouve au milieu des troupes, pour partager leurs fatigues.

La vie économique se ranima du même coup. En Italie, l'agriculture fut encouragée et débarrassée de ses entraves. Par une ingénieuse combinaison, ainsi qu'on l'a dit, « du Crédit foncier et de l'Assistance publique », Trajan fit des prêts sur son trésor personnel (ou *fisc*) aux propriétaires qui voulaient perfectionner leur exploitation ; et il consacra l'intérêt de ces prêts à l'éducation des enfants pauvres (*tables alimentaires*). Les pâturages, qui envahissaient tout, reculèrent ; en cas de famine, l'Italie ne fut plus tributaire de l'Egypte.

L'administration des provinces. — Comme tous les bons empereurs, il appliqua particulièrement ses soins à l'administration des provinces. Quatre procès retentissants de concussions attestèrent la sévérité de son contrôle sur les gouverneurs. On peut se faire une idée de sa vigilance par sa correspondance au sujet de la Bithynie. Dans cette province, depuis longtemps livrée au désordre, il avait envoyé en mission spéciale Pline le Jeune, son ami. Ce grand seigneur, homme de lettres plus qu'homme politique, un peu novice dans son rôle de réformateur, consultait son maître à tout propos, dans des lettres fort intéressantes par le détail des affaires exposées. Trajan prononce toujours avec une équité rare, et ses réponses sont des modèles de « concision impériale ». Partout de grands travaux furent exécutés ; après la guerre contre les Daces, il fit jeter un pont sur le Danube et prolonger les voies vers la mer Noire. On en a retrouvé, aux Portes de Fer, des traces d'une hardiesse surprenante. De nouveaux relais de poste furent établis, et des aqueducs construits jusqu'en Asie.

Il ne négligea pas Rome. Il la dota d'un magnifique Forum, avec une basilique et une colonne où se déroulaient en bas-reliefs les épisodes de la guerre dacique. Il se plaisait à remplir dans la ville ses devoirs et ses fonctions. Sa vie et celle de sa femme Plotine furent des modèles de simplicité.

Les guerres. — Mais bientôt l'amour de la guerre le reprenait tout entier. A la fin de sa vie, il rêva de renouveler en Orient les exploits d'Alexandre : c'est en soldat, en luttant contre les Parthes, qu'il mourut, à la fin d'une pénible retraite, que sa fermeté empêcha de devenir un désastre. Par un hommage caractéristique, qui, cette fois, ne fut pas une basse adulation, le Sénat décida qu'on souhaiterait désormais à tout nouvel empereur d'être « plus heureux qu'Auguste, meilleur que Trajan ».

Hadrien (117-138). — Hadrien, son successeur, présente avec lui un curieux contraste. D'abord ce fut un pacifique après le conquérant. Il abandonna dès son avènement les provinces conquises en Asie par Trajan, et il ne fit d'autres guerres que celles que les circonstances lui imposèrent. Il avait fait, en Dacie, son devoir de soldat, mais il n'avait pas l'esprit militaire. D'une culture raffinée et surtout grecque, il aimait la poésie et les arts, et ne dédaignait pas de s'y essayer : on a de lui quelques jolis vers. Il aimait le passé aussi, et surtout ce qui était pour les Romains l'antiquité classique, les glorieux souvenirs de la Grèce. C'est un intellectuel, comme Trajan avait été un homme d'action. Ses bustes nous montrent sa figure originale et pensive, entourée d'une barbe courte, sa tête légèrement inclinée comme pour mieux entendre, son regard qui semble, même dans le marbre, curieux et pénétrant. Après l'empereur qui avait eu le don de commander, il fut celui qui a la passion de connaître.

Dans son gouvernement, il continua la politique de Trajan : égards pour le Sénat, discipline maintenue dans l'armée, bonne administration. Il fortifia encore l'autorité en donnant des attributions précises à ce qu'on pourrait appeler le *conseil privé*. Point de rigueurs : il n'eut qu'un complot à réprimer peu après son avènement. Il aimait à rendre la justice, entouré de ses jurisconsultes ; il fit faire par eux un premier essai de codification, l'*Édit perpétuel*[1].

Les voyages. — L'originalité du règne n'est pas là. Elle est dans sa prédilection pour les provinces et dans ses longs voyages. Moins Romain que Trajan, il fut par excellence le *César du monde romain*. Sur vingt et une années de règne, il fut quatorze ans hors de Rome. Il

---

1. Voir ÉTUDES ET LEÇONS, à la fin du chap. VII.

visita toutes les provinces, non pas seulement pour y fortifier son pouvoir et pour satisfaire leurs besoins, mais en homme curieux des vestiges anciens et des régions peu connues; ce fut un César touriste et archéologue. Partout il laissait de son passage des traces utiles ou magnifiques, grands travaux ou œuvres d'art; il eut vraiment droit au titre, qu'il prend sur une de ses médailles, de *rebâtisseur du monde.*

Avec l'aide des édifices, des inscriptions, des médailles, on peut reconstituer son itinéraire. Sur le Rhin, à Cologne, à Mayence, il poursuivit les travaux de Trajan. En Gaule, les Arènes, le pont du Gard, furent probablement commencés par lui. Au nord de la Grande-Bretagne, il établit un mur continu contre les irruptions des sauvages Calédoniens. En Espagne, il construisit un beau pont (Alcantara); il présida l'assemblée de Tarragone; en Afrique, il créa des voies, répara les célèbres aqueducs de Carthage : le pays fut dès lors marqué de la forte empreinte romaine que le temps n'a pas effacée.

Hadrien en Grèce et en Orient. — Mais la Grèce fut naturellement son séjour de prédilection. Il voyait dans Athènes sa vraie patrie; il s'y oublia. Il prit le costume grec, exerça les fonctions d'archonte, se fit initier aux mystères d'Eleusis. Il aimait à s'asseoir au Pnyx, à écouter, au théâtre de Bacchus, une comédie de Ménandre, à discuter avec les rhéteurs et les philosophes. Il lia amitié avec un riche lettré, Hérode Atticus, et, grâce à leurs libéralités associées, une ville nouvelle et magnifique s'éleva auprès des ruines augustes, « l'Athènes d'Hadrien à côté de celle de Thésée ».

Puis l'Orient l'attira, comme il avait attiré tous les Grecs. Il visita Smyrne, Milet, Ephèse; à Troie, il sacrifia aux mânes d'Hector; il suivit un instant l'itinéraire des Dix mille. Après un séjour à Antioche, il s'enfonça dans le désert de Syrie. Il admira et releva les ruines magnifiques de Palmyre et de Baalbek. Il conçut aussi le chimérique dessein de bâtir une Jérusalem romaine

(*Ælia Capitolina*); il ne fit par là d'ailleurs que surexciter le fanatisme juif et provoquer une terrible insurrection : Jérusalem, qui avait déjà été prise et dévastée par Titus, fut entièrement ruinée, et son peuple irréductible définitivement dispersé.

Enfin, remontant le cours de l'histoire, il atteignit l'Egypte, fort troublée alors parce qu'on venait d'y retrouver un bœuf Hapis. Il visita la bibliothèque d'Alexandrie, fonda au Musée des *bourses* pour ses amis d'Italie et de Grèce; il essaya d'entendre la voix mystérieuse du colosse de Memnon « aux premiers feux de l'aurore ». On l'imagine au pied des Pyramides ou dans les tombeaux des Pharaons. En revenant, il fit l'ascension de l'Etna.

Tibur. — Rentré dans sa villa de Tibur, il se fit un album de voyages original. Il fit imiter, en réduction, dans ses jardins, ce qui l'avait frappé au cours de ses voyages, un Pécile, un Prytanée, un Euripe, une vallée de Tempée minuscule, avec des copies de statues célèbres. Tout cela est d'un goût un peu bourgeois, mais si nouveau chez un Romain!

Aussi les Romains ne l'aimaient guère. Ils l'appelaient tout bas un *Græculus,* un petit Grec. L'hostilité de la haute société romaine a entouré son histoire d'anecdotes scandaleuses, et peut-être de calomnies; il est probable cependant que sa moralité fut moins pure et moins haute que celle de son prédécesseur et de ses successeurs.

Antonin (138-161). — L'Empire doit encore à Hadrien deux de ses meilleurs empereurs : avant de mourir, il adopta Antonin, en lui recommandant de choisir pour son successeur celui qui sera Marc-Aurèle. Il avait désigné Antonin, qui n'était ni son parent ni son familier, pour ses seuls mérites, « pour son expérience, sa modestie, son désintéressement ». Le nouveau maître du monde fut, en effet, un homme de bien, de physionomie douce, on pourrait presque dire « un brave homme », un honnête gérant du pouvoir qu'il avait reçu en dépôt.

Le gouvernement; la législation. — Gaulois d'origine (son grand-père était de Nîmes), il était né en Italie, et il garda quelque chose de la simplicité vertueuse des vieux Latins. Il aimait cette terre antique et sa ville illustre ; par un nouveau contraste, il fut aussi sédentaire qu'Hadrien avait été voyageur. Ce fut un de ces règnes heureux « qui n'ont pas d'histoire » ni d'originalité bien marquée. Antonin suivit, dans son gouvernement, la voie tracée par ses prédécesseurs, continua leurs grands travaux, releva des villes détruites par des incendies ou des tremblements de terre, Narbonne, Rhodes, Antioche. Il protégea les lettres, créa aux frais de l'Etat des chaires de rhétorique et de philosophie, désigna pour le consulat deux notables rhéteurs, Hérode Atticus et Fronton (qui fut le maître de Marc-Aurèle) ; surtout il déploya un grand zèle de législateur. Il s'efforça particulièrement d'adoucir le sort des malheureux et de protéger les faibles, ainsi que le montrent les lois sur la tutelle des enfants, sur la restriction des rigueurs du pouvoir paternel, sur l'atténuation de la torture, et surtout sur l'amélioration de la condition des esclaves : ce fut désormais un crime de tuer un esclave. Il élargit l'œuvre de bienfaisance de Trajan, en faisant élever aux frais du fisc des jeunes filles qu'on appela, du nom de l'impératrice, *pupilles de Faustine.* Ce siècle des Antonins est, du reste, avec celui des Sévères qui le suit, la grande époque de la jurisprudence romaine ; des jurisconsultes illustres, Gaius, Paul, Ulpien, non seulement perfectionnent la loi, mais fondent les principes du droit. A cette œuvre, Marc-Aurèle apportera bientôt sa contribution par un nouvel essai de codification, l'*Edit provincial.*

L'homme. — C'est cette fidélité religieuse à l'accomplissement de tous ses devoirs qui sans doute valut à Antonin son surnom de *Pieux.* Avec cela, il était simple, d'abord facile, ennemi du faste jusqu'à paraître un peu campagnard d'allures. Sa vie privée était exemplaire : il a écrit sur la mort de sa chère Faustine, que la calomnie romaine n'a pas épargnée, une lettre touchante : « Plût aux dieux que je pusse vivre encore avec elle dans une île déserte, plutôt que de rester sans elle dans mon palais! » Peut-être demeura-t-il trop attaché aux amis de sa jeunesse; on lui reprochait de les conserver trop longtemps au pouvoir. Il aimait les vieilles gens, comme il aimait les mœurs du passé. Sa figure apparaît aimable, sans relief vigoureux, mais doucement éclairée de bonté. Le mot d'ordre qu'il donna aux soldats le jour de sa mort est le résumé de sa vie : « Egalité d'âme. »

Marc-Aurèle (161-180). — Pour se conformer au vœu d'Hadrien, Antonin avait adopté simultanément Marc-Aurèle et Lucius Vérus. Celui-ci était un tout jeune homme, ami du plaisir et indolent aux affaires. Sans se montrer aucunement jaloux d'exercer un pouvoir exclusif, Marc-Aurèle travailla à éveiller en lui la conscience et le sentiment du devoir. Lucius Vérus succomba de bonne heure aux fatigues d'une campagne.

Le règne du dernier des grands Antonins est peu chargé d'événements à l'intérieur, plutôt malheureux dans la lutte contre les ennemis extérieurs. Ce qui en marque le caractère et en fait l'unité, c'est l'admirable beauté morale du souverain, qu'on a appelé avec raison « le saint Louis du paganisme ».

Né à Rome, et d'origine espagnole, Marc-Aurèle grandit auprès d'Antonin et se fit à lui-même une éducation sévère. Il eut pour maîtres un rhéteur, Fronton; un philosophe, Rusticus, qui le débarrassa de la rhétorique, et surtout un petit livre qui forma sa grande âme : les *Entretiens* d'Epictète. Cet esclave grec, qui vécut à la fin du Ier siècle, avait condensé là la pure doctrine et la haute morale d'un stoïcisme qui ne visait pas à être, comme celui de Sénèque, spirituel et mondain : le souverain bien est en nous; c'est l'adhésion de notre volonté aux lois de la raison; hors de là, il n'y a ni bien ni mal : la douleur, la mort, ne sont pas plus des maux que la richesse, les honneurs, ne sont des biens. Une douce résignation, un entier abandon à la volonté divine, corrigeaient ce qu'il y avait d'un peu âpre dans cet enseignement.

Le stoïcien. — Marc-Aurèle s'en imprégna ; il y ajouta ce qu'il y avait, dans sa propre nature, de bonté, on pourrait presque dire de charité, car son accent est souvent évangélique. Il le traduisit en l'appliquant à ses actes quotidiens, dans un ouvrage unique en son genre, des notes écrites chaque soir, au palais ou sous la tente ; il les intitula : *Sur moi-même.* Le titre véritable serait : *Mon Examen de conscience.* « Il ne s'agit pas de discuter sur ce que doit être l'homme de bien, mais d'être homme de bien. — Pense que les hommes sont tes frères, et tu les aimeras. Garde-toi de *césariser* (de faire le maître). — L'homme qui a fait le bien doit passer à une autre bonne action, comme la vigne qui a donné son raisin se prépare à en donner d'autre. »

Sa religion ne fut guère que l'exacte observance des cérémonies et des pratiques du culte officiel. C'est la seule philosophie qui a fait cette âme si belle, tendant toujours à la perfection, indifférente aux choses périssables, ouverte à tous les sentiments d'humanité.

Le souverain. — Comment un tel homme a-t-il été un persécuteur des chrétiens, — comme Trajan avant lui, — et dans quelle mesure le fut-il ? On le verra au chapitre suivant. Il ne connaissait ni l'ambition, ni l'orgueil, ni l'esprit de vengeance. Une révolte éclata en Orient, où Avidius Cassius, orgueilleux de sa victoire sur les Parthes, souleva ses soldats contre les deux empereurs. « Il voulait aller châtier à Rome, disait-il, cette vieille femme qui philosophait et ce petit garçon qui courait les mauvais lieux. » Marc-Aurèle, toujours résigné, se porta à sa rencontre pour laisser aux dieux le soin de décider de la querelle. Les soldats rebelles tranchèrent la question en massacrant l'usurpateur.

Renaissance littéraire. — A l'intérieur, ce fut une époque de paix et de prospérité. Le régime municipal[1] était arrivé à son plein développement et portait ses plus beaux fruits. La pensée romaine reprenait aussi un vigoureux essor. Du règne de Claude à la fin des Antonins, il y a comme un second grand siècle de la littérature latine, dont la production est alors très originale et très variée. On a déjà vu combien le genre historique s'est renouvelé : l'histoire est devenue politique et morale avec Tacite, intime avec Suétone, familière et pittoresque dans les Lettres de Pline, anecdotique et psychologique dans les portraits tracés par Plutarque, car la Grèce a aussi sa renaissance. La littérature philosophique n'est pas moins intéressante : elle nous offre un grand nom, celui de Sénèque. L'homme et l'œuvre sont pleins de contradictions. Ce philosophe courtisan, ce prêcheur élégant d'une morale sévère, fut pour quelques âmes troublées un véritable « directeur de conscience[2] ». Il enseignait le mépris des faux biens, et poursuivait les honneurs ; il prêchait l'indifférence à la souffrance, et il aimait la vie facile et le plaisir; pour couronner le tout, il sut bien mourir. On a vu qu'Épictète et Marc-Aurèle avaient mieux accordé leurs principes et leur conduite. — Dans la satire, ce genre essentiellement latin, Perse exalte la vertu; Juvénal flétrit la corruption et cloue les tyrans au pilori. Un Grec, Lucien, livre à la raillerie des sceptiques les derniers débris des vieilles croyances. — Pour former l'orateur parfait, en un temps où cependant l'éloquence s'éteignait dans la servitude, Quintilien crée en quelque sorte la critique littéraire. La science elle-même, ou plutôt

---

1. Voir à la fin du chapitre, ÉTUDES ET LEÇONS.

2. Quelques citations peuvent donner une idée de sa pensée et de sa forme. Il dit, parlant des ambitieux : « Ils se donnent beaucoup de mal pour se préparer une belle épitaphe; » de ceux qui tirent vanité de leur origine : « Il n'est pas un coin de terre d'où l'âme ne puisse s'élancer vers le ciel; » de ceux qui voyagent pour tromper leur ennui : « Ils changent de climat : que ne peuvent-ils changer d'âme! » Il définit le monde, le grand monde, qu'il connaît à merveille : « Une école de gladiateurs, où de pauvres esclaves apprennent à s'entre-tuer. » Sur l'esclavage, il parle un langage bien nouveau, lorsqu'il dit, s'adressant aux riches et aux grands : « Esclaves? Pourquoi ce nom? *Ce sont des hommes,* ce sont d'humbles amis. Ce sont vos compagnons d'esclavage. »

la curiosité scientifique, a sa part : Pline l'Ancien a fait de son *Histoire naturelle* une esquisse d'Encyclopédie. Ce siècle est loin d'avoir la belle ordonnance et l'unité de celui d'Auguste, mais, par la diversité des talents et l'originalité des efforts, il fait songer à notre XVIIIe siècle.

Les guerres. — Le philosophe couronné qu'était Marc-Aurèle n'avait point de passion pour les conquêtes : il méprisait même quelque peu la guerre : « L'araignée, dit-il, se réjouit d'avoir pris une mouche; l'homme se réjouit d'avoir pris un poisson à la pêche, un sanglier à la chasse, un Sarmate à la guerre. » Mais la défense du pays était un devoir qu'il remplit comme les autres. Les circonstances condamnèrent ce pacifique à passer une partie de sa vie dans les camps, pour protéger la frontière contre l'assaut des Barbares. Il mourut de fatigue, sur les bords marécageux du Danube, à Vindobona (Vienne), « en examinant sa conscience ».

Commode. — La fin des Antonins fut lamentable. Après un siècle où quatre choix heureux avaient paru donner à l'adoption la force d'une institution, l'hérédité fut rétablie, avec tous ses hasards. Marc-Aurèle laissa le pouvoir à son fils Commode. Ce fut le règne d'une brute sanguinaire, d'un gladiateur couronné. Ses plaisirs, renouvelés de ceux de Néron, étaient de conduire des chars et de lutter dans l'arène; pour être plus sûr de vaincre, il armait ses adversaires de cuirasses de carton et d'épées de plomb. Les supplices se multiplièrent. Ces atrocités burlesques ne prirent fin que le jour où il fut lui-même étranglé. Quand on en vint annoncer la nouvelle aux sénateurs, assez lâches sous son règne pour mâcher les feuilles de laurier de sa couronne, ils poussèrent des cris de joie et de vengeance et voulurent le faire déterrer pour qu'on traînât son cadavre aux gémonies… L'anarchie militaire recommença.

III. L'histoire militaire de l'Empire. — C'est, pour l'Empire, une heure critique à tous les points de vue. Les forces sous les coups desquelles il périra commencent à se révéler : au dehors les Barbares, au dedans le christianisme.

Bien que de constitution essentiellement militaire, l'Empire fut beaucoup moins conquérant que la République. A partir d'Auguste, il ne s'étendit plus guère. Pendant tout le 1er siècle, il n'y eut d'autre conquête que celle de la Bretagne par Agricola (84 apr. J.-C.). Ce fut l'étendue même de l'Empire qui le réduisit à la défensive : il avait à maintenir une telle longueur de frontières qu'il ne pouvait plus songer à les reporter en avant. Il ne s'agissait plus, en d'autres termes, de conquête, mais de sécurité. Lors même qu'au IIe siècle les premiers Antonins parurent un instant reprendre l'offensive, ils ne firent pas autre chose que de protéger leurs frontières par de nouveaux établissements; encore ceux-ci furent-ils temporaires, et abandonnés à la première occasion.

Rome et les Barbares. — Si l'Empire fut ainsi, d'une façon permanente, absorbé par le soin de sa défense, c'est que, tout le long de ses frontières, un immense flot de peuples barbares menaçait sans cesse sa tranquillité. Il faut imaginer quels pouvaient être les sentiments divers de ces tribus à demi sauvages, menant péniblement dans leurs forêts une existence aventureuse et sans sécurité, en face de l'Etat pacifié, prospère et envié qui avait son centre à Rome. Tantôt, enflammés par le désir de mettre toutes ces richesses au pillage, ils se ruaient sur quelque province mal défendue, poussant parfois leurs incursions fort avant, à la faveur des guerres civiles; puis ils s'éloignaient impunis, chargés de butin. Tantôt, éblouis par ce grand nom de Rome et prêts à adorer cette divinité toujours victorieuse, ils venaient lui demander asile, lui offrir leurs bras pour la culture ou pour la guerre; mais, colons turbulents, soldats indisciplinés, ils étaient presque aussi dangereux comme sujets que comme ennemis.

Tout le long du Rhin et du Danube, des peuples d'origine septentrionale, venus des bords de la Baltique, déterminaient un incessant remous. Ces Germains s'enrôlaient de façon permanente dans des sortes d'associations guerrières : qu'un homme se distinguât par sa noblesse, son ambition, sa bravoure, immédiatement « il attirait par l'appât de la guerre et du butin, il enchaînait par la foi du serment tout ce qu'il trouvait d'aventuriers chez son peuple et chez les peuples voisins. Il les détachait de leur tribu pour en faire ses fidèles, ses compagnons. Ces « confréries militaires, placées en dehors et comme en marge des cités », avaient l'irrésistible élan des peuples neufs. Ils n'auraient peut-être pas résisté à des troupes bien commandées et en nombre suffisant; ils pouvaient l'emporter sur l'armée romaine, non seulement rongée par l'indiscipline et sans cesse détournée de la guerre étrangère par la guerre civile, mais encore de plus en plus compromise par sa faiblesse numérique.

Il faut ajouter que, sur les frontières du bas Danube les Goths, sur celles de l'Euphrate les Parthes, et même en Afrique les pillards du désert, ne cessaient en même temps de harceler l'Empire.

Les camps permanents. — On comprend que l'art militaire des Romains soit dès lors devenu purement défensif. Ils inventèrent bien moins des armes de jet ou des machines de siège que des procédés de retranchement. Tout le long du Rhin et du Danube, dans des endroits bien choisis, s'élevèrent, sous le nom de *castra statica* (camps permanents), de véritables centres défensifs. Leur enceinte pouvait être double et même triple, tantôt en terre, tantôt en maçonnerie. C'étaient de véritables villes militaires avec leur Forum, leurs temples, leurs portiques, leurs théâtres. Tel fut le camp bâti par Hadrien à Troesmis, au confluent du Danube et du Séreth. On a vu que le même empereur barra l'isthme qui unit l'Angleterre à l'Ecosse par un mur s'appuyant du côté de la mer du Nord sur une flottille en stationnement. On n'a jamais tenté un effort de fortification aussi considérable que sous les Antonins.

La défense au premier siècle. — Tout en s'organisant pour arrêter les invasions, l'Empire essayait de les prévenir. Les empereurs du 1er siècle usèrent simultanément des armes et de la politique. Des légions formées en colonnes d'expédition sillonnèrent la Germanie du sud au nord et de l'ouest à l'est. Sous le règne d'Auguste, une de ces colonnes, commandée par Varus, fut anéantie, près du Weser, par Arminius, dont on a fait plus tard un héros de l'indépendance barbare. Ce désastre attrista les dernières années de l'empereur, qui répétait douloureusement : « Varus, rends-moi mes légions. » Mais il fut vengé par Germanicus. Rome savait d'ailleurs semer la discorde parmi les tribus jalouses, et empêcher les coalitions de se former ou de durer.

La conquête au deuxième siècle. — Au 11e siècle, Trajan adopta une tactique plus hardie : occuper au delà des frontières des territoires nouveaux pour consolider la défense des anciennes provinces. Cela lui réussit sur un point : la conquête de la Dacie (aujourd'hui Roumanie et Transylvanie) transforma ce pays barbare en une belle colonie romaine ; la race y a gardé la forte empreinte de Rome, et le nom de Trajan y est resté légendaire. En Asie, l'Arménie, la Mésopotamie, l'Arabie du Nord, furent aussi occupées ; mais là, la conquête fut pénible, suivie de désastres et d'ailleurs presque aussitôt abandonnée par Hadrien.

Sous Marc-Aurèle enfin, la poussée des Barbares (Marcomans, Quades, etc.) sur le Danube fut formidable. Quelques bandes arrivèrent jusqu'à Aquilée, au nord de l'Adriatique. L'alarme fut grande à Rome. L'empereur méditatif mourut en soldat sur la brèche de l'Empire. Mais dès lors, c'est le monde barbare qui prend l'offensive.

IV. L'Empire menacé au troisième siècle. Dioclétien. — La faiblesse de Rome, d'ailleurs, croissait avec les périls. Le 111e siècle tout entier nous montre une inextricable confusion de révoltes militaires, de soulèvements des provinces, de discordes religieuses et d'incursions barbares. De temps en temps une dynastie d'origine provinciale, quelques empereurs énergiques, Septime-Sévère, Aurélien, Probus, rétablissent pour un instant l'ordre et la sécurité. A la fin du siècle, Dioclétien réorganise la monarchie sur un type franchement absolutiste et oriental. Il partage l'Empire en quatre sections, on pourrait dire en quatre *secteurs* de défense, sous les ordres de deux Augustes et de deux Césars. Mais cette division, qui permet à Rome de faire front à ses divers ennemis, ne tarde pas à raviver les compétitions et la guerre civile. Une autre grande lutte d'ailleurs, celle du paganisme et du christianisme, est près de son dénouement.

DIRECTIONS ET BIBLIOGRAPHIE

Il y a peu à ajouter, pour cette période, aux *Directions* données dans le chapitre précédent sur l'esprit et la méthode qu'il convient d'appliquer à l'histoire de l'Empire romain, ainsi qu'aux indications de lectures qui y sont jointes. On trouvera, dans le beau volume de RENAN sur *Marc-Aurèle*, une pénétrante étude sur l'empereur philosophe et sur le mouvement d'idées dont il est le représentant.

Quant au régime municipal, à ses formes diverses, à ses résultats, à la vie des provinces sous l'Empire, on fera bien de l'étudier particulièrement en Gaule, et l'on en trouvera une excellente synthèse dans le petit volume de C. JULLIAN, *Gallia*. D'autre part, FUSTEL DE COULANGES, dans son t. Ier des *Institutions de la France,* a dégagé, avec sa sûreté de critique et sa netteté ordinaires, les traits essentiels du gouvernement impérial et du régime municipal.

ÉTUDES ET LEÇONS

I. — Le régime municipal.

1. *Origines.* — C'est une des créations les plus caractéristiques et les plus heureuses de la politique romaine. Non pas qu'il y ait eu, à proprement parler, création : ce régime ne résulte ni d'une conception d'ensemble ni d'une loi organique. Pendant le premier siècle de l'Empire, Rome applique aux provinces la méthode qui lui a servi précédemment à assurer sa domination sur l'Italie, l'inégalité des droits entre les individus et entre les communautés. Elle sème partout des citoyens et des groupes de citoyens au milieu des populations assujetties. A ces populations même elle accorde des garanties diverses et des conditions

politiques variées. En Gaule, par exemple, il y avait des *colonies* romaines ou latines, fondées par Rome et dont les habitants avaient tout ou partie des droits de citoyens : telles Lyon, Aix, Narbonne. Il y avait aussi les peuples gaulois vaincus, auxquels l'Empire avait concédé l'existence politique, en les constituant en *cités :* ces cités portaient des titres variés, correspondant à tous les degrés de l'autonomie ; quelques-unes étaient dites *sujettes,* d'autres *libres,* ou *fédérées ;* elles gardaient leurs noms gaulois : cités des Éduens, des Arvernes, des Lingons, des Rèmes. Peu à peu l'assimilation se fit. Les mots de *cités* ou de *municipes* désignèrent indifféremment toutes ces collectivités, entre lesquelles étaient divisées les provinces. Et lorsque Caracalla, vers 217, concéda le titre de citoyens à tous les habitants de l'Empire, il n'y eut plus dans toute l'étendue de l'Empire romain que des différences légères d'organisation locale. Toutefois on peut dire que l'unification n'alla jamais jusqu'à l'uniformité. C'est une idée moderne et française que de jeter dans un même moule toutes les communes grandes ou petites, par une loi promulguée au *Journal officiel.* Rome laissait le sol produire ses fruits : elle n'a guère ni déraciné ni planté ; elle a surtout cultivé.

2. *Caractères.* — C'est entre les derniers héritiers d'Auguste et les Sévère que le régime municipal atteint sa maturité. On peut alors, avec Fustel de Coulanges, définir l'Empire « une monarchie absolue et militaire superposée à une fédération de cités ». Le régime municipal n'a pas pour objet de donner aux populations des *libertés,* c'est-à-dire un contrôle sur le gouvernement, notion étrangère à l'esprit autoritaire de Rome, mais d'assurer à chaque groupe la plénitude de son activité et de son bien-être. Aussi laisse-t-on à chaque cité la gestion de ses intérêts locaux : l'État ne retient qu'une surveillance d'ailleurs peu tracassière et un haut patronage. Mais il garde pour lui, sans permettre qu'on y touche, tous les droits sur l'armée, la paix ou la guerre, l'impôt, tout ce qui constitue dans les sociétés modernes les garanties politiques.

3. *Constitution sociale et politique.* — Tel est l'esprit du régime municipal. Le cadre dans lequel il se développe, la *cité* ou *municipe,* est une sorte de *république* (le mot d'ailleurs est souvent employé) qui reproduit à grands traits la constitution sociale et politique de la République romaine à sa plus belle époque. La société, d'abord, est, comme à Rome, aristocratique, c'est-à-dire formée de classes distinctes, hiérarchisées, privilégiées les unes par rapport aux autres : seulement ces privilèges traînent après eux de lourdes charges et de graves responsabilités.

L'équivalent de la classe sénatoriale, ce sont les *curiales,* ceux qui possèdent une certaine fortune terrienne ; les dignités municipales leur sont réservées, mais ils sont responsables sur leurs biens des impôts exigés par l'Empire. Rome prend, pour ainsi dire, hypothèque sur leurs domaines ; cette hypothèque finira par les ruiner.

La classe équestre de Rome a son pendant dans la cité : c'est une bourgeoisie enrichie par le grand commerce et la spéculation ; elle ne peut arriver aux honneurs : mais, pour se l'attacher, Rome l'a constituée en une espèce de confrérie gardienne du culte de l'empereur, l'ordre des *augustales*. Cette bourgeoisie trouve dans ces sacerdoces, ces cérémonies, ces fêtes périodiques, une satisfaction à sa vanité, un stimulant à son dévouement.

Enfin, la classe des travailleurs des villes, marchands, ouvriers, est groupée en de nombreuses corporations, ou *collèges,* plus ou moins considérées et influentes, suivant leurs richesses. Dans plusieurs villes, comme à Paris, celle des bateliers est au premier rang ; ailleurs ce sont les marchands de bois ou de vin, les charpentiers, etc. Rome, qui n'aimait pas beaucoup l'esprit d'association, tolérait, dans l'intérêt de la prospérité publique, ces groupements corporatifs ; mais elle les surveillait de près, elle examinait leurs statuts ; surtout elle exigeait qu'ils eussent un patron, quelque personnage considérable et sûr, qui leur servît de répondant. Elle interdisait toute association secrète et n'encourageait guère les *collèges de petites gens,* espèces d'associations funéraires dans lesquelles le christianisme fit ses premières recrues[1].

Le gouvernement de la cité semble calqué, lui aussi, sur la République romaine ; quelques noms seuls diffèrent, car les noms respectés de Sénat, de consulat, ne pouvaient appartenir qu'à Rome. Mais la cité eut les équivalents. Son sénat fut la *curie,* ou *ordre des décurions ;* on en faisait partie soit par le fait, comme à Rome, de l'inscription sur le registre des grandes familles, soit après l'achèvement d'une magistrature, et les magistrats y formaient une élite, les *honorés* ou les *principaux,* dont l'influence était prépondérante. La cité avait encore toute une hiérarchie de magistratures : la plus élevée, analogue au consulat, était le *duumvirat ;* puis venaient les *édiles,* les *questeurs,* etc. Tous ces magistrats se partageaient l'administration municipale.

---

1. Dans les campagnes, l'organisation sociale était différente. Là prédominait la grande propriété. De vastes domaines, dont le centre était la *villa,* appartenaient à de grands seigneurs, citoyens romains et même membres de la haute aristocratie romaine, sénateurs ou patrices. Leurs terres étaient cultivées soit par des esclaves, soit par des fermiers libres, soit (et de plus en plus avec le temps) par des hommes demi-libres, les *colons,* attachés héréditairement au sol. Au moyen âge, ces colons, privés encore de quelques-uns de leurs droits, deviendront les *serfs* attachés à la glèbe.

Dans certaines cités, ils étaient élus par des comices populaires : dans d'autres, par la curie. Celle-ci avait pour attribution principale l'examen et la gestion des finances, une juridiction d'appel, sauf sur les citoyens romains, et l'élaboration des décrets de police et d'intérêt publics, ayant force de lois dans toute l'étendue de son territoire.

C'est sur la base de ces milliers de républiques romaines en réduction que l'Empire était assis solidement, sans rien aliéner de son pouvoir souverain.

4. *Résultats.* — Les résultats furent très heureux, surtout pendant le siècle des Antonins. Ce fut au bon fonctionnement du régime municipal, autant qu'à l'administration vigilante des empereurs, que le monde dut alors l'ordre et la prospérité. La vie politique, dans les limites que lui assignait l'Empire, était des plus actives ; les magistratures, les honneurs de la curie, très recherchés : le développement des corporations répondait aux besoins économiques d'une société qui ne craignait plus le désordre et qui recherchait le bien-être. Une émulation féconde régnait entre les diverses classes et entre les plus hautes personnalités de chaque classe, pour l'embellissement des villes, la splendeur des fêtes, la création des écoles, le développement des moyens de communication. L'épigraphie nous fait connaître dans le détail (car les historiens en parlent peu) cette intensité du patriotisme local. Le zèle pour la petite patrie resserrait, au lieu de le relâcher, le lien qui rattachait les populations à la grande patrie romaine.

5. *La décadence.* — On peut donner diverses raisons de l'affaiblissement du régime municipal pendant les deux derniers siècles de l'Empire.

1° L'accroissement des impôts, résultant des nécessités chaque jour plus impérieuses de la défense et du luxe croissant de la cour impériale. Alors les exigences du fisc épuisèrent les cités. Les familles curiales, solidairement responsables des charges publiques, furent peu à peu spoliées. En les ruinant, Rome détruisait son gage ; elle tuait sa poule aux œufs d'or. Les curiales essayèrent vainement de s'évader d'une dignité si onéreuse : des lois impitoyables interdisaient la vente des propriétés, enchaînaient les fils à la condition paternelle, jusqu'à l'entière expropriation. On fut condamné à être dans la classe des riches jusqu'à ce qu'on fût réduit à la mendicité.

2° Les invasions des Barbares furent une autre cause de misère. Dans ses crises répétées d'anarchie, l'Empire devint incapable de garantir la sécurité des provinces. Des bandes de Germains pénétrèrent jusqu'au cœur du pays[1].

---

1. Au milieu du IIIe siècle, l'une d'elles détruisit le beau temple de Mer-

3° Le christianisme, en interdisant à ses fidèles toute participation aux sacrifices, les retirait, pour ainsi parler, de la vie publique et organisait la grève des fonctions municipales. Avec le temps, il finit par tirer la cité à lui; l'influence des évêques remplaça l'autorité de la curie et des magistrats. C'est sous cette nouvelle forme, le diocèse, sous ce nouveau patronage, l'épiscopat, que le régime municipal poursuivra une existence obscure, mais ininterrompue pendant tout le moyen âge.

CHAPITRE XII

Le christianisme dans l'Empire. — Constantin.

I. — Le christianisme a été, pour l'Empire romain, un ennemi plus redoutable encore que les Barbares. Il était né en Judée, de la parole de Jésus-Christ, annonçant une foi nouvelle, une loi de charité et de fraternité qui devait miner la société païenne, fondée sur la force et le privilège. Il fut propagé par d'ardents apôtres, Pierre, Paul et leurs successeurs; il se répandit facilement à la faveur de la paix et de l'unité qui régnaient dans le monde romain. Des sociétés fraternelles, des Églises, groupant dans leur sein des hommes de toute race et de toute condition, les humbles surtout, opposaient leurs pratiques très simples et leur morale pure aux vaines pompes du paganisme, qui ne parlaient pas au cœur. A Rome même, les chrétiens creusèrent toute une ville souterraine, les catacombes, pour y prier « le Père céleste » et y reposer après leur mort.

II. — Les empereurs en prirent ombrage : non pas seulement les pires, comme Néron, pour satisfaire leurs fantaisies sanguinaires, mais les meilleurs, comme Trajan et Marc-Aurèle, parce qu'ils sentaient l'autorité menacée et l'Empire ébranlé. La dernière persécution, sous Dioclétien (303), fut générale, violente et impuissante.

III. — Au quatrième siècle, le duel entre le paganisme et le christianisme d'une part, la bataille entre le monde civilisé et la barbarie d'autre part, prennent fin, après de rapides et étranges vicissitudes.

cure que les Arvernes avaient élevé au sommet du Puy de Dôme (on en a retrouvé les substructions), et brisa la statue colossale de bronze qui le surmontait.

Constantin (312-337), pour triompher de ses rivaux, enrôle les chrétiens dans son armée, et leur accorde la tolérance par l'édit de Milan (313). Empereur de transition, chef de la vieille religion et de la nouvelle, mais plus favorable à celle-ci, il préside le concile de Nicée (325), qui condamne les hérésies et organise l'Eglise. Il abandonne Rome pour une capitale nouvelle, Constantinople ; il rompt avec les traditions du passé et déplace l'axe de l'Empire.

Un peu plus tard, et toujours pour rétablir l'unité, Julien l'Apostat (360-363) tente de restaurer, contre la nouvelle religion, un paganisme amélioré, rendu philosophique et moral : il échoue à la tâche et meurt en essayant de repousser les Perses.

Et c'est aussi en luttant contre les Barbares, qui pénètrent maintenant au cœur de l'Empire, que Théodose, un vigoureux soldat (379-395), consomme la révolution religieuse. Docile à la direction impérieuse de l'évêque Ambroise, il proscrit le paganisme et fait du christianisme la religion d'Etat. A sa mort, il partage son Empire entre ses deux fils. Pour mieux sauver Rome et l'unité, il a définitivement ruiné l'une et l'autre. Il y a désormais deux mondes à jamais séparés, l'Orient et l'Occident ; il y a aussi une seule foi, qui va, comme auparavant l'Empire romain, gouverner les peuples pendant de longs siècles.

I. Le Christ. — Il n'y a rien de plus malaisé à étudier que les débuts d'une religion. Une religion naît d'ordinaire hors de la portée de l'histoire, ou dans un temps reculé, ou dans un pays mal connu. Elle progresse lentement, obscurément, sans que les contemporains en perçoivent l'importance. Quand cette importance se révèle, la lutte engagée autour de la doctrine nouvelle déchaîne en sens inverse des passions qui, inconsciemment, altèrent la vérité. Enfin, quand cette doctrine triomphe, quand on peut la saisir en pleine lumière, définitivement formée, elle est déjà profondément transformée.

La personne du Christ échappe à l'histoire. Dans son enseignement même, il est difficile de faire la part de ce qui fut sa parole même et du développement que lui donnèrent les premières générations de ses disciples. On se le représente groupant autour de lui les pauvres pêcheurs du lac de Tibériade, jetant du haut de la montagne sa parole de consolation et d'espérance, bouleversant l'âme juive, qui traversait à cette heure sa plus violente crise, apparaissant aux uns comme le Messie attendu, aux autres comme un dangereux agitateur, à la fin condamné par ceux-ci au supplice ignominieux de la croix, mais toujours vivant pour ceux-là.

La doctrine. — Un accent nouveau pour les oreilles des hommes, des sentiments nouveaux pour leur cœur, voilà ce qui paraît le plus sûrement appartenir au Christ. La « bonne nouvelle », que les apôtres allaient répandre en son nom, modifiait, en effet, profondément la notion religieuse de l'ancien monde, et le « règne de Dieu » qu'ils annonçaient était de nature à ébranler la société antique. En voici les traits essentiels.

Charité : ce mot prend dans la langue chrétienne un sens qu'il n'avait jamais eu. Voici le premier précepte : « Tu aimeras le Seigneur Dieu de toute ton âme; » et voici le second : « Tu aimeras ton prochain comme toi-même. » Toute la loi et tous les prophètes sont là. C'est la loi d'amour substituée à la crainte vis-à-vis des puissances divines, à l'égoïsme et à la force vis-à-vis des hommes.

Humilité : cet amour universel s'exerce de préférence à l'égard de ceux qui souffrent ou qui sont méprisés : « Heureux les pauvres (même d'esprit) : le royaume des cieux est à eux. Heureux ceux qui souffrent, car ils verront Dieu. Soyez doux et humbles de cœur. » Le mot de *miséricorde* prend une acception générale. C'est l'annonce d'une vaste fraternité, qui devait faire crouler une société fondée tout entière sur l'inégalité.

La perfection morale : « Soyez parfait, comme votre père céleste est parfait. » Telle est l'unique règle substituée au formalisme, qui était tout dans la plupart des religions antiques.

Les deux lois : l'une humaine, qui atteint les actes, classe les personnes, répartit les biens; l'autre divine, qui juge les intentions, domine les consciences. Dieu se réserve la haute juridiction de celle-ci; l'Etat, les princes, font et appliquent celle-là : « Rendez à César ce qui est à César, à Dieu ce qui est à Dieu. » Jusque-là César était le représentant des dieux, dieu lui-même.

C'est en ces termes, révolutionnaires sans vouloir l'être, que le christianisme s'adressa au monde antique. Ce n'est pas un des moindres miracles de son histoire que de voir sortir du peuple juif, si ardemment tendu vers la revanche et la domination, si exclusif dans son patriotisme et sa croyance, un verbe de douceur et d'humanité.

Le christianisme dans le monde romain. — Après la période de formation, la période d'expansion. « Deux grandes causes, dit Renan, la Méditerranée et l'Empire romain, déterminèrent ce fait capital. La Méditerranée était depuis mille ans la grande route où s'étaient croisées toutes les civilisations et toutes les idées. Les Romains, l'ayant délivrée de la piraterie, en avaient fait une voie de communication sans égale. Une nombreuse marine de cabotage rendait très faciles les voyages sur les côtes de ce grand lac. La sécurité relative qu'offraient les routes de l'Empire, les garanties qu'on trouvait dans les pouvoirs publics, la diffusion des Juifs sur tout le littoral de la Méditerranée, l'usage de la langue grecque dans la portion orientale de cette mer, l'unité de civilisation que les Grecs d'abord, puis les Romains, y avaient créée, firent de la carte de l'Empire la carte même des pays réservés aux missions chrétiennes et destinés à devenir chrétiens. L'*orbis* romain devint l'*orbis* chrétien, et, en ce sens, on peut dire que les fondateurs de l'Empire ont été les fondateurs de la monarchie chrétienne, ou du moins qu'ils en ont dessiné les contours. Toute province conquise par l'Empire romain a été une province conquise au christianisme. Qu'on se figure les apôtres en présence d'une Asie Mineure, d'une Grèce, d'une Italie divisées en cent petites républiques, d'une Gaule, d'une Espagne, d'une Afrique, d'une Egypte, en possession de vieilles institutions nationales : on n'imagine plus leur succès, ou plutôt on n'imagine pas que leur projet ait pu naître. L'unité de l'Empire était la condition préalable de tout grand prosélytisme religieux, se mettant au-dessus des nationalités. L'Empire le sentit bien au IVe siècle ; il vit que le christianisme était la religion qu'il avait faite sans le savoir, la religion délimitée par ses frontières, identifiée avec lui, capable de lui procurer une seconde vie. L'Eglise, de son côté, se fit toute romaine et est restée jusqu'à nos jours comme un débris de l'Empire. »

L'œuvre de Paul. — Paul fut comme un second fondateur du christianisme. Il nous apparaît avec une âme passionnée et impérieuse, avec une volonté de créateur et un cerveau d'organisateur. Son rôle est double : il élargit l'horizon chrétien en portant la doctrine « aux gentils », c'est-à-dire aux nations, sans distinction de races, au monde, pour lequel elle était faite. Cette doctrine, d'autre part, il la précise, il en fait un dogme et une discipline, toute une religion. Il quitte Jérusalem, laisse les apôtres et les docteurs à leurs subtiles et ardentes controverses. Il parcourt la Syrie, l'Asie Mineure et la Grèce, car c'est un Juif *hellénisant,* et le génie des deux races se mêle en lui. Partout où il arrive, à Antioche, en Galatie, en Bithynie, à Thessalonique, à Athènes, à Corinthe, après avoir travaillé la semaine comme ouvrier tapissier, pour gagner son pain, il se rend, le jour du sabbat, à la synagogue ; il y annonce le règne de Dieu ; il y déchaîne la tempête, fureur ou enthousiasme. Il groupe ceux auxquels il a donné la foi : il fonde une Eglise. Ces Eglises ne sont pas l'*Eglise* encore, mais ce sont les matériaux dont elle se construira peu à peu. Il s'éloigne et va, poursuivant sa mission, sans abandonner les fidèles qu'il laisse derrière lui. Par ses *Epîtres,* il les dominera de loin et dirigera leur pensée. Plusieurs fois dénoncé comme agitateur, il est à la fin envoyé à Rome pour y être jugé, car il est citoyen romain. Il y trouve Pierre, l'un des premiers compagnons du Christ, le *prince* des apôtres. On ne sait rien de précis sur la date et les circonstances de leur mort. Suivant la tradition chrétienne, ils subirent l'un et l'autre le dernier supplice sous Néron.

II. **Les premières persécutions. Néron, Domitien.** — Avec les persécutions, le christianisme passe du domaine des idées dans celui des faits. Mais leur histoire est pleine d'incertitudes. Les historiens ecclésiastiques en comptent dix, de 64 à 311. Cette classification est un peu arbitraire. Elle ne distingue pas entre les persécutions locales et les persécutions générales; elle ne nous renseigne ni sur les causes ni sur les effets, ni sur le nombre des *martyrs,* c'est-à-dire de ceux qui *témoignèrent* de leur foi par la mort. Des légendes pieuses se sont d'ailleurs, de siècle en siècle, incrustées sur la réalité. Ce que nous savons se réduit à quelques faits. Dès le règne de Claude, une vive agitation se manifesta à Rome, dit Suétone, dans la colonie juive, très nombreuse et très remuante, à propos d'un certain *Chrestos.* L'empereur mit fin à ces querelles en bannissant tous les Juifs, qui revinrent bientôt.

Sous Néron, les chrétiens formaient déjà une communauté distincte des Juifs. Ils avaient fait de la propagande jusque dans le palais impérial : une amie de Néron, Acté, était chrétienne. Lorsque l'empereur sentit qu'on le soupçonnait d'avoir allumé l'incendie de Rome, il détourna perfidement les soupçons sur la secte nouvelle : on arrêta un grand nombre de chrétiens; puis, dans une fête fameuse, qui fut comme une orgie de sang offerte à la populace (64), on les livra à d'effroyables supplices. — Vingt ans après, Domitien, qui était devenu, suivant Suétone, « cruel par peur », crut découvrir dans son palais et dans sa propre famille un complot ourdi contre lui et auquel des chrétiens étaient mélés. Ce fut la cause d'une seconde persécution, que sa mort interrompit.

Les persécutions du second siècle. — Les circonstances, les noms mêmes de Néron et de Domitien, expliquent ces persécutions du 1er siècle. Mais comment expliquer celles du second? Tout les rend invraisemblables. Elles ont pour auteurs le plus juste des empereurs, Trajan, et le plus humain, Marc-Aurèle. Elles sont en contradiction avec les principes du gouvernement impérial : l'esprit de persécution est étranger à l'Empire. Rome recevait dans son Panthéon les dieux de tous ses peuples ; les gouverneurs, dans toutes les provinces, participaient aux cultes locaux ; elle n'avait jamais fait le moindre effort pour propager sa religion, pour agir sur les consciences. Enfin, l'état d'âme du monde romain à cette époque était plutôt favorable au développement de toute nouveauté religieuse.

La philosophie et les religions orientales à Rome. — Le culte officiel, en effet, pompeux et tout de forme, la religion païenne, sans dogme et sans morale, n'apportaient aucune solution au problème de la destinée, aucune consolation aux misères de la vie, aucun apaisement aux inquiétudes de l'âme. La philosophie essayait bien de combler ce vide ; la belle morale stoïcienne eut alors ses adeptes fervents, ses prédicateurs, mondains ou ascètes, Sénèque, Epictète, qui enseignaient le courage, l'humanité et presque la charité. Mais elle restait, malgré tout, un peu hautaine ; et d'ailleurs elle était un luxe : c'était de la vertu pour grands seigneurs et pour esprits cultivés. — Les religions orientales, les cultes de Cybèle, d'Isis, de Bellone, de Mithra surtout, avaient, au contraire, recruté de nombreux adhérents, et de toute condition. Leurs prêtres constituaient une sorte de clergé ; leurs processions bruyantes, leurs cérémonies, comme on dit, sensationnelles (le *taurobole*, où l'on inondait l'initié du sang d'un taureau égorgé), attiraient les femmes, donnaient aux blasés l'émotion inattendue, secouaient les nerfs de la foule. La doctrine juive même avait fait des conquêtes dans la haute classe et enrôlé jusqu'à une impératrice, Poppée, femme de Néron. Pourquoi le christianisme ne bénéficia-t-il pas de la large tolérance que l'Empire accordait à tous avec une sereine indifférence ?

Causes des persécutions. — Pour le comprendre, il faut se placer à un point de vue tout romain. Pour Rome, le christianisme fut un ennemi.

D'abord le Dieu des chrétiens, unique et jaloux, n'admettait point de collègue en divinité, ne tolérait aucun sacrifice, pas même celui que tout bon citoyen doit offrir à *Rome et Auguste,* c'est-à-dire à l'Etat, en signe de fidélité. Le refus de ce sacrifice constituait une véritable rébellion.

Ensuite les chrétiens avaient des allures de conspirateurs; leurs progrès, leur propagande, leurs funérailles, s'accomplissaient dans une ombre mystérieuse. Les églises (assemblées) ressemblaient à ces associations secrètes que l'Empire tenait toujours en suspicion. C'était parmi les petites gens qu'elles se recrutaient; elles admettaient même des esclaves. On pouvait croire qu'elles préparaient secrètement quelque convulsion sociale.

Enfin la foi nouvelle était sortie de cette Judée irréductible, de ce peuple qu'on n'avait pu dompter qu'en le dispersant, et qui, seul peut-être, avait soutenu contre Rome plusieurs *guerres saintes.*

Trajan et les chrétiens de Bithynie. — On démêle toutes ces raisons dans la politique de Trajan, le plus Romain des empereurs. Pline, chargé de rétablir l'ordre troublé en Bithynie, reçoit de nombreuses dénonciations contre les chrétiens : on les accuse de vices monstrueux, de toutes sortes de crimes, du plus grand de tous, la désobéissance aux lois. Il demande à l'empereur ce qu'il doit faire : le fait même d'être chrétien est-il un crime? Trajan répond avec sa netteté ordinaire : ne pas tenir compte des délations anonymes; ne punir que les crimes constatés; pardonner à ceux qui se repentent. Il ne dit pas quelles lois on appliquera aux coupables. Il est probable que c'est ce que nous appellerions les *lois existantes.* Rome en avait un certain nombre, faites en vue de l'ordre public, contre le sacrilège, l'introduction des cultes interdits par l'Etat, les associations illicites, et surtout la lèse-majesté. La persécution fut d'ailleurs limitée à cette province, et sans doute dura peu.

Marc-Aurèle : les martyrs de Lyon. — Celle qu'on attribue à Marc-Aurèle ne fut pas l'effet d'un édit impérial, mais la satisfaction donnée par un gouverneur de province à la fureur d'une populace. Lyon, en relations commerciales suivies avec l'Orient, renfermait une nombreuse colonie syrienne, qui était devenue un foyer de propagande chrétienne. Par un de ces caprices sanguinaires que le goût de l'amphithéâtre entretenait, la foule demanda qu'on « jetât les chrétiens aux bêtes ». La constance des martyrs égala la sauvagerie populaire. Un vieillard, une jeune fille, un enfant, Pothin, Blandine, Ponticus, lassèrent les bourreaux (177).

Les apologistes. — En somme, jusqu'au milieu du IIIe siècle, les persécutions furent intermittentes, plutôt rares, et n'eurent pas le caractère de mesures générales. Le christianisme eut alors d'ailleurs ses défenseurs avoués, ses apologistes. Le premier, Justin, plaida sa cause avec modération, sous Antonin; il ne fut pas inquiété pour cela. Un autre, Minucius Félix, dissipa beaucoup de préjugés en montrant, dans une œuvre très littéraire, les affinités du christianisme et de la philosophie. Tout autre est Tertullien (mort vers 240) : cet Africain passionné a l'accent âpre et provocant; il attaque ses adversaires plus qu'il ne justifie ses amis : « Nous remplissons déjà, dit-il, vos camps, vos tribunaux, vos palais : nous ne laissons déserts que vos temples. » Il ajoutait ce mot, qui devait paraître aux vrais Romains un blasphème : « Vous nous parlez de l'Etat ! Rien ne nous est plus indifférent. » Et, pour commentaires, le refus de participer aux sacrifices officiels, l'abstention des fonctions publiques, la propagande dans l'armée, l'abdication du citoyen, qui déjà se tournait vers « la cité de Dieu ».

Les grandes persécutions. Dioclétien. — Or, à cette heure même, l'anarchie déchaînée, les désastres aux frontières, coïncidaient avec ces progrès menaçants de la société chrétienne. L'opinion lui imputa ces maux de toute sorte. De plus en plus les empereurs cédèrent à ces craintes et donnèrent satisfaction à ces colères. Peu à peu, sous Décius (250), Valère, Aurélien, et surtout sous Dioclétien, les persécutions prirent l'allure de véritables guerres de religion; elles furent une lutte entre deux mondes, combattant l'un avec toutes les forces officielles, l'autre avec sa force intérieure et le nombre croissant de ses adhérents. Des édits spéciaux, chaque jour plus rigoureux, furent appliqués aux chrétiens dans tout l'Empire. Dioclétien, « ce Dalmate, fils d'esclave, qui méritait de descendre d'un vieux Romain » (DURUY), disait : « C'est le plus grand des crimes de vouloir changer les institutions du passé. » Il porta contre « ce crime » trois édits d'une rigueur croissante : 1° destruction des églises, livres sacrés brûlés, cimetières confisqués, dégradation des droits civiques pour refus de sacrifier; 2° arrestation des évêques, des prêtres, peine de mort contre tous les fauteurs d'agitation; 3° peine de mort contre tous les prêtres qui refuseraient l'abjuration publique. Enfin, pendant une maladie de Dioclétien, qui peut-être répugnait aux suprêmes violences, ses collègues, Galère et Maximien, rendirent un quatrième édit qui imposait à *tous* les chrétiens l'obligation de sacrifier, sous peine de mort. La persécution fut alors sanglante et universelle (303-311), sauf peut-être en Gaule, où le César Constance Chlore s'efforça d'épargner les personnes. Déjà Dioclétien avait abdiqué (305); il put apprendre, au fond de sa retraite, que le christianisme avait triomphé avec Constantin. Sa fin fut triste, mais non horrible, comme celle que les historiens chrétiens d'alors ont prêtée à tous les persécuteurs.

III. La crise du quatrième siècle. Constantin. — Le IVe siècle est rempli de péripéties dramatiques et de luttes violentes. Ces luttes sont surtout religieuses, et le fait qui domine tout est la victoire définitive de la religion chrétienne. Ici encore les événements sont entourés de légendes pieuses, mais douteuses. En voici la substance.

Fils de Constance Chlore qui avait acquis dans sa capitale de Trèves une réelle popularité, Constantin en bénéficia. César en Gaule, il marcha sur Rome pour y disputer à un concurrent, Maxence, le titre d'Auguste. Maxence affectait le rôle de protecteur du paganisme. Constantin préféra « livrer sa fortune à ce vent inconnu de l'opinion qui s'était levé sur le monde ». Il fit pendre à la barre transversale de ses enseignes un voile de pourpre avec le monogramme du Christ. A cette enseigne, les chrétiens d'Occident se rallièrent en foule; ils aidèrent leur protecteur à vaincre son rival au pont Milvius (312). Ceux d'Orient, un peu plus tard (321), l'aidèrent de même à écraser son autre adversaire, Licinius, et à rester maître unique de l'Empire.

L'édit de Milan (313). — Dès 313, Constantin avait payé sa dette : il promulguait l'édit de Milan, qui autorisait les chrétiens à célébrer publiquement leur culte et concédait à leurs églises les mêmes faveurs qu'aux temples païens. A le bien considérer, l'édit de Milan n'est qu'un acte de tolérance : il rend aux chrétiens leurs droits de citoyens; il ne met pas la religion nouvelle au-dessus de l'ancienne; il l'élève au même niveau. Les termes et l'esprit de cet acte sont ceux des légistes de la chancellerie impériale : « Afin que tout ce qu'il y a de divinités et de puissances célestes soit satisfait et demeure propice à l'Empire... » C'est un dieu de plus reçu dans le Panthéon romain, et c'est une conception bien romaine.

Les raisons de Constantin. — Mais l'homme qui accomplit cette révolution, à quel motif obéissait-il? Les historiens sont partagés sur ce point. Les uns tiennent pour le sentiment religieux : le fils de Constance Chlore, qui avait protégé les chrétiens contre la persécution, et d'Hélène, qui subissait la direction des évêques, a pu être incliné de bonne heure vers la doctrine nouvelle. On lui prête des tendances mystiques. Il aurait, suivant la tradition chrétienne, aperçu dans le ciel le miraculeux étendard, autour duquel brillaient ces mots : « Par ce signe tu vaincras. » Les autres ne voient en lui que le politique avisé, le joueur audacieux, qui estime, à la manière de notre Henri IV, « que Rome vaut bien un baptême ». Ce baptême, d'ailleurs, il ne le reçut que fort tard, peut-être à son lit de mort. Il garda jusqu'à la fin le titre tout païen de grand pontife. Il est difficile de trouver en lui les mœurs et l'âme d'un chrétien. Ses dernières années sont remplies d'actes de cruauté : il n'épargna même pas sa propre famille. C'est la fin d'un Tibère ou d'un Domitien.

Le concile de Nicée. — Mais, chrétien ou non, il avait mis le christianisme sur la voie du succès définitif. Il lui rendit encore deux services inappréciables. En 325, il présida le concile de Nicée : c'est la première de ces grandes assises *catholiques* où les évêques et les docteurs maintiendront l'unité de la doctrine et l'énergie de la discipline. La plus dangereuse des hérésies y fut condamnée : celle d'Arius, qui repoussait le mystère de la Trinité et niait la personnalité divine du Fils égal au Père. On y rédigea le *symbole* de la foi. Tout grand pontife qu'il fût, Constantin y joua le rôle de chef du sacerdoce chrétien : il devint « l'évêque du dehors ».

Fondation de Constantinople. — D'autre part, en 330, il transfère la capitale de l'Empire à Byzance, qui reçoit le nom de Constantinople. La position était admirable, aux portes de l'Europe et de l'Asie, sur les rives du Bosphore, avec un port merveilleux, la Corne d'Or. L'empereur fut sans doute inspiré surtout par des raisons politiques et militaires. Ce n'en fut pas moins un coup de fortune pour le christianisme, car dans l'antique Rome la vieille religion d'État avait poussé des racines trop profondes pour être entièrement extirpée.

Les successeurs de Constantin. — En toutes choses, Constantin vécut sur la limite de deux mondes. Sa conception impériale, plus précise encore que celle de Dioclétien, est très différente de la constitution des deux premiers siècles. C'est une monarchie absolue et théocratique, orientale et magnifique, placée au sommet de toute une hiérarchie nobiliaire et d'un personnel de fonctionnaires « aussi nombreux que les moucherons un soir d'été ». Mais après sa mort (337), ce fut une nouvelle confusion, un nouveau partage de l'Empire entre ses trois fils, Constance, Constant et Constantin II, une nouvelle série de massacres jusqu'à ce que l'un d'eux, l'aîné, demeurât le maître (353), sans en profiter d'ailleurs, car il fut peu après renversé. De nouvelles crises religieuses avaient bouleversé l'Empire. Constance, favorable aux ariens, persécuta avec une égale fureur les païens et les orthodoxes.

Julien l'Apostat (360-363). — Le règne du neveu de Constantin, Julien, pour avoir été très court (il ne dura que trois ans), n'en présente pas moins un intérêt considérable, car il constitue une sorte de tentative de restauration du paganisme. Aussi, comme il était né chrétien, cet empereur reçut-il des chrétiens le nom d'Apostat.

C'était avant tout un lettré et un philosophe. Contraint par son parent, l'empereur Constance, de pratiquer ostensiblement la religion du Christ, il s'en dédommageait en secret en suivant les leçons des rhéteurs païens, comme Libanius, en cultivant la poésie et la mythologie helléniques, en se faisant initier aux mystères d'Eleusis. Il menait une vie austère, avait les mœurs d'un stoïcien, l'âme d'un disciple de Platon. Envoyé en Gaule pour lutter contre les Alamans, il les vainquit sur le Rhin et se montra bon capitaine, bien qu'il méprisât le métier des armes. Il aimait fort sa résidence des bords de la Seine, « sa chère Lutèce ». C'est un Romain déjà Parisien. Il fit bâtir un palais et des Thermes, dont les ruines sont attenantes à l'actuel musée de Cluny.

Ses soldats, qui l'adoraient, se mutinèrent pour le forcer à se proclamer Auguste et à réclamer à Constance sa part d'empire (360). Empereur malgré lui, et bientôt seul maître par la mort de Constance (361), il avait, dans sa marche sur Constantinople, rouvert les temples fermés et sacrifié solennellement aux dieux de l'ancienne Rome. Par cet acte, exactement contraire à celui de Constantin, il annonçait sa volonté de restaurer l'antique religion nationale, en lui infusant, à vrai dire, une vie nouvelle par la philosophie. Son paganisme est plus grec que romain; il est moral et sévère. Aussi la plupart des païens le goûtèrent-ils peu : hommes de plaisir, ils raillèrent les sermons où il leur prêchait le devoir et la vertu. Les Orientaux fastueux riaient de sa simplicité, de sa barbe mal faite, de son horreur pour les jeux du cirque.

Quant aux chrétiens, ils le poursuivirent de leur haine. Lui, cependant, ne les persécutait pas. Il les traitait avec une tolérance hautaine et un peu méprisante; il leur retirait les privilèges qu'ils avaient acquis depuis Constantin; il fermait quelques unes de leurs écoles et leur défendait d'enseigner les belles-lettres, parce qu'elles étaient païennes : « Qu'ils se contentent, disait-il ironiquement, de Luc et de Mathieu. » Il applaudissait avec ferveur aux sectes bizarres qui troublaient l'orthodoxie et faisaient le désespoir des évêques.

Tout cela en pure perte. Dans le grand conflit entre l'ancien monde et le nouveau, il n'y avait pas de place pour cette religion de sages de la Grèce. L'essai, d'ailleurs, dura peu. Julien partit pour combattre Sapor, roi des Perses; il fut vaincu dans cette lutte; il conduisit en grand capitaine une désastreuse retraite, et il y mourut en philosophe, insensible à la souffrance, regrettant peu la vie, désespérant peut-être du monde. Celui qu'il avait rêvé, du reste, était près de sa fin.

En effet, cette restauration éphémère du paganisme n'avait fait qu'ajourner la lutte décisive. Le dénouement en fut un instant retardé par le péril extérieur. Les Barbares, quelque temps contenus, devenaient de plus en plus menaçants à toutes les frontières. Un peuple encore inconnu, les Huns, accourait des profondeurs de l'Asie centrale. Leur aspect hideux, leur férocité, semaient partout l'épouvante. Les premiers atteints furent les Goths, qui formaient l'arrière-garde du monde germanique, dans les plaines de l'Europe orientale et sur le bas Danube. Une partie d'entre eux, les Wisigoths, demandèrent à Valens, qui régnait à Constantinople, un refuge dans l'Empire. Pris au dépourvu, Valens ne put pas d'abord leur refuser des terres dans la Mœsie, où il les installa comme auxiliaires; mais, dès qu'il se crut en état de le faire, il les prit à revers et tenta de les réduire en esclavage. Ce fut lui qui fut écrasé, à Andrinople (378). Toute son armée fut détruite, et lui-même, blessé, fut brûlé dans la cabane où il s'était réfugié.

Théodose (379-395). — Les armes romaines avaient été plus heureuses en Occident, avec Valentinien et surtout avec Gratien, qui avait battu les Alamans. Mais Gratien se sentit trop faible pour porter la double couronne; il fit appel à Théodose. Ce prince, vaillant soldat, politique plein d'énergie, le dernier empereur de Rome, et qui aurait pu, par ses qualités, s'égaler aux plus grands, retarda à peine sa ruine. La mort de Gratien, puis de Valentinien II, tous les deux assassinés, le laissa à la fin seul maître du monde romain. Il usa de sa puissance pour contenir une dernière fois les Barbares et pour donner une solution à la question religieuse.

Contre les Barbares, il généralisa un système déjà employé. Il en enrôla un grand nombre au service de l'Empire et se servi d'eux pour la défense des frontières. Ce furent les Goths surtout qui composèrent ce corps de *fédérés,* dernière et dangereuse ressource de Rome. Bien dirigés et disciplinés par la forte main de Théodose, ils formeront après lui des hordes de pillards aussi redoutables que les Barbares du dehors. Ce sera un de leurs chefs, Alaric, élevé à Constantinople sous Théodose, qui prendra Rome et la pillera en 410.

Le christianisme religion d'Etat. — En même temps qu'il suspendait l'effort de l'invasion, Théodose, par une série d'édits rendus de 380 à 392, faisait accomplir au christianisme, déjà élevé par Constantin au même rang que le paganisme, un nouveau progrès. Successivement, les subsides impériaux furent retirés au culte païen, qui ne pouvait subsister qu'avec leur aide; les temples furent fermés, les sacrifices interdits même chez les particuliers : plus d'encens, de guirlandes, de bandelettes, de statues divines. Le fanatisme de la populace, se déchaînant impunément contre les édifices et les œuvres d'art du paganisme, aida l'empereur dans sa tâche. La religion du Christ fut enfin la religion officielle et exclusive de l'Empire ; de persécuté, le christianisme devient persécuteur : l'esprit du moyen âge souffle déjà sur l'Empire romain finissant.

L'attitude de Théodose en face des évêques révéla d'ailleurs la force de la doctrine victorieuse. Plus d'une fois il montra sa docilité et son humilité à l'égard de ces grands directeurs de la conscience chrétienne, qu'on appelle les pères de l'Eglise. Les habitants de Thessalonique s'étant révoltés, l'empereur prit la ville et ordonna le massacre de tous les habitants. Mais lorsque, peu après, il se présenta devant la basilique de Milan, l'archevêque Ambroise l'arrêta sur le seuil et lui imposa une pénitence publique (390). Cet Ambroise, impérieux et infatigable, qui soutient d'ardentes polémiques contre les derniers écrivains païens, qui inspire les mesures de persécution, qui fait courber la tête des empereurs, nous apparaît comme le véritable vainqueur du vieil ordre de choses, et comme le premier des grands prélats du moyen âge.

Fin de l'Empire romain. — Près de mourir (395), Théodose reconnaissait lui-même que l'unité ne pouvait subsister ; il partageait définitivement la monarchie entre ses deux fils : Arcadius reçut l'Orient, et Honorius l'Occident. Les deux Empires, séparés, ne devaient plus jamais se rejoindre. L'Empire romain avait vécu.

Deux causes avaient préparé sa ruine : au dedans, *une force spirituelle*, le christianisme, l'avait miné ; au dehors, *une force matérielle*, l'invasion des Barbares, l'avait débordé. Dix ans plus tard, sous des fantômes d'empereurs, un Gaulois régnait à Constantinople, et un Vandale à Milan.

DIRECTIONS ET BIBLIOGRAPHIE

Il n'y a pas, nous l'avons dit, de matière plus ardue que celle-là pour la
science, ni plus délicate pour l'enseignement. On donne le nom d'*exégèse*
à la science qui applique aux livres saints des religions les règles rigou-
reuses de la critique historique. L'exégèse chrétienne, relativement ré-
cente, laisse un large champ ouvert, pour les uns à la tradition et aux
croyances, pour les autres aux conjectures. Le maître, pour son instruction personnelle, pourra recourir au *Manuel d'histoire ancienne du christianisme* (t. Iᵉʳ, *les Origines*, par GUIGNEBERT); l'état des principales questions y est exposé avec beaucoup de netteté.
Dans les leçons comme celles-ci, on aura soin d'éviter les affirmations hasar-
deuses et les conclusions hâtives. L'enseignement ne doit pas dégénérer
en polémique. On écartera les ouvrages où se montrent l'esprit de système et l'esprit de parti. Pour donner de l'intérêt à ses leçons, un professeur peut faire de nombreux emprunts à l'œuvre de RENAN, *les Origines
du christianisme*, principalement aux volumes sur *Saint Paul*, *l'Anté-
christ*, *Marc-Aurèle*. C'est souvent de l'histoire probable, construite sur
des vraisemblances, mais avec une logique ingénieuse et une rare finesse
d'analyse. L'ouvrage de G. BOISSIER, *la Fin du paganisme*, offre un tableau
fort intéressant des vicissitudes du IVᵉ siècle et de la lutte suprême entre
le paganisme et le christianisme.

ÉTUDES ET LEÇONS

I. — Les catacombes. Les débuts de l'art chrétien.

1. *Histoire*. — Pendant les deux premiers siècles, les chrétiens.
encore peu nombreux à Rome, n'eurent pas de cimetières à eux.
Ce qu'on appelle de ce nom (cimetières de Domitilla, de Pris-
cilla, etc.), ce sont des caveaux appartenant à de grandes familles affiliées à la religion nouvelle, et qui donnaient à leurs
frères en Jésus-Christ l'hospitalité funéraire. Ces sépultures
n'avaient d'ailleurs rien de mystérieux. Les *columbaria* souterrains qui recevaient les corps étaient ordinairement surmontés
d'un édifice placé en bordure des principales voies.

Devenus beaucoup plus nombreux, à la fin du IIᵉ siècle, les
chrétiens se formèrent en collèges funéraires et achetèrent à
frais communs des terrains funéraires, et les hypogées se multiplièrent. Ce sont les véritables *catacombes*. Elles atteignent leur
plus grand développement au moment du triomphe du christianisme, au IVᵉ siècle. Mais, dès le Vᵉ, on cesse d'y ensevelir. Elles
deviennent alors les témoins vénérés des temps héroïques, des
lieux de pèlerinage, et surtout de véritables *mines de reliques*.
En 817, on en extrait 2,300 corps; puis on les oublie : peu à peu
on les abandonne; on finit même par les ignorer entièrement.

Ce n'est qu'en 1578 qu'on découvrit la *Rome souterraine*. Elle fut alors décrite par Bosio. explorée, mais sans méthode, et quelque peu dévastée par la curiosité comme jadis par la piété. Au XIX° siècle seulement. elle devint l'objet d'études vraiment scientifiques, de la part d'un savant italien, de Rossi, et de ses élèves.

2. *Construction et dispositions.* — La belle époque des catacombes, c'est le III° siècle ; elle correspond à la période des persécutions les plus violentes. C'est une erreur de croire qu'elles furent établies dans des carrières abandonnées. Les terrains achetés par les collèges funéraires des chrétiens reposaient d'ordinaire sur des roches de tuf. pierre relativement facile à tailler, poreuse et offrant la siccité désirable. Une importante corporation de fossoyeurs fut chargée de ce travail et y déploya une véritable science. Il y avait plusieurs étages de galeries superposées, communiquant entre elles et ayant des débouchés dans la ville ou sur la campagne. Voûtées et fortement maçonnées, ces galeries, assez étroites, étaient bordées de compartiments où les corps étaient déposés derrière des plaques de briques ou de marbre, avec des inscriptions. De distance en distance, la voûte s'élargissait pour former des *ambulacres,* sortes de vestibules ou de stations, dominés par un arceau cintré, et au milieu desquels étaient placés des sarcophages. Parfois aussi l'ambulacre était surmonté d'une coupole, dont le sommet formait une cheminée d'aération. On ne compte pas moins de 47 cimetières souterrains dans Rome au milieu du III° siècle. Le plus beau est celui du diacre Callixte. Le pape Damase, en 370, fit exécuter de grands travaux. Mais déjà les cimetières à ciel ouvert se multipliaient : le christianisme sortait de l'ombre.

3. *Les chrétiens dans les catacombes.* — Il ne faudrait pas croire toutefois que les catacombes aient été, au temps des persécutions, des refuges secrets où les fidèles cherchaient à se dérober aux recherches de leurs ennemis. En acquérant des terrains pour leurs tombeaux, les collèges funéraires usaient du droit commun et devenaient légalement propriétaires. On ne les inquiétait pas en temps de paix, et leurs fossoyeurs poursuivaient librement leurs travaux, qu'il aurait été d'ailleurs bien difficile de dissimuler. Mais par là même ils se désignaient, dès que la trêve était rompue, aux poursuites de leurs adversaires : on savait où les prendre : on gardait les issues des hypogées, on faisait main basse sur le troupeau des chrétiens. Aussi ceux qui s'y réunissaient pour honorer leurs morts, pour célébrer leurs mystères, faisaient-ils d'avance le sacrifice de leur vie. Leur constance s'exaltait par l'imminence du danger. Les catacombes furent comme des écoles de martyre.

4. *La décoration.* — L'art chrétien est né dans ces conditions, et l'on peut suivre dans les catacombes ses premières évolutions. Pendant les deux premiers siècles, les tombeaux chrétiens em-

pruntent à l'art païen ses procédés et ses modèles : il n'y a de changé que l'interprétation. C'est la décoration ordinaire des riches villas, feuillages, fleurs, oiseaux, paysages, peintures des saisons; souvent même des sujets de la poésie païenne transposée, l'Amour et Psyché (l'âme), Orphée (Dieu vainqueur de la nature), etc.

Au III° siècle apparaît un art imparfait, mais plus original : c'est celui des décorateurs chrétiens, organisés en corps de métiers comme les fossoyeurs. Leur œuvre est d'un symbolisme très varié. Ils créent des types pour commenter les détails funéraires, comme dans les hypogées de l'ancienne Egypte. Le plus fréquent est l'*Orante,* un personnage debout, les bras levés au ciel, et qui figure l'âme. La *colombe,* c'est l'âme encore, et elle rappelle à la fois le déluge et le Saint-Esprit. Le *Bon Pasteur* est le centre de tout un cycle pastoral (brebis, vases de lait, houlettes et pipeaux). A noter encore le cycle maritime, dont le *poisson* est le thème principal : en effet, le mot grec *ichthus* est formé des lettres qui servent d'initiales aux mots par lesquels on désigne *Jésus-Christ, fils de Dieu, sauveur :* c'est aussi l'évocation des pêcheurs qui furent les premiers apôtres et le symbole des pêcheurs d'âmes.

Enfin, si les scènes bibliques se trouvent en grand nombre sur les parois des catacombes (Tobie, Daniel, Jonas, David, etc.), l'image du Christ lui-même est absente, et nulle part on ne trouve le tableau du crucifiement. Etait-ce par respect pour la personnalité divine, ou par crainte des railleries que provoquait chez les païens l'image d'un dieu mourant du supplice des esclaves ?

Mais, après l'édit de Milan, la figure du Christ ressuscité, enseignant, jugeant les morts, se multiplie. Un art chrétien tout nouveau, d'ailleurs, va s'appliquer à la décoration des *basiliques,* ces lieux de rendez-vous publics qui vont être de plus en plus affectés aux réunions des fidèles, et qui deviendront les premiers types des *églises* du moyen âge.

II. — Constantinople.

La journée du 11 mai 330, qui vit la consécration officielle de la nouvelle capitale du monde, pourrait être considérée comme la date initiale du moyen âge. Quelque temps auparavant, Constantin, la lance à la main, à la tête d'une procession, avait fait, comme Romulus à Rome, le tour de la future enceinte. Les chrétiens disaient qu'un ange le précédait. Le jour de l'inauguration, il parut sur un char magnifique, tenant une statue en or de la Fortune; il présida les jeux du cirque, et les évêques donnèrent une bénédiction solennelle à la *Rome nouvelle,* soigneusement calquée sur l'ancienne, avec cette particularité qu'elle était placée sous un double patronage, celui du paganisme et celui de la religion nouvelle : fidèle image de cette monarchie composite qui s'appuyait sur les traditions du passé et s'assurait les forces de l'avenir. Constantinople eut ses sept collines, son palais impérial sur le Bosphore, ses nombreux forums, sur l'un desquels se dressait la colonne de porphyre de Constantin ; son immense Hippodrome, qui fut, bien plus que le Forum, le centre de la vie publique ; des thermes, des fontaines magnifiques, tout ce qui avait fait la splendeur de la ville des Auguste et des Trajan. Quelques temples, mais surtout des basiliques pour le culte chrétien : la Fortune était vénérée à côté des apôtres : l'art chrétien et l'art païen fraternisaient ; la statue du soleil avait sur la tête une croix d'or ; des bas-reliefs représentant le Bon Pasteur ou Daniel dans la fosse aux lions décoraient une fontaine en face de laquelle s'élevait la statue de Cybèle. Pour embellir sa capitale, Constantin pilla les provinces de Grèce et d'Asie et dévalisa littéralement les vieilles cités. Pour la peupler rapidement, il accorda force privilèges à ceux qui viendraient s'y établir : elle eut bientôt plus de cent mille habitants.

Les mobiles auxquels il obéit en transférant le siège du pouvoir sont nombreux. Ce fut d'abord le souci de la sécurité. Rome, qui était le principal objectif des Barbares, était mal défendue et peu défendable, à la merci d'un coup de main. Combien de fois, des Gaulois à Alaric et à Genséric, elle a été prise ou en grand danger de succomber ! Puis Constantin la prit en aversion, après les drames terribles qui s'y déroulèrent dans sa propre famille : son fils mis à mort à l'instigation d'une marâtre, Fausta ; Fausta elle-même étouffée dans son bain, peut-être après les révélations de sa belle-mère Hélène ; une partie de la famille impériale livrée au supplice. Constantin d'ailleurs se sentait peu aimé à Rome : on l'y considérait comme un Grec, comme un ennemi. La monarchie nouvelle, toute orientale, était mal à l'aise au milieu des traditions à demi républicaines de l'ancien Empire. En allant s'établir sur le Bosphore, dans un site délicieux, avec une position qui pût défier longtemps les assauts de toutes les barbaries, Constantin déplaçait résolument l'axe de la puissance romaine. L'Orient prenait sa revanche de l'Occident.

L'aversion de l'esprit païen qui régnait encore dans les hautes classes romaines fut pour quelque chose dans sa décision : on peut le supposer, sans en avoir des preuves positives. Mais il arriva quelque chose d'inattendu. Cette ville, où le christianisme semblait devoir régner, n'en fut pas longtemps la vraie capitale. Rome transformée lui en reprit bientôt la direction. Le monde est fidèle à ses habitudes. Il avait pendant de longs siècles subi la loi politique de la ville des bords du Tibre ; il en accepta la loi religieuse. Sur l'idée de l'unité impériale se greffa l'idée de l'unité catholique. La cité des Césars devint celle des papes. Sa rivale aura sans doute des siècles de puissance, de civilisation brillante ; mais elle n'exercera que sur un domaine restreint la souveraineté des consciences ; elle demeurera la capitale d'un schisme.

CHAPITRE XIII[1]

La civilisation du moyen âge.

VUE GÉNÉRALE SUR LE MOYEN AGE

Deux traits caractérisent la période à laquelle on donne le nom de moyen âge.

D'une part, des peuples nouveaux, jusque-là confondus sous le

1. De l'antiquité aux temps modernes. — Aux leçons consacrées à l'étude de l'antiquité succèdent, dans le programme, trois leçons qui ont pour objet de relier cette étude à celle de l'époque contemporaine, et pour sujets : *la Civilisation du moyen âge,* la *Civilisation de la Renaissance, le Dix-Huitième Siècle et la Révolution ; évolution des idées et des institutions.* Il nous a semblé nécessaire de modifier pour ces chapitres le plan suivi jusqu'ici. Avec des questions aussi vastes, avec des évolutions d'une telle ampleur, un sommaire, même borné à l'exposé des faits les plus importants, ne pourrait tenir en une ou deux pages ; une bibliographie, si modeste qu'on la suppose, n'est guère plus facile à établir. D'ailleurs l'histoire de ces quinze siècles n'est pas, comme celle du monde ancien, abordée pour la première fois par les élèves : les cours de première et de seconde année ont dû leur laisser sur ces grandes époques des notions substantielles. Il faut les aider maintenant à choisir, parmi ces notions, celles qui permettent de dégager les *caractères de chaque âge,* les *grands traits de chaque civilisation.*

Les caractères de chaque âge, nous avons essayé de les fixer dans les *vues générales* placées en tête des chapitres : l'*idée religieuse* domine le moyen âge ; les temps modernes s'ouvrent par un effort d'*émancipation,* qu'il s'appelle constitution des nations, Renaissance ou Réforme religieuse ; enfin un *esprit tout nouveau de justice* entraîne, au XVIIIe siècle, le monde à la suite de la France, dans un grand élan de réformes politiques et sociales qui aboutit à la Révolution.

Comme ces idées *générales* ne doivent pas être des idées *vagues,* on ne saurait trop engager les élèves à les rattacher aux connaissances précises qu'ils ont précédemment acquises. Nous pensons leur rendre la tâche plus facile en dressant une courte liste des dates essentielles, qui les guidera dans le travail de revision.

Le *développement* qui suit est plus particulièrement consacré à la *civilisa-*

nom de Barbares, entrent en scène : c'est surtout la race germanique au centre et au nord de l'Europe, et, un peu plus tard, la race slave à l'est. D'autres peuples, tombés dans une demi-barbarie et à peu près oubliés, semblent renaître à la vie politique, de la Perse et de l'Inde au détroit de Gibraltar, en passant par l'Arabie et l'Egypte. La civilisation antique n'avait guère été que méditerranéenne ; la civilisation nouvelle s'étend lentement sur toute l'Europe et refleurit dans les parties de l'Asie et de l'Afrique qui avaient été son berceau.

D'autre part, dans ce domaine élargi, l'idée religieuse prend une place qu'elle n'avait jamais eue : c'est elle qui, en se propageant, forme et cimente les sociétés : elle fait et défait les grandes puissances ; elle domine les institutions, la pensée et la vie.

On peut distinguer trois périodes dans l'histoire du moyen âge : sa préparation, de la chute de l'Empire romain à la fin du dixième siècle ; son épanouissement, aux onzième, douzième et treizième siècles ; son déclin, aux quatorzième et quinzième siècles.

I. Pré-moyen âge. — C'est une époque encore très confuse, pendant laquelle se prolongent les invasions et les désordres qu'elles apportent avec elles. Après les Germains, les Goths et les Huns, pendant longtemps encore des irruptions de Slaves et de Bulgares, de Hongrois, de Sarrasins, de Normands, accumuleront les ruines. Un peu d'ordre se fera peu à peu, en Orient autour de Byzance, héritière des traditions romaines, en Asie et en Afrique sous la loi religieuse que Mahomet donne aux Arabes et que ses successeurs propagent de l'Himalaya aux Pyrénées, en Occident enfin par l'alliance du pouvoir religieux et de la force militaire, de la papauté et des Carolingiens. Les noms de Justinien, d'Haroun-al-Rachid, de Charlemagne, brillent alors d'un vif éclat.

II. Le moyen âge central. — Ce n'est pas encore un âge de paix, mais il y a un effort des sociétés vers l'ordre et la civilisation.

A. L'Empire byzantin atteint vers le dixième siècle son maximum de développement territorial et de richesse. Son activité politique et religieuse s'étend jusqu'au monde slave, qu'il convertit ; la vie littéraire et artistique de l'antiquité classique y

---

tion, dans le sens qu'on donne ordinairement à ce nom : mouvement littéraire, scientifique, économique, artistique. On y cherchera surtout les physionomies diverses qu'elle a revêtues suivant les temps et les milieux.

Enfin nous avons consacré nos dernières ÉTUDES ET LEÇONS à des questions particulières, choisies à titre de spécimen, pour éveiller une curiosité un peu scientifique et provoquer le travail personnel.

renaît sous une forme nouvelle; Constantinople est un instant
le grand marché central du monde. Mais l'édifice, vermoulu de
bonne heure, ne résistera pas très longtemps aux assauts qu'il
a à subir.

B. L'unité du monde musulman s'est vite brisée; mais les
morceaux en sont encore précieux : ce sont les kalifats de Bagdad, de Cordoue, du Caire. La civilisation de l'ancien Orient refleurit dans ces centres nouveaux; héritiers des Ninive, des
Babylone, des Persépolis, des Thèbes, ces empires musulmans
les rappellent par l'étendue de leurs conquêtes, l'intensité de
leur vie économique, l'originalité de leur art, et parfois par
leur curiosité scientifique. Ce sont d'ailleurs des constructions
fragiles. Dès le douzième et surtout au treizième siècle, la barbarie asiatique et africaine en aura raison.

C. L'Occident, catholique par la religion, latin par l'éducation, féodal par l'organisation sociale, en partie germain par la
race, a aussi son heure d'éclat. Il s'est formé autour de la papauté, qui a su faire revivre l'autorité traditionnelle de Rome
sur les peuples. Le sentiment religieux y est la substance même
de la civilisation. Il inspire l'art et la littérature; il dirige l'enseignement et régit la pensée; il enveloppe la vie sociale jusqu'au travail des humbles. Le clergé, qui en est le dépositaire,
aspire aussi à dominer les intérêts temporels des peuples, à
régler leurs luttes, à contrôler leurs gouvernements. Sa préten-
tion se heurte à celle d'un autre pouvoir, qui, lui aussi, se considère comme le successeur de l'autorité impériale. De là, dans
ce monde à deux têtes, le Sacerdoce et l'Empire, des luttes
acharnées que rappellent les noms de Grégoire VII, de Frédéric
Barberousse, d'Innocent III, de Frédéric II. C'est dans ces luttes
que s'évanouira le grand rêve d'unité politico-religieuse qui
hante l'esprit du moyen âge. Et, peu à peu, on verra passer du
second au premier plan des puissances plus modestes d'abord,
la France, à laquelle un saint Louis donne la royauté chrétienne idéale; l'Angleterre, qui ébauche dans la Grande Charte
ses libertés publiques.

Le grand fait général de toute cette période, ce sont les guerres saintes ou croisades, qui ont mis aux prises ces trois mondes
latin, byzantin, musulman. Elles ont coûté beaucoup d'exis-
tences humaines; elles ont laissé peu de résultats politiques.
Elles ont eu du moins cet effet de mêler les trois civilisations,
qui restaient presque étrangères les unes aux autres : c'est,
pour la civilisation générale, un bénéfice chèrement payé.

III. La fin du moyen âge. — Le déclin est rapide, et la transition avec les temps modernes douloureuse. Le quatorzième et
le quinzième siècle sont des siècles de déchirement et de dissolution. Un grand Empire s'écroule définitivement, l'Empire

byzantin, sous l'action de ses vices intérieurs et sous les assauts des ennemis du dehors. L'islamisme, si brillant, devient un camp de hordes barbares. Le Sacerdoce et l'Empire, dans le monde catholique, succombent l'un et l'autre aux coups furieux qu'ils se sont portés réciproquement. Pour l'un et pour l'autre, ce n'est pas la mort, mais une profonde déchéance politique et morale. Leurs dernières convulsions entretiendront, pendant de longs siècles encore, en Allemagne et en Italie, une complète anarchie.

Et ces corps politiques nouveaux, les nations, dont l'histoire sera désormais l'histoire du monde civilisé, naissent péniblement : la France aux prises, en un duel dramatique, avec l'Angleterre ; l'Espagne, dans une fin de croisade contre les Maures. Un peu partout, l'état social se dissout pour se transformer : sous les coups des révolutions et sous l'effort des institutions, le régime féodal va disparaître.

DATES PRINCIPALES

Mort de Théodose : partage définitif de l'Empire romain 395
Déposition du dernier empereur d'Occident 476
Baptême de Clovis 496
Justinien. empereur d'Orient 527-565
Hégire, ère musulmane 622
Démembrement du kalifat 755
Charlemagne. empereur d'Occident 800
Traité de Verdun 843
Avènement de Hugues Capet 987
Conquête de l'Angleterre par les Normands 1066
Canossa 1077
Première croisade. prise de Jérusalem 1099
Avènement des Plantagenets 1154
Frédéric Barberousse à Venise 1177
Quatrième croisade, prise de Constantinople 1204
Bataille de Bouvines 1214
La Grande Charte en Angleterre 1215
Saint Louis en Egypte 1248
Mort de saint Louis à Tunis 1270
Les premiers Etats généraux 1302
Mort de Boniface VIII 1303
Avènement des Valois 1328
Crécy 1346

Poitiers. Révolution. Etienne Marcel.............. 1356-58
Le grand schisme................................ 1378
Azincourt....................................... 1415
Jeanne d'Arc brûlée à Rouen 1431
Prise de Constantinople par les Turcs........... 1453
Invention de l'imprimerie....................... 1455
Louis XI.................................... 1461-83
Mort de Charles le Téméraire.................. . 1477
Découverte de l'Amérique........................ 1492

Civilisation byzantine. — La première au moyen âge, la civilisation byzantine est arrivée à sa maturité. C'est qu'en effet elle était l'héritière directe et la continuatrice immédiate de la Rome impériale, si brillante, et aussi d'un renouveau de culture grecque qui avait eu à plusieurs reprises Alexandrie et Athènes pour foyers. A vrai dire, elle ne s'éleva jamais ni à la liberté de pensée ni à la conception du beau idéal qui sont l'éternel honneur de la Grèce : elle n'eut jamais non plus le caractère de force et de solidité dont Rome a empreint toutes ses créations. Son développement est sans cesse traversé de crises qui la mettent en danger. Sa grandeur est toujours mêlée de misères infinies. Mais, à deux reprises du moins, Constantinople donne l'idée d'une ville magnifique, et l'esprit byzantin témoigne d'une activité plus féconde qu'on ne le croit généralement. Ces deux époques privilégiées sont le règne de Justinien (527-565) et la dynastie macédonienne, du IXe au XIe siècle, principalement le règne de Constantin Porphyrogénète (911-959).

Le code Justinien. — La civilisation doit à l'époque de Justinien deux choses : un droit, un art. L'œuvre législative qui porte le nom de cet empereur n'est pas, à proprement parler, sa création : c'est, comme on l'a déjà vu (chapitre VII), la conclusion du travail juridique que Rome avait poursuivi pendant toute son existence. Les lois, les plébiscites et les sénatus-consultes, les édits des préteurs, les constitutions impériales, furent les matériaux d'un monument qui restait à élever. Déjà même les

Antonins et les Sévères avaient essayé de les assembler
et d'en faire un tout; en même temps les grands jurisconsultes du IIe et du IIIe siècle s'étaient efforcés d'adoucir,
d'humaniser la loi, encore barbare dans certaines de ses
dispositions, de rapprocher le droit *civil* (celui qui régit
les citoyens) du droit *des gens* (celui qui est commun aux
peuples civilisés), et le droit des gens du droit *naturel*
(celui qui est conforme à la raison). Mais on n'avait pas
abouti encore à la confection d'un *Code*. Un code n'est
pas seulement un recueil de lois : c'est un effort pour
subordonner toutes les lois à quelques principes, une
œuvre de logique dans le sens de l'équité. C'est de cette
tâche que s'acquittèrent le grand jurisconsulte Tribo-
nien et ses collaborateurs, dans la rédaction du *Code*. En
outre, pour corriger les parties imparfaites ou combler
les lacunes de la loi, Justinien publia un certain nombre
de constitutions, qui formèrent comme un supplément
au Code, les *Novelles*. — La loi a besoin d'interprétations
et de commentaires : ceux des jurisconsultes de la grande
époque étaient admirables, mais très nombreux; Tribo-
nien en fit des extraits qui formèrent le *Digeste* (en grec,
les *Pandectes*). — Enfin il composa, pour l'enseignement
du droit, un précieux traité des principes sur lesquels il
repose, les *Institutes*.

Influence de la loi romaine. — On multiplia les copies
de ces divers ouvrages; on les sauva par là d'une perte
qui eût été irréparable. La loi romaine, ainsi transmise
aux générations futures, commença par pénétrer les grossières lois barbares. Plus tard, enseignée dans les écoles
d'Italie dès le XIe siècle, puis dans les Universités de l'Occident au XIIIe siècle, elle entra en concurrence avec le
droit élaboré par l'Église ou droit canonique, puis elle se
substitua à lui. Les peuples se réclamaient d'elle, car elle
répond à un besoin de justice; elle consacre l'égalité des
droits, elle garantit les personnes et les biens. Les rois
lui font bon accueil, car le Code, rédigé au temps de l'absolutisme impérial, place au-dessus de tout l'autorité du

souverain, « la loi vivante ». Le Code a ainsi préparé les temps modernes; il a été un grand ouvrier d'ordre et d'équité dans les sociétés.

L'art byzantin. Sainte-Sophie. — L'art byzantin n'est pas, lui non plus, d'une entière originalité : il procède de l'art romain, et il a beaucoup emprunté sans doute aux édifices des diverses parties de l'Orient. Mais il a ses caractères propres, l'ampleur, une puissance un peu massive, une extrême somptuosité de décoration. C'est dans des églises surtout que nous pouvons l'admirer; la plus belle de toutes est celle de Sainte-Sophie, que Justinien fit élever par des architectes asiatiques, Anthémius de Tralles et Isidore de Milet. Quand elle fut achevée (537), l'empereur s'écria avec orgueil : « Salomon, je t'ai vaincu ! »

C'est une croix grecque inscrite dans un rectangle, surmontée au centre d'une grande coupole (31 mètres de diamètre), que flanquent des demi-coupoles. L'intérieur était orné avec une magnificence extraordinaire : les mosaïques déroulaient sur un fond d'or leurs processions solennelles et un peu rigides, images fidèles de la société byzantine; les couleurs en étaient vives et harmonieuses. Partout des ornements d'or et d'argent, des pierres précieuses et des marbres rares. L'effet, de richesse plus peut-être que de véritable beauté, devait être incomparable aux reflets de six mille candélabres dorés. Aujourd'hui, dans Sainte-Sophie devenue une mosquée, la plupart des mosaïques, de par les principes musulmans, sont voilées par un enduit ou dissimulées derrière des cloisons.

Diffusion de l'art byzantin. — Ce type artistique s'est propagé dans diverses directions. On en retrouve les imitations dans les églises russes, où le dôme bulbeux a remplacé la coupole, dans tout l'Orient, dans les dispositions générales de Saint-Marc à Venise, et jusqu'au centre de la France : cela est indiscutable surtout pour Saint-Front, à Périgueux, et très probable pour quelques églises et chapelles de l'Angoumois, du Poitou et de la

Saintonge. Mais ce qui a le plus contribué à propager l'influence esthétique de Byzance, ce sont ses *arts mineurs,* la sculpture sur ivoire, la peinture en miniature des manuscrits, la broderie d'or sur étoffes de soie[1], les ouvrages d'orfèvrerie, les ornements de bronze, etc. Tous ces objets, faciles à transporter, ont servi de modèles à nos artistes occidentaux encore novices, et furent les véritables traits d'union artistiques entre les deux mondes[2].

La dynastie macédonienne. — L'art byzantin, sérieusement menacé à l'époque des *iconoclastes* (VIIIe siècle), qui faisaient surtout la guerre à la sculpture, suspecte d'idolâtrie, refleurit sous les Macédoniens; c'est alors que furent construits les palais impériaux, avec des salles où il semblait que le monde eût apporté en tribut tous ses trésors. Les croisés de 1204 les ont pillés et anéantis, tels des Vandales. Mais le grand effort du Xe siècle se porta surtout sur la littérature. On produit peu, il est vrai : on recueille, comme Photius dans son *Myriobiblios* (Bibliothèque), les ouvrages du passé; on annote, on compile. Les œuvres d'alors sont des anthologies : c'est

---

1. Les premiers vers à soie furent apportés de Chine, dit-on, à Constantinople sous Justinien.

2. Les Byzantins ont été d'admirables sculpteurs sur ivoire : ils ont apporté à ce travail délicat les qualités de grâce, de liberté, de fantaisie, qui manquent d'ordinaire à leur grand art. Leurs *diptyques,* qui sont souvent exécutés avec une rare perfection, servaient d'enveloppes aux diplômes consulaires envoyés parfois par les empereurs à de grands personnages d'Occident : ils servaient aussi de couvertures à de précieux manuscrits, à des évangéliaires, qui étaient par surcroît illustrés de fines miniatures. C'est par là que le monde latin, qui avait perdu la tradition de l'art antique, put refaire son éducation esthétique. Cette curieuse filiation était très visible dans les riches collections exposées au Petit-Palais en 1900. — Les Grecs essayaient, sans y réussir, de garder pour eux leurs chefs-d'œuvre. Ainsi, ils interdisaient l'exportation des étoffes de soie brodées d'or et d'argent. Lorsque l'évêque Luitprand, ambassadeur d'Othon II à Constantinople en 968, quitta le territoire grec, on saisit dans ses bagages quelques-uns de ces précieux tissus : « Qu'importe ! dit-il, les Vénitiens se chargent d'en approvisionner mon pays. » On peut citer encore, parmi les objets d'art qui servirent à la diffusion du goût byzantin, les portes de bronze que les villes d'Italie acquéraient à grand prix pour leurs églises, les travaux d'orfèvrerie émaillée ou non émaillée, les plaques d'or et d'argent sculptées et garnies de gemmes, comme cette éblouissante *Pala d'oro* qui sert de retable au grand autel de Saint-Marc à Venise.

une littérature de morceaux choisis. Il y a aussi une littérature d'Etat. Sous la direction de l'empereur Constantin VII, des écrivains officiels résument l'histoire en trente-trois livres (les *Ambassades,* les *Prises de villes,* les *Vies des saints,* etc.). Peu de poésie, aucune libre recherche philosophique.

Constantinople au dixième siècle. — Constantinople a été longtemps l'entrepôt du monde, le nœud de toutes les relations commerciales. La ville est si forte que Villehardouin dira : « En la regardant, il n'est si hardi à qui le cœur ne manque. » Mais que de faiblesses sous ces apparences de force! Justinien n'est qu'une ombre de grand homme; son allure hautaine cache la faiblesse de son caractère, qui le livre aux caprices de sa femme Théodora. Au début du règne, une sédition, née à l'Hippodrome, manque d'emporter ce régime. A la fin, Justinien, dont les armées et les flottes viennent de conquérir presque tout le littoral méditerranéen, tremble derrière ses remparts, en voyant une horde de Bulgares couvrir au loin la plaine. — Constantin Porphyrogénète, qui préside si majestueusement à la renaissance de l'Empire, n'a jamais régné par lui-même. Avec lui, comme avant et après, les plus misérables intrigues de palais et d'alcôves disposent du pouvoir. Même en son plein épanouissement, cette société a quelque chose de caduc[1].

___

1. « Empereurs aux yeux farouches d'icones byzantines, théologiens féroces, passionnés pour les jeux de l'Hippodrome, infatigables sophistes discutant avec leurs moines les insondables mystères de la lumière incréée, de la consubstantialité, de la procession du Saint-Esprit : grands politiques, parfois hardis capitaines, grands massacreurs de Bulgares ; impératrices rigides dans leurs gaines de lourdes pierreries, ouvrières sinistres de conspirations, d'assassinats, de régicides et de révolutions, et qui, desséchées par les ans, momifiées, changent encore d'époux ou d'amants ; puis tout un monde bizarre, multicolore, éblouissant, parfois grotesque, souvent terrible, de patriarches et d'eunuques, de condottieres et de scribes, de fonctionnaires hiératiques, de prétoriens cuirassés de plaques d'or, d'évêques chamarrés de pierreries, d'anachorètes mangeurs de sauterelles, de grammairiens éplucheurs de syllabes, de scolastiques appliqués à l'alchimie des dogmes... tel est le tableau dramatique de l'Empire grec. » (E. GEBHARDT.)

Civilisation musulmane. — C'est le nom qu'il convient de donner à la civilisation qui s'est épanouie partout où le Coran a triomphé. Si la race arabe a contribué la première à la répandre, elle s'est modifiée et enrichie suivant les aptitudes des races successivement soumises à la loi du prophète, et cette loi est contenue tout entière dans « le Livre », le Coran, avec son dogme élevé, emprunté en grande partie aux croyances juives ; avec sa morale tempérée, accommodante, avec ses pratiques toutes formelles et ses règles d'hygiène physique et morale[1].

Cette civilisation, qui a régné sur l'empire le plus vaste peut-être, mais aussi le plus hétérogène qui ait jamais été soumis à une même loi, est fortement marquée de deux caractères principaux : d'abord, elle manque absolument d'originalité : elle emprunte beaucoup et partout, sans rien vivifier de son propre génie ; elle a *produit,* elle n'a guère *créé.* Ensuite, elle est, comme la morale du Coran, toute pratique : elle a accru le bien-être, satisfait les goûts de magnificence et de plaisir, mais n'a pas poursuivi un but élevé ; elle manque d'idéal ; elle a singulièrement amélioré la condition des hommes, très peu la nature humaine.

Les centres de cette civilisation. — Elle fleurit surtout dans trois contrées : à Bagdad, à Cordoue, au Caire, du VIIIe au XIIe siècle, car le rôle de la Mecque se réduisit bientôt à celui d'un simple lieu de pèlerinage. A Bagdad, elle fit revivre, comme dans un conte des *Mille et une Nuits,* les souvenirs des splendeurs qu'éveillaient les noms de Ninive et de Babylone, de Séleucie et de Ctésiphon. Au Caire, près de l'antique Memphis, elle ressuscita un instant la prospérité de l'Egypte des Pharaons. A Cordoue, elle édifia ses plus belles œuvres

---

1. Voir le cours de première année, chap. IV.

industrielles, artistiques, économiques. Dans certains foyers, elle prit contact avec des civilisations antérieures et elle s'enrichit de leurs apports. La délicatesse des Persans, la richesse de l'esprit grec, la puissante pensée des Juifs, l'imagination poétique des Arabes, lui fournirent les matériaux. Elle les utilisa plutôt qu'elle ne se les assimila.

Poésie. — Pour la littérature, les peuples musulmans se servirent de la langue du Coran, promue, au-dessus des langues et dialectes de l'Orient, à la dignité de langue littéraire. Riche en expressions et en images, elle fournit la matière à une production extrêmement abondante, surtout dans le genre lyrique. Mais il semble bien que ces habiles ouvriers n'aient pas eu le don de la vraie création poétique. Dans une grande bibliothèque de l'humanité, un seul ouvrage peut-être, après le Coran, représenterait la part de l'imagination arabe, les contes des *Mille et une Nuits,* et il est surtout persan par son invention ingénieuse et l'éclat de son coloris.

Histoire, géographie. — L'histoire a été très cultivée; il y a eu même des essais d'histoire universelle. Mais la plupart des historiens, même Maçoudi et Aboul-Féda, ne sont guère que des annalistes ou des biographes. Seul, Ibn-Khaldoun, l'auteur des *Prolégomènes,* a l'esprit à la fois philosophique et critique.

La géographie devait être fort en honneur dans des empires dont les conquêtes et le trafic embrassaient de si vastes espaces. Maçoudi, au xe siècle, trace, dans les *Prairies d'or,* le tableau des pays musulmans. Edrisi, Aboul-Hassan au xiiie siècle, ont composé des traités savants et méthodiques. Ibn-Batoûtah, au xive siècle, a parcouru et décrit une grande partie de l'ancien continent. Itinéraires, récits de voyages, statistiques, cartes, les géographes musulmans d'Égypte, de Syrie, de Sicile, du pays berbère, ont abordé tous les genres et singulièrement élargi les connaissances de leur temps.

Philosophie. — Les connaissances philosophiques

furent surtout empruntées aux Grecs. Les œuvres d'Aristote et des néo-platoniciens alexandrins, traduites en arabe, passèrent peu à peu par cet intermédiaire dans l'Occident chrétien, avec les doctrines hardies qu'un philosophe de Cordoue du XIIe siècle, Averrhoès, avait édifiées sur les systèmes philosophiques de l'antiquité. Suivant les temps et les milieux, les souverains musulmans se montraient tantôt hostiles, tantôt favorables, le plus souvent indifférents à ces audaces. En général, l'islamisme, à part quelques accès d'intolérance fanatique, fut moins adversaire de la libre recherche que l'Eglise catholique. Beaucoup de ses princes avaient la passion des livres. La bibliothèque du Caire avait 120,000 volumes; à Cordoue, le kalife Hakem II en réunit 400,000; il en faisait acheter et copier partout; il les faisait relier et enluminer; il les annotait. Ce fut un véritable prince de la Renaissance.

Sciences. — C'est aux Grecs encore, à cette grande école d'Alexandrie qui avait pour ainsi dire fondé la science, que les musulmans empruntèrent leurs multiples connaissances scientifiques, et ils firent surtout office de vulgarisateurs pour les mathématiques et l'algèbre; ils propagèrent sans doute l'usage des chiffres dits arabes (en inventant, dit-on, le *zéro*, et c'est par eux que les écoles d'Occident les connurent vers le Xe siècle. Pour les sciences physiques et naturelles, ils les enrichirent certainement de tout ce qu'ils purent observer et rassembler dans les nombreux pays qu'ils soumirent. Il faut noter leur tendance générale à passer vite de la théorie à l'application. L'utile était leur objectif plus que le vrai. De leurs connaissances mathématiques, astronomiques, géographiques, ils profitèrent de bonne heure pour mesurer un arc du méridien dans la plaine de Sennaar. Leur science médicale — et ils y excellèrent — se porta de préférence vers la recherche des remèdes, la pharmacie : nous leur devons les sirops, les juleps, l'emploi de la rhubarbe et du séné. De la chimie, ils tirèrent d'importantes préparations industrielles, en particulier celle de l'alcool.

Agriculture, industrie, commerce. — Par suite, la recherche du luxe, du bien-être, poussée jusqu'au raffinement, facilitée par des connaissances aussi variées, fit d'eux des agriculteurs et des industriels de premier ordre. Ils excellèrent dans la production des fleurs, des fruits, des légumes; ils développèrent la grande culture du riz, de la canne à sucre, du mûrier. Ils multiplièrent partout les puits, les aqueducs, et ils réglèrent les services d'irrigation avec une méthode dont profitent encore en Espagne la Huerta de Valence et toute l'Andalousie. Pour l'industrie, on sait la réputation des lames de Tolède, des armures de Damas, des cuirs de Cordoue, des tissus légers de mousseline auxquels Mossoul a donné son nom, sans parler des chefs-d'œuvre d'orfèvrerie, de joaillerie, de céramique, etc. — Un commerce très actif répondit nécessairement à cette intensité de la production agricole et industrielle. Les grandes villes, dans leurs vastes *bazars,* entassaient pêle-mêle et échangeaient les objets les plus variés. Des routes de caravanes rayonnaient autour de Bagdad, du Caire, de Kairouan, de Fez. Leur trafic se prolongeait par une marine qui fut longtemps dominante sur la Méditerranée, la Caspienne, l'océan Indien. Des bateaux malais et des jonques chinoises se mêlaient aux boutres arabes dans les ports de Bassora, d'Aden, de Malacca, de Mélinde, tandis que, tournés vers l'Europe, les ports syriens, égyptiens, africains, étaient en relations suivies avec Constantinople, Venise, Pise, Marseille, Barcelone. Et ce n'étaient pas seulement les marchandises, mais les inventions et les procédés de fabrication des mondes les plus opposés qui se répandaient, par les Etats musulmans, du Pacifique à l'Atlantique. On doit quelque reconnaissance à cette œuvre de diffusion, qui rappelle, en bien plus grandes proportions, celle des antiques Phéniciens.

Architecture. — Comme tout le reste, l'art musulman

fut fécond et magnifique, sans être vraiment créateur et sans réaliser un idéal : l'art, et non les arts, car, le Coran interdisant, par crainte d'un retour à l'idolâtrie, l'imitation des êtres vivants, la peinture et la sculpture se trouvèrent à peu près supprimées. L'architecture, elle, s'ingénia à élever pour les princes des palais de féerie et, pour les croyants, des lieux de prière, des mosquées dignes d'Allah. L'Alhambra de Grenade, la grande mosquée de Cordoue, celles du Caire, de Kairouan, de la Perse, seront toujours admirées ; monuments très composites d'ailleurs, où se manifestent les influences byzantines, hindoues, persanes. Leurs caractères communs sont la fantaisie dans le détail des formes, le miroitement des couleurs, la richesse incroyable, et souvent excessive, de la décoration. On demeure ébloui : mais l'art grec et l'art chrétien sont autrement simples et puissants.

*
* *

Civilisation chrétienne. — Certes, en face de ces cités de rêve où se complut l'orgueil d'un *basileus* byzantin ou d'un kalife, l'œuvre de la civilisation occidentale paraît d'abord pauvre et rudimentaire. Elle a cependant une supériorité : elle est, plus que les deux autres, une *culture,* une formation. Byzance fait revivre le faste de la Rome impériale et garde, comme dans une bibliothèque, une partie des richesses intellectuelles de l'antiquité. Elle y ajoute peu de chose. — Les musulmans empruntent, appliquent, importent et exportent, comme le ferait une immense maison de commerce, les inventions et les connaissances des peuples lointains avec lesquels ils sont en relations d'affaires. Ils demeurent des commissionnaires. — Dans les monastères d'Occident, la vie intellectuelle s'éveille lentement ; la moralité s'élève graduellement : c'est comme une école où chaque génération reçoit un peu plus de lumière. Quand les grands empires orientaux tomberont assaillis par de nouveaux Barbares, minés par leurs vices intérieurs, leur civilisation périra avec eux. Celle du monde occidental, qui s'est d'ailleurs instruit et poli à leur contact, surtout au temps des croisades, continuera son évolution.

Paris sous les Capétiens. — Les civilisations orientales avaient eu des foyers éclatants. On en chercherait en vain l'équivalent dans le monde latin et germanique. Le Saint-Empire n'a pas de capitale; la Rome pontificale, blottie dans les ruines de la Rome antique, est toute à ses luttes politiques et religieuses. L'activité de Londres n'a pas encore de rayonnement extérieur. L'Espagne chrétienne est un camp de croisés, et ses villes sont des forteresses (castilles). Ce qui donne le mieux, en plein moyen âge, l'idée d'un centre de civilisation, c'est le Paris capétien, celui de Philippe-Auguste et de saint Louis. Le premier l'a fortifié, embelli, enrichi (remparts, Louvre, pavé de la croisée de Paris, halles des Champeaux); le second y a ajouté des œuvres qui témoignent de sa foi ardente et de son esprit de justice (Sainte Chapelle, Parlement). Ce Paris-là n'a rien de merveilleux; mais on y voit, représentées d'une façon caractéristique, trois grandes choses : le travail, la science, l'art.

Les métiers. — Au moyen âge, ce que nous appelons l'Etat n'existe pas, à proprement parler. Une ville, un royaume, ne sont qu'une juxtaposition d'associations ayant chacune son existence propre, ses ressources, ses lois, ses chefs qui jugent et gouvernent. La royauté n'a guère pour fonction que de faire régner un peu d'ordre et de paix entre ces associations rivales et volontiers querelleuses. C'est ce que fit saint Louis. Depuis longtemps toutes les branches du travail étaient groupées en *métiers*. Les plus riches de ces métiers étaient les drapiers, les orfèvres, les merciers (qui vendaient de tout), la puissante et grossière corporation des bouchers, les *talemeliers* (boulangers). Il y avait encore les tisserands, les fabricants de tapis (français ou sarrasins), les *cordouaniers* (pour les chaussures de cuir), les *heaumiers* (fabricants d'armures), les pelletiers, les chapeliers (de feutre, de coton, de plumes de paon, de fleurs), les patenôtriers (chapelets et crucifix), les crieurs publics, les marchands de vin, etc. Il y avait surtout une corporation dont toutes les autres avaient besoin, celle de la *Hanse parisienne* ou *Marchandise de l'eau,* qui s'était assuré le monopole de tous les transports par la Seine et qui finit par constituer une véritable municipalité parisienne, sous la direction de son prévôt des marchands.

Le « Livre des métiers ». — La plupart de ces métiers acceptèrent, au milieu du XIIIe siècle, la tutelle de saint Louis. Le prévôt du roi enregistra et le souverain sanctionna les règlements de plus de cent corporations, dans le célèbre *Livre des métiers.* Les détails varient à l'infini, mais l'organisation du travail repose sur quelques principes. D'abord la division du métier en trois catégories de personnes, dont les droits et les privilèges sont minutieusement exposés : les *apprentis* (limitation du nombre, longue durée de l'apprentissage qui ne peut être abrégé); les *varlets,* c'est-à-dire les ouvriers ou compagnons (règlement des heures de travail, interdiction de tout ce qui ressemble à une grève); les *maîtres* ou patrons, auxquels leurs fils succèdent d'ordinaire (dans certains métiers, on doit payer une certaine somme au roi ou à un de ses grands officiers pour devenir maître). La corporation élit des chefs, jurés ou prud'hommes, pour contrôler le travail et veiller à l'exécution des règlements. Plusieurs de ces règlements ont pour objet de garantir le public contre les fraudes ou malfaçons. Ce sont des mesures prises contre le sabotage : « Interdiction du travail de nuit, pour les mauvaises œuvres qu'on y peut faire. » C'est un tableau très intéressant et très vivant de la vie ouvrière de Paris.

L'Université de Paris. — A bien des égards, l'Université n'est pas autre chose qu'un corps de métier intellectuel. Comme les métiers, elle s'est formée d'elle-même, par l'agglomération des écoliers qui se pressaient sur le

parvis de Notre-Dame et sur la montagne Sainte-Gene-
viève aux leçons des maîtres renommés, d'Abélard par
exemple. Puis intervint le patronage de la papauté avec
Alexandre III, Innocent III, Honorius III, Grégoire IX,
et, dans une moindre mesure, celui de la royauté sous
Philippe-Auguste et saint Louis, patronage qui se manifestait à la fois par des privilèges accordés et des règles
imposées. Vers le milieu du XIIIe siècle, elle est définitivement constituée, et c'est alors une sorte de république
d'élèves et d'écoliers, une république qui élit ses chefs,
qui emplit de son activité et parfois de son tumulte toute
la rive gauche de la Seine.

Son organisation. — L'Université se compose de quatre facultés. Celle de théologie est au-dessus des autres.
Dans la faculté de droit, on enseigne le droit canon (celui de l'Eglise) et aussi, un peu malgré l'Eglise, le droit
romain. La faculté de médecine est peu importante : la
médecine n'est guère en honneur que dans les écoles de
la région méditerranéenne, à Montpellier, à Salerne, au
contact des Arabes, nos maîtres en cette science. La plus
peuplée est la faculté des arts, c'est-à-dire des sciences
et des lettres. On y enseigne toutes les connaissances
humaines, dont l'ensemble forme le *trivium* et le *quadrivium,* ou les sept arts libéraux. Une série d'épreuves, le
baccalauréat, la licence, la maîtrise, amènent par degrés
les élèves au rang des maîtres. La faculté des arts se
divise elle-même en quatre nations, où les élèves se groupent d'après leur origine. Chaque faculté élit un doyen,
chaque nation un procureur; doyens et procureurs réunis élisent le recteur, chef suprême du corps. La vie des
écoliers est souvent fort misérable. Ils vivent sur la paille
de la rue du Fouarre ou dans les taudis du Clos-Bruneau.
Beaucoup mendient; quelques-uns volent. Avec le temps,
leur condition s'améliore, grâce aux fondations charitables;
de nombreux collèges sont créés : ce sont à la fois des
asiles bien dotés où l'on est à l'abri du besoin, et des lieux
d'étude où, sous une discipline sévère, on se nourrit de

l'enseignement des meilleurs maîtres. Le plus florissant de ces collèges fut la Sorbonne, fondée par le chapelain de saint Louis, Robert de Sorbon.

Son enseignement. — L'Université de Paris s'intitulait fièrement « la mère des sciences ». On disait d'elle que c'était « le four où l'on cuisait tout le pain intellectuel de l'humanité ». Nourriture un peu modeste, à la vérité. Quelques grands docteurs entreprirent de résumer toutes les connaissances : Thomas d'Aquin dans sa *Somme,* Vincent de Beauvais dans son *Miroir.* Tentative singulièrement prématurée alors, et qui le sera toujours ; car la science, toujours en marche, ne se fixe pas. D'ailleurs on s'adonnait moins aux recherches qu'aux discussions. Et ces perpétuelles disputes se livraient moins sur les faits ou sur les idées que sur les textes sacrés et profanes. Derrière les mots, on n'atteignait pas les choses : mauvaise méthode, et qui frappe cet enseignement de stérilité. Mais il faut au moins savoir gré à l'Université de Paris d'avoir entretenu l'activité des esprits, d'avoir rayonné au loin par son influence, d'avoir créé dans l'Europe chrétienne une atmosphère intellectuelle. Seulement elle voudra, dans l'orgueil de sa puissance, passer de l'idée à l'action, à laquelle son travail tout scolastique ne l'avait pas préparée ; elle essayera, au xive siècle, de réformer l'Etat au temps de Charles VI, l'Eglise au temps du grand schisme. Et avec son double échec commencera sa décadence.

L'art du moyen âge. — L'art du moyen âge a laissé des monuments impérissables[1]. Après l'art grec, c'est celui qui a le plus complètement traduit la pensée d'une société, le plus harmonieusement réalisé son idéal ; et cet idéal est surtout religieux. Les hommes de cet âge mirent tout leur zèle et toute leur inspiration à « loger Dieu ». Les moines d'abord, puis les corps de métier, groupés sous la direction d'un « maître des œuvres », à certaines

---

1. Voir, à la fin du chapitre, ETUDES ET LEÇONS, et aussi, dans le cours de première année, le chap. ix.

heures le peuple entier, dans un élan de foi, coopérèrent à l'œuvre pieuse. On distingue dans cette architecture deux âges, dont la limite est souvent difficile à tracer.

L'art roman. — L'art *roman* édifia surtout des églises monastiques, aux XIe et XIIe siècles, au temps où « la terre, secouant ses haillons, revêtait partout la robe blanche des églises neuves ». C'est un art robuste et sévère. Sous ses voûtes en plein cintre, à travers les murs épais, par des baies étroites et rares, la lumière pénètre difficilement et laisse seulement entrevoir les peintures qui décorent les murs, les chapiteaux des piliers trapus, naïvement sculptés. L'édifice a la forme générale d'une croix latine. Des tours, chose nouvelle, s'élèvent pour recevoir les cloches, soit au-dessus du portail, soit à l'intersection de la nef et du *transept*. Ce style, dont le puissant ordre de Cluny a longtemps gardé la haute direction, a surtout prévalu au centre et au midi de la France. Les plus beaux spécimens sont : Saint-Pierre d'Angoulême, Notre-Dame-la-Grande de Poitiers, Notre-Dame-du-Port de Clermont, Saint-Paul d'Issoire, Notre-Dame du Puy, Saint-Sernin de Toulouse, Saint-Trophime d'Arles, etc.

L'art ogival. — Le style *ogival*, longtemps et fort improprement appelé gothique, a créé peu à peu une forme nouvelle et complète du beau, qui s'épanouit aux XIIIe et XIVe siècles, et qui a prédominé principalement dans la France du Nord, en Angleterre, sur les bords du Rhin. Plus souple que le style roman, il comporte d'infinies variétés qu'on peut étudier dans les cathédrales de Chartres, de Paris, de Laon, de Reims, d'Amiens, de Beauvais, de Rouen, de Bourges, de Cologne, de Burgos, etc. ; car les grands artistes de cet âge, à peine connus, du reste, ont surtout excellé dans la construction des cathédrales[1]. Ces vastes édifices, à trois ou cinq larges nefs, étaient les maisons du peuple des fidèles autant que de

---

1. Il faut faire exception pour cet édifice de dimensions restreintes, mais parfait, la Sainte Chapelle, qui est une sorte de châsse à contenir des reliques.

Dieu ou de la Vierge. Le trait dominant, c'est, dans l'ampleur des proportions, une légèreté presque aérienne. Tout y concourait : la voûte haute et hardie en croisée d'ogive, les fines colonnettes se détachant des piliers massifs ou soutenant de longues galeries; des tours, dentelles de pierre escaladant le ciel, des flèches qui semblaient le percer; enfin et surtout, de larges baies et des rosaces versant la lumière à l'intérieur. La peinture murale, qui ne trouvait plus de place sur ces parois évidées, était remplacée par des verrières aux couleurs éclatantes et harmonieuses. La sculpture, par contre, était partout, sur les portails et sur les chapiteaux, dans les chapelles et autour du chœur; elle racontait aux fidèles la Bible et l'Evangile, la science et l'histoire; elle faisait du monument entier le livre des pauvres, « une Bible de pierre », complétée par une « Bible de verre », dont les vitraux étaient les pages brillamment illustrées.

Littérature. — On sait que cette belle époque vit aussi se former la langue française, la poésie, la prose. C'est le temps des chansons de gestes et des cycles épiques, des chants lyriques des troubadours et des trouvères, des fabliaux où s'aiguise la malice populaire, des mystères où s'essaye la littérature dramatique; ce sont enfin les débuts de l'histoire avec Villehardouin, Joinville et, un peu plus tard, Froissard. Et il faut remarquer que, si cette littérature et cet art n'ont pas, à proprement parler, un caractère national, c'est cependant la France qui occupe le premier plan dans le tableau de la Civilisation chrétienne[1].

---

1. Nous renonçons, pour ces derniers chapitres, à donner une *bibliographie*, qui, même sommaire, serait trop encombrante. Nous ne pouvons que mettre les maîtres et les élèves en garde contre l'esprit de système, contre les jugements *en bloc* sur des périodes de plusieurs siècles, en continuelle évolution, enfin contre les métaphores banales (la « longue nuit du moyen âge », etc.) et les phrases toutes faites.

Pour les lectures, on fera bien de se servir de LAVISSE ET RAMBAUD, *Histoire générale*, et de choisir, parmi les ouvrages auxquels ils renvoient, ceux qui paraîtront les plus *autorisés* et les plus *utilisables*.

ÉTUDES ET LEÇONS

Principaux éléments de l'architecture au moyen âge.

Deux choses donnent à une architecture son caractère, en sont, pour ainsi parler, le corps et l'âme : d'une part, la nature des matériaux, le calcul de leur résistance, les *nécessités de la construction;* d'autre part, une pensée, un sentiment, une *inspiration.* C'est en obéissant à ces nécessités et en traduisant cette inspiration que les différents styles sont arrivés à l'exécution de leurs chefs-d'œuvre.

1. *Architecture byzantine.* — Les principaux éléments sont :

Le plan : une croix grecque inscrite dans un rectangle.

La *coupole sur pendentifs.* Les pendentifs permettent de faire reposer la base circulaire de la coupole sur quatre piliers formant les angles d'un carré.

La pluralité des coupoles et des demi-coupoles dans un même édifice.

Enfin, une ornementation qui s'inspire des arts de l'Orient : perles, galons, broderies, entrelacs, goût prononcé pour les mosaïques, les dorures, les incrustations de métaux.

2. *Architecture musulmane.* — La coupole, de forme très variée, parfois ovoïde, parfois bulbeuse;

Le minaret, tour mince et très élevée;

Les pendentifs en stalactites;

La rareté des ouvertures et la sévérité des murailles;

L'ogive et l'arc *outrepassé,* c'est-à-dire formé de plus d'un demi-cercle;

Une ornementation très riche, d'où est exclu tout signe rappelant la vie animale, et où les caractères arabes (arabesques) tiennent une grande place.

3. *Architecture romane.* — Plan en croix latine;

Voûtes et voûtes d'arêtes, remplaçant les plafonds et les charpentes en bois, dont un grand nombre avaient été incendiés pendant les invasions du ixe et du xe siècle;

Vigoureux contreforts en maçonnerie, appliqués sur les parties extérieures des murs, aux points où portait particulièrement la poussée de la voûte.

Prédominance des pleins sur les vides, rareté et étroitesse des baies par où pénétrait la lumière;

Clochers ou tours cylindriques, ou carrées, ou octogonales, au-dessus de la façade ou à l'intersection des transepts;

Développement de l'abside, souvent prolongée par de nombreuses *absidioles;*

Décoration obtenue soit par l'alternance de pierres de couleurs différentes, soit par la sculpture, soit par la peinture murale.

4. *Architecture ogivale.* — La voûte en croisée d'ogive, avec des arcs doubleaux, qui dessinent la croisée et la soutiennent. La voûte peut ainsi devenir beaucoup plus haute à la fois et beaucoup plus large;

L'*arc-boutant*, qui est en réalité le contrefort très développé et évidé, s'appliquant aux points qui recevaient toute la poussée des voûtes;

La prédominance des vides sur les pleins, qui n'étaient plus nécessaires pour supporter l'édifice, ainsi soutenu par une armature extérieure légère et forte;

De nombreuses et larges ouvertures en forme d'ogive (arc aigu) sur les murs, et en forme de rosaces aux extrémités du transept et au-dessus du portail;

Une ornementation sculpturale d'une inépuisable richesse, empruntée aux livres saints, aux légendes pieuses, à toutes les branches des connaissances humaines, à la vie familière, à la flore locale, couvrant les portails, les tours, les chapiteaux.

(Pour la définition et le développement des termes employés dans ce résumé, consulter Charles Blanc, *Grammaire des arts du dessin;* Bayet, *Précis de l'histoire de l'art,* et les traités élémentaires d'archéologie chrétienne.)

CHAPITRE XIV

Civilisation de la Renaissance.

VUE GÉNÉRALE SUR LES TEMPS MODERNES

I. — La tendance caractéristique des temps modernes, c'est un effort d'émancipation; au point de vue politique, le fait dominant, c'est la formation des nations. Les groupes politiques qu'on désigne ainsi n'existaient qu'à peine au moyen âge. Vers le quinzième siècle, les principaux d'entre eux prennent conscience d'eux-mêmes, en se soustrayant à la suprématie des grandes puissances, Papauté, Empire, qui avaient dominé l'Europe chrétienne. Ces nations acceptent l'autorité d'une dynastie, d'un pouvoir fort, d'un maître absolu : Louis XI, Ferdinand et Isabelle, les Tudors, qui leur assurent le bénéfice de l'ordre à l'intérieur, de la sécurité extérieure, des institutions communes et fixes. Ainsi s'élabore une Europe nouvelle, qui semble devoir rompre avec la chimère de l'universel dont fut hanté l'esprit du moyen âge.

II. — L'émancipation n'est pas moins caractéristique au point de vue intellectuel : elle porte le nom de Renaissance, mais c'est moins une résurrection qu'un rajeunissement. On secoue le joug de la vieille scolastique, on abandonne les méthodes stériles de la dialectique et la fausse interprétation des textes pour entrer en relation directe avec l'antiquité latine et grecque, avec ses œuvres, son esprit. La vision de l'art païen fait aussi abandonner l'inspiration chrétienne et le mysticisme religieux. C'est par le contact avec l'Italie, restée fidèle aux souvenirs antiques, que s'opéra cette conversion des esprits, et les guerres d'Italie, où les Français eurent la première et la plus large part, contribuèrent, comme auparavant les croisades, au renouvellement de la civilisation.

III. — La Réforme n'est guère autre chose que la Renaissance dans l'ordre religieux. On remonta aux origines du christianisme; on traduisit, on interpréta les livres saints autrement que ne l'avait fait l'Eglise romaine. Les abus de cette Eglise, d'ailleurs, le désordre des mœurs qui s'y étaient glissées, le scandale du Grand Schisme qui l'avait déchirée, avaient préparé les consciences à la révolte. Elle éclata au commencement du seizième siècle en Allemagne; elle gagna toute l'Europe du Nord; elle échoua dans les pays du Midi, où l'empreinte de Rome était plus forte. Elle eut les princes tantôt pour alliés, tantôt pour adversaires. Elle déchaîna presque partout, surtout pendant la seconde moitié du seizième siècle, de longues et sanglantes guerres civiles.

IV. — Ce qui contribua encore à augmenter le désordre, c'est la réapparition, à ce moment, de la conception chère au moyen âge, celle de la monarchie universelle, sous la forme d'un vaste empire imposant à tous les peuples sa suprématie politique et sa croyance religieuse. Charles-Quint et son fils Philippe II, entre les mains desquels les hasards de l'hérédité avaient accumulé les royaumes, tentèrent cette entreprise. Peu s'en fallut qu'ils ne réussissent, grâce à l'étendue de leurs domaines et aux trésors qu'ils tiraient du nouveau monde. Pour ruiner définitivement cette idée du passé, il fallut une combinaison nouvelle qu'on appelle l'équilibre européen. C'était une coalition formée par les puissances menacées contre l'envahissante maison d'Autriche, sans distinction de religions, en vue de défendre l'indépendance nationale. Tour à tour la France et l'Angleterre prirent la direction de ces luttes, avec François Ier, Henri II, Elisabeth, Henri IV, et l'on vit combattre dans l'intérêt commun les catholiques, les protestants, les Turcs même, un instant.

V. — **Au dix-septième siècle, le rêve de la monarchie universelle s'évanouit par la défaite de la maison d'Autriche. Vers le milieu du siècle, la puissance impériale n'est plus qu'une ombre, et l'Espagne une ruine, après les traités de Westphalie et des Pyrénées. Comme la France avait eu la plus grande part à la lutte, elle retira les principaux profits de la victoire. Elle se trouva alors être le centre de la puissance politique et le plus brillant foyer de la civilisation. Louis XIV, d'ailleurs, ne saura pas échapper à l'ivresse de ses succès et à l'orgueil de sa gloire. Son ambition, son intolérance, héritage peut-être de l'ambition et de l'intolérance espagnoles, livreront l'Europe à de nouveaux hasards, la France à de nouvelles persécutions. Chaque âge a vu ainsi tour à tour le remède guérir le mal, et le mal renaître du remède.**

DATES ESSENTIELLES

Florence sous Laurent de Médicis 1478-92
Première guerre d'Italie sous Charles VIII 1494-95
Rome sous Jules II et Léon X 1503-21
Victoire de Marignan 1515
Révolte de Luther 1517
Charles-Quint élu empereur 1519
Défaite de François Ier à Pavie 1525
Sac de Rome par Bourbon 1527
Diète d'Augsbourg 1530
Calvin à Genève 1541-64
Paix d'Augsbourg: abdication de Charles-Quint ... 1555-56
Traité de Cateau-Cambrésis, fin des guerres d'Italie. 1559
Etablissement de l'anglicanisme sous Elisabeth 1562
Victoire de Lépante 1571
La Saint-Barthélemy 1572
Défaite de l'Armada espagnole par la flotte anglaise . 1588
Avènement de Henri IV 1589
Abjuration de Henri IV 1593
Edit de Nantes, paix de Vervins, mort de Philippe II. 1598
Assassinat de Henri IV 1610
Richelieu 1624-42
Traités de Westphalie, fin de la guerre de Trente ans. 1648
Mazarin, la Fronde 1648-53
Traité des Pyrénées, fin de la lutte entre la France et la maison d'Autriche 1659
Gouvernement personnel de Louis XIV 1661-1715

*
* *

Préparation de la Renaissance. — Ce magnifique renouveau de l'esprit humain qu'on appelle la Renaissance fut préparé par trois grandes séries de faits : les inventions de la fin du moyen âge, qui dotèrent les hommes d'instruments nouveaux et puissants; l'humanisme, qui fut comme la résurrection de l'antiquité; les découvertes maritimes du xve siècle, qui élargirent l'horizon de la vieille Europe.

Les grandes inventions. — Nous ne connaissons avec précision ni les dates ni les auteurs des grandes inventions : elles se glissèrent obscurément dans l'usage. On n'en apprécia l'importance que lorsqu'on put en mesurer les conséquences. Aujourd'hui une découverte scientifique entre sans tarder dans la période d'application : pour la télégraphie électrique, la télégraphie sans fil, les rayons X, entre l'œuvre du savant et l'exploitation pratique il s'écoule quelques années à peine. La poudre à canon, la boussole, la gravure, mirent des siècles à produire leurs effets utiles; quand on voulut écrire leur histoire, on ne trouva plus à leur origine que des légendes souvent puériles. Il semble acquis cependant que les inventions les plus importantes nous sont venues de l'extrême Orient, et sont dues à l'esprit ingénieux des Chinois; c'est par les Arabes certainement qu'elles sont arrivées jusqu'à l'Occident; c'est enfin à partir du commencement du xiiie siècle qu'elles ont cheminé obscurément à travers les peuples chrétiens.

La boussole, la poudre à canon. — Deux de ces inventions n'ont eu sur le développement intellectuel qu'une action indirecte. La boussole, c'est-à-dire la boîte dans laquelle, vers 1300, on suspendit sur pivot l'aiguille aimantée dont la propriété était depuis longtemps connue, a permis aux marins d'abandonner le voisinage des côtes, de naviguer sous un ciel inconnu, de découvrir de nouvelles routes vers l'Orient et un nouveau monde à l'ouest. La poudre à canon était déjà utilisée au Maroc, en Espagne, en Italie, pour sa force de projection, lorsque les bombardes anglaises, à **Crécy (1346)**, lui valurent une notoriété européenne. Mais elle ne modifia profondément l'art militaire que lorsque fut créé l'outillage spécial qu'on a appelé l'artillerie, et cela en France d'abord, sous Charles VII. Alors la révolution militaire se doubla d'une révolution sociale et politique. L'arme à feu maniée par un vilain brisa la cuirasse du chevalier; le canon du roi abattit les plus hautes murailles féodales : cette arme de guerre contribua, dans une certaine mesure, à faire dans la société nouvelle plus de place à l'ordre, à la paix, au progrès.

Le papier, la gravure; l'imprimerie. — La grande invention fut l'imprimerie : après celle de l'écriture, nulle n'a augmenté dans de pareilles proportions la puissance de l'esprit humain. Elle a été préparée par deux autres, celle du papier de linge, celle de la gravure. On peut suivre pas à pas l'emploi du papier de linge de la Chine à Samarcande, où les Arabes l'adoptèrent au VIIIe siècle, puis en Syrie, en Egypte, en Afrique, en Sicile, jusqu'aux premières papeteries françaises, à Lodève (1189), à Corbeil, à Mayence, à Bâle, du XIIIe au XVe siècle. L'usage s'en généralisait au moment où le *livre* allait naître. Il trouva là une matière première peu coûteuse, peu volumineuse, souple, durable.

La gravure sur bois ou sur cuivre, c'est-à-dire en réalité la gravure en relief ou en creux, s'est développée dans des conditions mal connues, pendant la première moitié du XVe siècle. Elle allait mettre à la portée et sous les yeux de tous cette chose indispensable à la science aussi bien qu'à l'art, l'image. Et, de plus, c'est de la gravure que sortit, comme on le verra, la première idée de l'imprimerie.

L'invention de l'imprimerie enfin a consisté essentiellement dans l'emploi des caractères mobiles, ou typographie. Son enfance a été plus courte que celle des autres inventions; sa puissance s'est plus promptement révélée : trente ans à peine de tâtonnements ont précédé l'impression du premier livre (1455); un demi-siècle a suffi au livre pour conquérir le monde. Et c'est seulement alors que la Renaissance s'est pleinement épanouie et que la Réforme a pu engager le combat[1].

L'humanisme. — L'humanisme est un retour passionné à l'antiquité et comme une découverte de sa littérature, de sa philosophie, de sa science, toutes choses que le moyen âge avait mal connues et déformées. L'humanisme a fait, de bonne heure, son apparition en Italie, où l'on vivait, pour ainsi dire, au milieu des ruines de la civilisation latine. Dès le XIVe siècle, Dante réveille les souvenirs classiques; il salue en Virgile « son guide, son maître, son seigneur souverain »; Pétrarque, Boccace, sont, en même temps que de délicats écrivains italiens, des adorateurs fervents de la littérature latine. Puis, au XVe siècle, on découvre la littérature grecque : des érudits byzantins chassés de leur patrie par l'invasion turque, sont accueillis en Italie, installent à Venise, à Bologne, à Florence, leurs chaires, leurs bibliothèques. Platon, que les universités avaient ignoré, est remis en honneur et opposé à son vieil adversaire Aristote. Dès lors on traduit, on commente, on imite : on *platonise* avec Marsile Ficin, on *cicéronise* avec Ange Politien. Une sorte de paganisme intellectuel chasse peu à peu des écoles et des esprits la scolastique stérile et la théologie tyrannique.

Ce mouvement ne se borne pas à l'Italie; si l'humanisme en Allemagne cède bientôt la place à la Réforme, il s'épanouit ailleurs. Erasme de Rotterdam en est un des représentants : reçu partout avec honneur, courtisé par les princes, c'est un Voltaire du XVIe siècle. Il a pour disciples et amis, en Angleterre, un groupe d'érudits et

---

1. Sur l'invention de l'Imprimerie, voir à la fin du chapitre : ÉTUDES ET LEÇONS.

de philosophes, dont le plus illustre est Thomas Morus. En France, le roi François Ier lui offre la direction, qu'il refuse, de son *Collège royal*. A Paris, ce Collège royal (devenu le Collège de France) est comme une école régénérée, débarrassée du joug des programmes et affranchie des vieilles méthodes. Budé, Vatable, Postel, Danès, y enseignent le latin, le grec, l'hébreu, l'arabe. A l'adoration, à l'idolâtrie des œuvres classiques, qu'ont pratiquée les humanistes précédents, ils substituent l'étude raisonnée de l'antiquité, et peu à peu l'humanisme devient la critique scientifique.

Les grandes découvertes. — C'est de toutes façons que l'horizon s'élargit alors, car le xve siècle est aussi le temps des grands voyages de découvertes; les limites du vieux monde sont reculées. On cherche l'Inde, le mystérieux pays de tous les trésors. Les Portugais s'efforcent d'y arriver par l'est, c'est-à-dire en tournant l'Afrique; en 1497, Vasco de Gama conduit pour la première fois une flotte européenne aux côtes de l'Hindoustan. Mais déjà, en 1492, le Génois Christophe Colomb, au service de l'Espagne, s'est élancé sur la route de l'ouest et a heurté, sans s'en douter, un monde nouveau, l'Amérique. Quel bouleversement alors, non seulement dans les conditions économiques, mais encore dans les idées de la société européenne[1]!

C'est dans ces conditions favorables et, pour ainsi dire, dans cette atmosphère, que la Renaissance se développe et porte ses fruits.

*
* *

La Renaissance : l'émancipation des esprits. — La civilisation de la Renaissance est plus indépendante, plus riche, plus variée que celle du moyen âge.

Plus indépendante d'abord, car son premier caractère est d'être une émancipation des esprits. Ils avaient long-

---

1. Voir le cours de *première année,* chap. xiv.

temps vécu sous le joug du clergé, dans les éternelles controverses de la dialectique : on disputait sur tout, mais on savait peu de chose. Quand l'autorité morale de l'Eglise fut ébranlée, quand l'enseignement des vieilles universités eut épuisé ses forces dans le cercle étroit du *trivium* et du *quadrivium,* le champ de la pensée s'ouvrit largement aux libres recherches; les méthodes d'instruction changèrent. Les études sacrées furent délaissées pour les études profanes; on alla demander aux anciens les doctrines de leurs philosophes, les enseignements de leurs historiens, les modèles de leur poésie. L'art, lui aussi, oublia en partie ses traditions religieuses. Les architectes élevèrent plus de palais que d'églises; les peintres traitèrent avec le même empressement les sujets mythologiques et les sujets chrétiens; dans toutes leurs œuvres, ils poursuivirent la beauté plus que l'expression d'un sentiment mystique; ils négligèrent le symbole pour s'attacher à la forme. Cette sorte de laïcisation intellectuelle se manifesta même dans les pays qui, comme l'Italie, restèrent, en face de la Réforme, fidèles à Rome : le catholicisme y devint quelque peu païen.

L'antiquité, le monde, la nature. — L'esprit humain ne fut pas seulement libéré, il fut enrichi par tout un trésor de nouvelles inspirations, de nouveaux modèles, de nouveaux matériaux. Déjà le monde latin avait, au milieu du moyen âge, fait des emprunts au monde byzantin, au monde musulman; déjà, en plein XIIIe siècle, la loi romaine, les splendeurs de l'art oriental, les raffinements de luxe et de bien-être que les kalifes déployaient autour d'eux, avaient modifié les conditions de l'existence dans l'Occident pauvre, croyant et guerrier. L'antiquité retrouvée apporta à son tour sa contribution : hardiesse de la pensée, délicatesse du goût, vision de la beauté. Ce n'est pas tout : la découverte d'un monde nouveau à l'occident, la pénétration d'un autre monde à peine connu, dans l'extrême Orient, apportèrent encore, pour les hommes du XVIe siècle, de nouvelles matières aux recherches, de nouvelles ressources à la vie. Enfin, la nature, qu'en horreur du paganisme l'Eglise avait traitée longtemps comme une ennemie, fut, elle aussi, découverte. Ce fut comme une ivresse de sensations et de perceptions. De tout cela se forma un large patrimoine d'idées et d'œuvres, patrimoine commun à toutes les sociétés civilisées et que chacune fit fructifier avec ardeur[1].

Variété de cette civilisation. — Et voici ce qui achève de donner à la Révolution moderne son originalité : dans ce patrimoine commun, chacune des nations nouvelles fit un choix, chacune exploita l'héritage conformément à son tempérament et à ses aptitudes. Il y eut, dans le vaste domaine de la civilisation humaine, comme autant de provinces : des civilisations italienne, française, espagnole, anglaise, allemande; ici, plus d'ordre et de clarté; là, plus de fantaisie et d'imagination; les idées générales, transposées par le génie des diverses races, prirent des aspects particuliers, et les langues, qui, dans chaque pays, achevaient de se former, furent les instruments de ce travail. Les frontières intellectuelles, d'ailleurs, ne restèrent pas absolument fermées. Des rapprochements politiques souvent, des guerres parfois, amenèrent des pénétrations réciproques. Au temps des guerres d'Italie, les conquérants français, espagnols, allemands, emportèrent, « à la semelle de leurs souliers », beaucoup du génie italien; plus tard, la chevaleresque et grandiloquente Espagne exerça une influence heureuse sur la première moitié de notre XVIIe siècle; l'esprit français rayonna à son tour sur toute l'Europe du XVIIIe siècle; au XIXe siècle enfin, le génie romantique s'éveilla en France au contact des littératures du Nord.

La Renaissance italienne. — Les civilisations modernes peuvent donc — et c'est tout profit pour le progrès humain — modifier leurs caractères par les emprunts qu'elles se font; mais elles gardent leur personnalité, et

---

1. Nous avons essayé de retracer ici les idées maîtresses du grand ouvrage de BURCHARDT, *la Culture de la Renaissance.*

cela multiplie et diversifie les formes du beau. Les conditions politiques concourent avec le génie des races à cette diversité. Voici l'Italie au xve et au xvie siècle. Ce peuple est plus épris de beauté que de vérité : il est enrichi par le grand commerce et il a des goûts luxueux; de plus, il est fort divisé, et l'on y trouve les régimes les plus variés. C'est donc l'art qui y prédominera, un art qui sera une des joies de la vie bien plus que l'expression d'un sentiment intérieur profond. Cet art sera comblé de faveurs à l'envi par les riches marchands de Venise, de Pise, de Gênes; par les soldats de fortune, comme les Sforza, qu'un coup de force a rendus maîtres de Milan; par les dynasties conquérantes, comme à Naples; par les grands banquiers, tels les Médicis à Florence; par la Papauté, à Rome; par les démocraties, ou les oligarchies, ou les tyrannies tour à tour triomphantes dans les cités, à Sienne, à Bologne, à Pérouse, à Vérone. Chaque pouvoir victorieux patronnera les artistes, enrichira sa ville d'églises, de palais, de monuments funéraires, de bibliothèques, d'écoles. De là une production esthétique et intellectuelle intense, éparpillée d'abord dans toute la péninsule avec des caractères régionaux encore très marqués : un palais de Venise reflète l'Orient, un palais de Florence rappelle encore le souvenir des grandes luttes féodales. Peu à peu, au milieu des complications politiques, les foyers secondaires s'éteignent. La Renaissance va briller encore d'un incomparable éclat à Florence sous les Médicis, devenus des *princes,* à Rome sous deux papes, Jules II, Léon X (un Médicis encore). Et c'est alors (fin du xve, commencement du xvie siècle) l'heure de maturité du génie italien, l'âge de Machiavel, de l'Arioste, de Léonard de Vinci, de Raphaël, de Michel-Ange. — Mais la sève s'épuise; d'ailleurs « la cognée est aux racines de l'arbre ». Les escadrons étrangers passent et repassent à travers ces cités affaiblies. Rome est violée par les *bandes noires* du connétable de Bourbon : la Renaissance italienne ne survivra guère à l'indépendance de l'Italie.

Les autres renaissances. — Ce court résumé donnera une idée des *circonstances* et des *moments* d'une Renaissance. On pourrait étudier de même les conditions des autres Renaissances. Celle de la Flandre naît de très bonne heure dans la cour fastueuse du duc de Bourgogne Philippe le Bon. — Celle de la Hollande attendra pour se produire, avec sa physionomie essentiellement bourgeoise, l'âge où les épiciers en gros et les grands armateurs d'Amsterdam auront fait fortune dans le commerce des Indes. — Les œuvres de la Renaissance anglaise, mêlées de grossièreté et de préciosité, s'éclairent pour qui connaît la cour des Tudors, où s'allient singulièrement les mœurs brutales, les goûts fastueux, les prétentions à la haute culture. — **La Renaissance de** l'Espagne est le dernier orgueil d'une monarchie qui, de Philippe II a Charles II, a eu toutes les ambitions et connu toutes les misères ; c'est aussi l'expression d'un génie qui ne ressemble à aucun autre : rêve et réalité, visions de grandeur et goût de la vulgarité, on trouverait aisément ces choses associées dans les œuvres d'un Cervantès (*Don Quichotte, Sancho Pança*), d'un Vélasquez (*Philippe IV, les Fileuses* ou *les Buveurs*), d'un Murillo (*les Madones, le Pouilleux*). — On ne saurait certes oublier la Renaissance allemande, dont l'inspiration fut sincère, originale, profonde, en des œuvres telles que celles d'Albert Durer, de Holbein, etc. Mais, en Allemagne, le mouvement intellectuel et artistique fut vite dérivé et absorbé par le mouvement religieux, la Réforme. — Quant au monde oriental, il est reconquis par la barbarie (les Turcs campés dans les ruines de l'Empire byzantin), ou il n'en est pas encore dégagé (très lente formation du peuple russe).

La Renaissance française. — Pour la France, la Renaissance présente des caractères très particuliers. Ce qui frappe d'abord, c'est qu'elle est très composite. C'est, du reste, à bien des points de vue, le rôle de notre pays de fondre ensemble et de digérer les éléments les plus variés. Au xv°, au xvi° siècle, notre littérature conserve quelque chose de l'esprit héroïque en même temps que de la verve populaire du moyen âge ; mais elle se renouvelle par l'imitation des modèles antiques, poussée parfois jusqu'à l'excès. Notre art n'a pas abandonné l'inspiration religieuse qui lui avait fait produire tant de chefs-d'œuvre, ni l'observation de la nature qui avait donné tant de force et de saveur aux ouvrages de nos maîtres flamands, bourguignons, tourangeaux. Mais la vue de la belle Italie eut pour effet de créer chez nos sculpteurs, nos peintres, nos architectes, des goûts nouveaux d'élégance et de grâce ; sous François Ier, Henri II, Catherine de Médicis, une véritable irruption d'artistes italiens faillit étouffer chez nous la tradition nationale. Heureusement, tout en subissant leur influence, nos artistes surent rester français. Des palais, de merveilleux châteaux, à Paris, sur les bords de la Seine et de la Loire, furent le fruit de cette éducation et de cette collaboration ; car cet art — c'est son second caractère — subit profondément l'action des circonstances politiques. Comme il s'épanouit au moment où, chez nous, la royauté triomphe et groupe autour d'elle les représentants de la noblesse désormais docile, il est essentiellement monarchique et aristocratique ; il est *princier*. Son œuvre favorite, c'est l'édifice d'une fantaisie noble, d'une merveilleuse décoration, qui s'appellera le château de Blois ou de Chambord, le Louvre ou les Tuileries. Le moyen âge avait « logé Dieu » ; la Renaissance française « logea » le roi et la cour.

Et c'est de ce mélange encore un peu confus que sortiront bientôt, après un nouveau travail du génie français, la littérature *classique,* l'art classique, lesquels seront, au xviie et au xviiie siècle, les grands éducateurs de l'Europe.

ÉTUDES ET LEÇONS

1° *L'invention*. — L'imprimerie, si l'on prend le mot dans son sens le plus restreint et le plus précis, est « l'art de reproduire un texte quelconque, à un nombre plus ou moins grand d'exemplaires, à l'aide des caractères mobiles et de la presse ». On peut, par le raisonnement et avec l'aide de quelques monuments primitifs, établir avec certitude les étapes de cette admirable invention. D'abord elle emprunte ses procédés à la gravure en relief. Sur une plaque de bois on tailla en relief, au-dessous des images, des mots ; bientôt la légende envahit le dessin, le remplaça ; la planche devint une page ; une encre épaisse déposée sur les parties saillantes, une feuille de papier, un rouleau ou *frottoir* passant sur cette feuille, permirent la reproduction de la page, à un nombre d'ailleurs limité d'exemplaires, car les saillies s'usaient vite, et en caractères un peu grossiers, car le contour ne pouvait donner une grande finesse d'exécution. C'est la *xylographie*.

Puis l'idée vint de découper isolément des caractères en bois, de les assembler pour former des mots, des lignes, des pages. C'est la *xylotypographie,* et cette étape nous conduit jusqu'au seuil de la grande invention, de la *typographie* proprement dite, c'est-à-dire de l'emploi des *caractères mobiles en métal*.

Là encore il dut y avoir plusieurs perfectionnements successifs. Les caractères de métal, sculptés isolément, ne pouvaient pas être très nombreux et ne permettaient qu'une composition très lente. Le grand progrès fut réalisé lorsqu'on employa ces caractères comme *poinçons* : la forme des lettres fut obtenue et creusée dans un moule de métal ou *matrice* ; on coula dans ce moule un autre métal, un composé d'antimoine et de plomb, à la fois très fusible et très résistant, et l'on obtint une quantité illimitée de lettres ; ces lettres, composées en pages, furent serrées dans un cadre et devinrent une *forme*. Enfin, au frottoir qui ne donnait qu'une impression imparfaite, un mécanisme ingénieux fut substitué, la *presse*. Les éléments du livre étaient désormais au complet.

2° *L'inventeur*. — C'est bien ainsi, en effet, que les choses se sont passées. La difficulté commence quand on veut déterminer les lieux, les dates, les auteurs véritables de ces diverses inventions. On peut hésiter entre trois noms de villes, Harlem, Strasbourg, Mayence ; entre trois noms d'hommes, Laurent de Coster, Gutemberg, Fust ou Faust ; c'est certainement entre 1420 et 1451 que fut résolu le problème « d'imprimer sans le secours de la plume ». Les versions contradictoires valent la peine d'être exposées sommairement.

On raconte qu'un certain Laurent de Coster, se promenant dans la forêt de Harlem (laquelle fut détruite en 1426), s'amusa à façonner avec de l'écorce des lettres isolées, pour l'amusement de ses enfants. Ces lettres, assemblées et enduites d'encre, auraient servi à composer des pages xylotypographiques. On ajoute que, pendant une nuit de Noël, un de ses domestiques, nommé Jean, lui vola ses caractères de bois et d'autres de métal, qu'il avait commencé à fabriquer, et emporta au loin ce merveilleux secret. Ces anecdotes sont fort suspectes. On les trouve pour la première fois dans le livre d'un Hollandais de la fin du xvıe siècle (Junius, 1588). Mais, d'autre part, on possède plusieurs spécimens de *Grammaires* de Donat et du *Speculum humanæ salvationis* (Miroir du salut des hommes) d'origine certainement hollandaise, composés avec des caractères de bois et des caractères en métal coulé dans du sable, exécutés dans la première moitié du xve siècle. Une légende douteuse enveloppe donc un fait certain.

A Strasbourg, en 1439, nous trouvons établi un certain Jean Gensfleisch', dit Gutenberg (c'est pure fantaisie d'ailleurs de vouloir l'identifier avec le domestique infidèle de Laurent de Coster). Ce Gutenberg soutient un procès avec les héritiers d'un certain Dritzcheim, qui avait été son associé. Ils réclament leur part de bénéfice dans la fabrication de *Miroirs* destinés à un personnage d'Aix-la-Chapelle. Dans ce procès, il est question de *formes,* de *presses,* de *plomb.* Ces *Miroirs,* fabriqués par des procédés secrets, sont sûrement les *Speculum humanæ salvationis,* livres d'édification alors fort répandus. Voilà donc un document précieux, indiscutable, établissant que Gutenberg a fait dès cette époque, à Strasbourg, des essais d'imprimerie; mais aucun texte *imprimé* dans cette ville à cette date ne nous est parvenu. Il est permis de croire que l'invention était faite, mais que, faute d'argent, elle n'aboutit pas alors.

Voici enfin Gutenberg installé à Mayence en 1450. On peut se le représenter sous les traits d'un homme de génie malchanceux, toujours en quête de capitaux pour réaliser son idée sublime, défiant, souvent trompé, cherchant des associés, se heurtant à des exploiteurs, s'usant en contestations et en procès. Un banquier de Mayence, Jean Fust ou Faust, lui apporte l'appoint considérable de 1,100 florins, mais il fait entrer dans l'association son gendre Pierre Schœffer, un homme du métier, fabricant de manuscrits, calligraphe et *rubriqueur* (enlumineur de majuscules). Il semble bien probable qu'à eux deux ils réussirent à éliminer le grand inventeur : lorsqu'ils firent paraître leur célèbre *Bible des quarante-deux lignes* (1455), qui marque la date de naissance de l'imprimerie, Gutenberg était évincé de la société. Il ne se découragea pas, engagea la lutte, trouva d'autres fonds sans doute, et imprima bientôt plusieurs livres, dont le plus beau est le *Catholicon* (1460). Ses rivaux, de leur côté, exploitaient l'art qu'ils lui avaient dérobé, et, de 1455 à 1462, c'est d'eux à lui un véritable duel de production. Gutenberg mourut en 1468 ; il parait avoir végété dans ses dernières années et n'avoir pas connu de son vivant la gloire qui, aussitôt après sa mort, devait s'attacher à son nom. En somme, la conclusion à laquelle conduit l'étude des faits, dégagés des légendes, c'est que Mayence fut le berceau de l'imprimerie, qu'elle y naquit en 1455, et que son véritable père fut Gutenberg.

3° *Les premiers livres.* — Il faut laisser de côté les essais fragmentaires et rudimentaires, les pages de *Donat* ou du *Speculum* imprimées d'un seul côté, avec les procédés xylotypographiques ou avec les premiers caractères de métal, pour arriver aux véritables livres, aux premiers-nés de l'imprimerie : on les appelle les *incunables* (*ab incunabulis*, au berceau). Ce qui les caractérise, c'est qu'ils furent d'abord des contrefaçons de manuscrits, et même lorsque les imprimeurs se vantèrent de les avoir produits « sans le secours de la plume », ils leur laissèrent longtemps l'aspect de faux manuscrits, leurs majuscules *rubriquées,* leurs caractères gothiques, leur absence de pagination et d'alinéas, enfin leur format *in-folio,* qui était celui des manuscrits.

La première impression qu'on puisse attribuer avec certitude à Gutenberg et à ses associés est celle des *Lettres d'indulgence* du pape Nicolas V (1454); mais c'est moins un livre qu'une sorte de circulaire. Le vrai livre fut, comme on l'a vu, la Bible des 42 lignes (1455), dont on a un exemplaire, la Bible Mazarine, à la Bibliothèque nationale. Elle fut probablement tirée à 150 exemplaires et vendue, comme manuscrite, à un prix qui équivalait à peu près à 353 francs de notre monnaie. Fust et Schœffer, restés maîtres de l'outillage de Gutenberg, publient en 1457 un *Psautier*, le premier livre daté.

Gutenberg, qui avait reconstitué son matériel, fit à son tour une Bible en 1458, mais avec des caractères moins beaux que ceux qu'il avait dû abandonner à ses rivaux. Ceux-ci ripostèrent par un *Rationale divinorum officiorum*, une espèce de livre d'heures (1459). Gutenberg fit alors son suprême effort : il publia, sous le nom de *Catholicon,* une sorte d'Encyclopédie d'une belle exécution. Peu après, un de ses élèves, Pfister, éditait à Bamberg une *Bible des pauvres* (dite Bible des 36 lignes).

Tels sont les ancêtres vénérables des millions, des centaines de millions de livres qui attestent la puissance de cette invention. L'esprit se perd à en mesurer les conséquences : disons pour abréger que, sans elle, ni la Renaissance, ni la Réforme, ni la Révolution française, ni le grand mouvement scientifique moderne n'auraient été possibles.

4° *Diffusion de l'imprimerie.* — De toutes les inventions de la fin du moyen âge, c'est la seule qui se soit répandue avec une extrême rapidité. C'est qu'elle venait à son heure ; elle répondait au besoin d'une génération qui s'enivrait déjà de l'antiquité retrouvée et que travaillait la fièvre des controverses religieuses. Mayence fut, pendant les premières années, comme une école : des ateliers de Gutenberg, de ceux de Fust et Schœffer, une foule d'élèves allèrent, de 1460 à 1475, fonder des imprimeries à Bamberg, à Strasbourg, à Cologne, à Augsbourg, où l'on compte 23 ateliers avant 1500, à Bâle, etc.

En France, on dit que Charles VII, dès 1458, avait envoyé à Mayence un des meilleurs graveurs de la monnaie royale, Nicolas Jeanson, pour y surprendre les secrets de l'imprimerie. Mais Jeanson, à son retour, ayant trouvé un mauvais accueil auprès du nouveau roi Louis XI, serait allé s'établir à Venise, où nous le retrouverons. En 1462 et en 1468, Fust et Schœffer vinrent à Paris vendre quelques-uns de leurs livres. Enfin, en 1469, le recteur de l'Université, Guillaume Fichet, fit venir trois ouvriers allemands, Gœring, Krantz et Friburger, qu'il installa d'abord à la Sorbonne (1469), puis rue Saint-Jacques, au *Soleil d'or*. L'imprimerie parisienne était née. Celle de Lyon naquit peu après, en 1472.

L'imprimerie fut importée en Angleterre en 1474 par un ouvrier anglais, William Caxton, qui avait travaillé dans les ateliers de Cologne. Par exception, les premiers imprimeurs des Pays-Bas (à Utrecht, dès 1473) ne paraissent pas se rattacher à l'école de Mayence.

Enfin, c'est en Italie et surtout à Venise que les plus grands perfectionnements furent apportés à l'art encore un peu rudimentaire des premiers maîtres. En 1470, Jeanson imprima des textes en caractères *romains*, d'une netteté d'exécution qui fit bientôt école. Torresani, qui lui succéda, et le gendre de celui-ci, Alde Manuce, à la fin du XV° siècle, firent une véritable révolution par la diminution du format, la pagination, etc. Le monde civilisé posséda enfin son précieux et parfait instrument, le *livre*.

(Voir GRANDE ENCYCLOPÉDIE, article *Imprimerie,* et, dans la Collection de l'enseignement des beaux-arts, BOUCHOT, *le Livre.*)

CHAPITRE XV

Le dix-huitième siècle et la Révolution. — Évolution des idées et des institutions.

VUES GÉNÉRALES

Le dix-huitième siècle est le siècle des lumières. La France, qui a perdu la prépondérance politique en Europe, y exerce une prééminence nouvelle, celle des idées. Grâce à l'universalité de notre langue, la philosophie française est partout en faveur. Elle prépare le triomphe de la Révolution, qui, malgré la résistance des souverains, est acclamée par tous les peuples. La Déclaration des droits de l'homme et du citoyen devient le bréviaire commun de l'humanité. Elle substitue la liberté aux libertés, l'égalité aux privilèges; elle proclame l'idéal nouveau de la fraternité. Les victoires de nos armées portent bien loin au delà de nos frontières les principes nouveaux. Mais la Sainte-Alliance s'acharne à les étouffer. Ils revivent quand même, et deviennent de plus en plus la règle commune de toutes les constitutions.

I. La politique européenne. — Dans le domaine politique, la mégalomanie de Louis XIV a provoqué les inévitables revanches. La France, qui exerçait à l'avènement du grand roi une suprématie incontestée, sort abaissée de ses mains. L'Angleterre lui ravit l'empire des mers. L'Autriche lui dispute le premier rang sur le continent : elle a un domaine plus étendu, puisque à ses Etats allemands, slaves et hongrois, s'ajoutaient, depuis le traité de Rastadt, les Pays-Bas, le Milanais, le royaume de Naples et la Sardaigne, celle-ci bientôt échangée contre la Sicile. Des puissances nouvelles arrivent à la vie politique. C'est la Russie, sortie du néant grâce à la brutale impulsion de Pierre le Grand; c'est le royaume de Prusse, créé en 1701 en faveur de la dynastie des Hohenzollern, et le royaume de Sardaigne, érigé en 1720 en faveur de la dynastie de Savoie. Ces deux humbles tiges grandiront pendant tout le dix-huitième siècle. La Prusse annexera par la force la Silésie et par la ruse la Pologne occidentale; la monarchie de Savoie s'étendra péniblement dans le Milanais : ce sont les deux souches d'où sortiront au dix-neuvième siècle l'Allemagne et l'Italie unifiées.

Mais combien de guerres de successions engendrent les ambitions rivales des puissances! Guerre de succession d'Espagne, qui installe un Bourbon sur le trône de Madrid; guerre de succession de Pologne, qui donne Varsovie et la Pologne à l'électeur de Saxe, Auguste III, Nancy et la Lorraine au Polonais Stanislas Leczinski, beau-père du roi de France, Florence et la Toscane au duc François de Lorraine, époux de Marie-Thérèse d'Autriche ; guerre de la succession d'Autriche, continuée par la seconde guerre de Sept ans, qui arrache la Silésie à Marie-Thérèse, pour l'ajouter au domaine de l'habile Frédéric II. Au dix-huitième siècle, les souverains sont encore considérés comme les propriétaires de leurs domaines : ils ont le droit de dispenser les peuples qui les occupent suivant le caprice des mariages, des testaments et des héritages ; ils les lèguent ou les partagent à leur gré ; les peuples, attachés à la glèbe, ne sont pas consultés. C'est la vieille tradition du moyen âge qui subsiste.

Sous Louis XV, la politique française semble frappée d'inconséquence[1] : au mépris de ses intérêts les plus évidents, la France travaille tour à tour pour le roi détrôné de Pologne, pour le roi de Prusse Frédéric II et pour l'impératrice Marie-Thérèse. Cependant ses grands ministres Fleury, Choiseul, Vergennes, suivent en Orient une politique essentiellement conforme à la tradition : ils soutiennent les vieilles alliances de la Turquie, de la Pologne et de la Suède contre les puissances nouvelles dont ils se défient, la Prusse et la Russie. Ils opposent à la monarchie cosmopolite des Habsbourg l'union des Bourbons de France, d'Espagne et d'Italie, garantie par le pacte de famille de 1761. Ainsi le vieil équilibre européen est de nouveau cimenté et forme la base toujours solide des grandes combinaisons politiques.

Une seule puissance a réussi à se dégager de la monarchie autocratique : l'Angleterre. La révolution de 1688 y a établi le régime parlementaire. L'avènement de la dynastie de Hanovre (1714) y favorise le développement des libertés politiques. L'Angleterre, maîtresse de ses destinées, sous ses rois qui règnent sans gouverner, se met à la tête des coalitions contre la France. Elle gagne Gibraltar, Minorque, Terre-Neuve et la Nouvelle-Écosse dès le traité d'Utrecht. A la suite d'un long duel de vingt années (1743-1763), elle achève de dépouiller la France de ses plus belles colonies de l'Inde et de l'Amérique du Nord. Elle est devenue la reine des mers.

Désormais l'intérêt politique s'étend au delà de l'Europe : les grandes expéditions maritimes de Bougainville, de Lapérouse et d'Entrecasteaux pour la France, du commodore Byron, de Wallis et Carteret, du capitaine Cook pour l'Angleterre, révèlent à l'ancien monde les dédales encore inconnus des archipels océaniens. Tandis que se fonde la grande république des Etats-

---

1. La politique des ministres a été souvent contrariée par la politique occulte du roi. V. JALLIFFIER ET CORNUEL, *Cours de 1ʳᵉ année*, p. 406.

Unis, à la suite d'une dernière guerre de sept ans, la guerre de l'Indépendance américaine (1776-1783), le commodore Philips jette les fondements de Sydney dans le continent inexploré de l'Australie (1788). Les routes de la Méditerranée sont de plus en plus délaissées pour celles de l'Océan. Le commerce de Venise tombe encore plus bas que celui de la Ligue hanséatique. Des mondes nouveaux extra-européens sollicitent l'attention des hommes d'Etat et les entreprises des aventuriers. La Russie s'ouvre un champ d'activité illimité en Asie, vers le Caucase, le Turkestan et la Sibérie. L'Angleterre, par la voie maritime, essaime le trop-plein de sa population en Amérique et en Océanie. Victime, dans la guerre de l'Indépendance américaine, de ce pacte colonial qui sacrifie les intérêts économiques des colons à ceux de la métropole, elle va l'exploiter à son profit en soutenant les colonies espagnoles dans leur révolte pour obtenir la liberté économique. Ainsi, l'Europe sort d'elle-même; les questions coloniales se posent : la politique mondiale fait son apparition.

II. La philosophie française. — A cette évolution politique correspond une évolution des idées plus rapide et plus profonde. Le despotisme triomphant de Louis XIV n'a laissé après lui que des déceptions. La France a subi docilement le joug du roi, tant qu'elle a pu en être fière. Sous Louis XV, les abus de la monarchie absolue éclatent. La société, étouffée sous l'étreinte royale, demande plus d'air et de liberté. La critique commence : elle s'installe tout d'abord au Club de l'entre-sol. Elle garde encore avec Montesquieu les allures de la bonne compagnie; elle devient plus acérée avec Voltaire, plus âpre avec Rousseau. Le théâtre, la poésie, le roman, l'histoire, sont autant de tribunes où retentissent les revendications politiques et sociales. C'est une croisade générale contre les abus du pouvoir royal, contre l'intolérance religieuse, contre les droits féodaux. Les luttes des jansénistes parlementaires contre les jésuites, soutenus par les évêques, ont leur retentissement dans les salons, à l'Académie, à la ville et jusqu'à la cour elle-même. Les encyclopédistes, en dressant le bilan des connaissances acquises et des progrès de l'esprit humain, réunissent en un seul bloc les philosophes et les économistes : les philosophes, qui attaquent surtout l'arbitraire royal, réclament la liberté; les économistes, plus indifférents à la forme du gouvernement, combattent surtout les privilèges et sont soucieux d'égalité. Tous ensemble, ils travaillent avec la même ardeur à renverser l'ancien ordre social et ils saluent à l'avance cette Révolution que tous ont préparée et que si peu ont pu voir.

La France n'est pas égoïste; c'est la terre hospitalière par excellence et le trait d'union des nations. Des étrangers de marque reçoivent déjà l'hospitalité française, tandis que les plus illustres des philosophes français sont attirés et accueillis avec éclat dans les cours étrangères. Partout la langue française devient la langue de la bonne compagnie. Les idées françaises et les modes françaises sont l'objet d'un même engouement. Peu à peu un même niveau intellectuel s'établit dans toute l'Europe. On considère le peuple français comme le seul peuple raisonnable. Burlamaqui de Genève, Beccaria de Milan, Filanghieri de Naples, se glorifient d'être les disciples de Montesquieu ; les souverains les plus éclairés se mettent à l'œuvre pour appliquer les idées de la philosophie française. Frédéric II en Prusse, la grande Catherine en Russie, Marie-Thérèse et Joseph II en Autriche, les Habsbourg de Toscane, les Bourbons de Parme, des Deux-Siciles et d'Espagne, se mettent à la tête des réformes. Ils brisent les entraves féodales, développent l'instruction, améliorent par de sages règlements la condition de leurs sujets et donnent une vive impulsion à l'agriculture, à l'industrie et au commerce. Cependant leurs réformes sont incomplètes, parce qu'elles laissent subsister intact leur despotisme. Elles relèvent la condition matérielle des sujets, sans altérer en rien l'autorité arbitraire du prince.

Ainsi partout subsistait encore en Europe l'antagonisme entre les idées et les institutions. Nulle part l'écart n'était plus accentué qu'en France. Turgot, Necker, cherchèrent à porter une atteinte timide aux privilèges ; mais les privilégiés imposèrent au faible Louis XVI la disgrâce des ministres réformateurs et leur substituèrent des ministres courtisans, Calonne, Brienne. La réforme nécessaire ne pouvait donc se faire en France par l'évolution ; elle fut opérée par la Révolution.

III. La Révolution. — L'ouverture des Etats généraux (5 mai 1789) fut saluée par un frémissement d'espérance qui se communiqua à toute l'Europe. L'ancien régime fut rapidement et facilement abattu : ce fut l'œuvre des quatre journées célèbres du 20 juin, du 14 juillet, du 4 août et du 6 octobre 1789. La prise de la Bastille excita en Europe un enthousiasme universel, qui eut sa dernière manifestation en France lors de la première fête de la Fédération (14 juillet 1790). Déjà l'Assemblée constituante avait publié la Déclaration des droits de l'homme et du citoyen, qui contient l'ensemble des principes de 1789. Mais détruire est tâche facile : la difficulté consistait à édifier un régime nouveau. La mauvaise foi du roi, les menées des émigrés, excitèrent les impatiences populaires. La propagande des idées françaises, si rapide parmi les peuples, effraya les souverains, qui, sous prétexte de rétablir le roi dans ses anciens droits, s'apprêtaient à traiter la France comme une nouvelle Pologne.

La royauté fut renversée, la République proclamée : la tête du roi fut jetée en défi aux souverains européens, qui s'unirent dans une croisade générale pour l'extermination de la République. La France n'était plus qu'une grande place assiégée où une vingtaine de départements restaient seuls fidèles. La Convention nationale sauva la patrie par son énergie farouche : elle appliqua aux ennemis du nouveau régime les rigueurs du code militaire. Les engagements de volontaires ne suffisant pas, la levée en masse fut proclamée. Le Comité de salut public exerça une dictature sans pitié. Les représentants en mission firent exécuter, dans les armées comme dans les départements insurgés, les lois implacables de la Convention. L'odieux gouvernement de la Terreur, né des nécessités de la défense nationale, sauva la France, mais il ne pouvait pas survivre au danger qui l'avait suscité. La victoire de Fleurus, qui achevait de dégager notre frontière, tua Robespierre et fit tomber l'échafaud.

Les succès de nos armes continuèrent. Les jeunes généraux de la République faisaient acclamer au delà de nos frontières les principes nouveaux. Ce fut le moment où s'acheva l'organisation de la France régénérée. La Constituante en avait jeté les premières assises; la Convention nationale, le Directoire et le Consulat achevèrent d'élever l'édifice. Le principe de l'élection fut conservé pour le choix des assemblées délibérantes et de contrôle ; le choix des fonctionnaires chargés d'appliquer la loi fut laissé au pouvoir exécutif. Organisation municipale et départementale, justice, finances, instruction, armée, tout fut réglé suivant les principes nouveaux. Le Code civil les fit pénétrer dans les lois.

A ce moment, l'Europe vaincue était forcée de reconnaître la République française avec ses frontières naturelles et avec les Républiques sœurs qu'elle avait fondées. Mais le rétablissement de la monarchie, sous la forme du consulat à vie d'abord, puis de l'empire, anéantit la République et provoqua les revanches de l'Europe coalisée. Sans doute les conquêtes sociales de la Révolution subsistèrent, mais les libertés politiques furent étouffées. C'est au prix de deux invasions et de deux démembrements de notre territoire que la démocratie française put se ressaisir et travailler à son organisation définitive.

DATES PRINCIPALES

Traités d'Utrecht et de Rastadt.................... 1713-14
La dynastie de Hanovre en Angleterre 1714
Règne de Louis XV 1715-74
Mort de Pierre le Grand 1725
Avènement de Frédéric II et de Marie-Thérèse 1740

L' « Esprit des lois »   1748
Le pacte de famille   1761
Traité de Paris. Perte des colonies françaises   1763
Achèvement de l'Encyclopédie.....................   1771
Avènement de Louis XVI.....................   1774
Mort de Voltaire et de Rousseau   1778
Formation des États-Unis   1776-83
Les trois partages de la Pologne   1772-93-95
L'Assemblée constituante   1789-91
La royauté constitutionnelle...................   1791-92
La République....................   22 sept. 1792
La Convention nationale   1792-95
Victoire de Fleurus. Fin de la Terreur   1794
Traité de Bâle   1795
Constitution de l'an III. Le Directoire   1795
Coup d'État du 18 brumaire. Le Consulat...........   1799
Traités de Lunéville et d'Amiens   1801-02
Le Code civil   1804
L'Empire ....   2 déc. 1804

*
* *

Le mouvement philosophique. — La philosophie du XVIIIe siècle a une origine double : elle est née du protestantisme émancipé et de l'antiquité renaissante. Elle a pour cause occasionnelle les inconvénients du despotisme, que les misères de la fin du règne de Louis XIV ont rendus manifestes à tous les yeux. La littérature devient une arme d'attaque : les écrivains, au lieu de s'absorber dans l'éloge du règne, passent dans l'opposition. Ils négligent l'analyse désintéressée des sentiments et des passions pour descendre dans la lice des intérêts matériels. Ils dénoncent les abus de l'arbitraire royal, les persécutions religieuses, les privilèges féodaux, les inégalités et les injustices sociales. L'opinion les soutient et les pousse. Rien ne ressemble moins à l'hôtel de Rambouillet que les salons de Mme du Deffand ou celui de Necker. L'incrédulité remplace la foi; la corruption raffinée s'étale au grand jour; le fétichisme à l'égard des anciens n'est plus de mode. Ce n'est plus l'Espagne et l'Italie, héritières directes des Latins, nos propres ancêtres, qui inspirent nos réformateurs; ils vont chercher leurs exemples en Angleterre, en Allemagne, et jusque chez les sauvages du nouveau monde.

Ces écrits philosophiques sont lus avidement hors de France et deviennent partout la loi de l'opinion. « Les Français ont l'art de la parole, dit Joseph de Maistre. Leurs livres apprennent peu de chose aux véritables savants. Mais la masse des hommes, continuellement repoussée du sanctuaire des sciences par le style dur et le goût détestable des autres ouvrages scientifiques, ne résiste pas aux séductions du style et de la méthode françaises. » Nos *philosophes* du XVIIIe siècle ne sont donc pas des métaphysiciens, des logiciens à outrance, des chercheurs de formules et d'abstractions. Ils abandonnent les hautes régions de la spéculation et de la science pure pour les études historiques, politiques et sociales; leurs idées sont nettes et simples; leur style coule limpide et clair; leur méthode d'exposition facilite l'accès de leurs écrits aux beaux esprits des salons, aux dames et même à la foule ignorante. Les philosophes sont avant tout des vulgarisateurs, qui mettent au service de leur plume les meilleures qualités de l'esprit français.

L'opposition s'essaye d'abord place Vendôme, au *Club de l'Entre-sol,* chez l'abbé Alary. Là trône l'apôtre de la paix perpétuelle, le bon abbé de Saint-Pierre, qui a osé critiquer Louis XIV dès son vivant, dont les écrits confus, mais pleins d'idées neuves et hardies, seront pillés en plus d'un passage par Voltaire et par Rousseau; là se forment le comte de Plélo, Chauvelin, les d'Argenson, c'est-à-dire les meilleurs ministres de Louis XV. Ce club est fermé par une autorité encore ombrageuse. Mais la société riche, spirituelle, polie, se rencontre dans les salons où l'on fronde sans merci le pouvoir. Ils se multiplient à partir de la Régence : c'est le salon de la marquise de Lambert, l'amie de Fénelon; celui de Mᵐᵉ de Tencin, mère de d'Alembert, qu'elle fit exposer comme enfant trouvé, et qui refusa de se laisser reconnaître par elle, quand il fut devenu illustre; celui de la marquise du Deffand, qui, frappée de cécité en 1753, n'en conserva pas moins jusqu'à sa mort une société nombreuse; celui de Mˡˡᵉ de Lespinasse, qui, chassée par la marquise du Deffand, dont elle était la lectrice, ouvrit un salon rival et très fréquenté. Chez la bonne Mᵐᵉ Geoffrin, qui hérita des habitués du salon de Mᵐᵉ de Tencin, se réunissaient des beaux esprits besogneux, Thomas, Suard, Marmontel, la Harpe, l'abbé Morellet, et aussi les artistes qu'attirait la présence du surintendant des bâtiments du roi, Marigny, frère de la Pompadour. Chez Helvétius et Mᵐᵉ d'Epinay, les financiers se mêlaient aux philosophes. Le riche baron d'Holbach tenait table ouverte pour les encyclopédistes, Diderot, d'Alembert, l'abbé Raynal, Marmontel, Galiani, le baron Grimm : on l'avait surnommé le maître d'hôtel de la philosophie. Chez le ministre Choiseul et le banquier Necker affluaient les grands seigneurs frondeurs, les hommes d'Etat et tous les étrangers de marque qui venaient prendre le ton en France.

Dans les salons se fait l'opinion; les philosophes y lisent leurs écrits, y discutent les actes du pouvoir, y content les anecdotes, y recueillent les informations pour leurs correspondants étrangers. De là s'expédient partout les *nouvelles à la main,* qui circulent sous le manteau; Grimm, Raynal et beaucoup d'autres vivaient de ces « reportages » adressés à l'étranger. Voltaire s'honore d'avoir pour correspondants le bon roi Stanislas et le roi philosophe Frédéric II, avec lequel il partage trois ans les délices de Sans-Souci (1750-1753); Diderot fait le voyage de l'Ermitage pour remercier la grande Catherine de lui avoir acheté sa bibliothèque en lui en laissant l'usage avec une pension à titre de bibliothécaire de la tsarine. La comtesse de la Marck est la correspondante du roi de Suède, Gustave III. Les souverains eux-mêmes se piquent de philosophie et prétendent accommoder leurs actes à leurs idées et à leurs paroles. Plusieurs d'entre eux, Gustave III, Joseph II, viennent en France chercher la consécration de leur renommée de princes réformateurs.

Dans ce grand XVIIIe siècle, les écrits sont des actes : les œuvres dépassent et dominent leurs auteurs. Montesquieu est avant tout l'homme de l'*Esprit des lois* (1748). Ce maître ouvrage, digne de Platon et d'Aristote, est l'analyse condensée des constitutions de la Grèce et de Rome, des coutumes féodales et des écrits politiques des modernes. Montesquieu y revendique avec éloquence la liberté civile et politique, la tolérance. Il y esquisse la théorie de l'influence des climats sur les lois et les coutumes des peuples. Il y marque fortement les différences des trois gouvernements, despotisme, monarchie et république, avec ses préférences très nettes pour la monarchie telle qu'elle existait en Angleterre, c'est-à-dire sagement tempérée par la tradition et par les pouvoirs intermédiaires, pairie héréditaire, Eglise établie, universités, etc., qui sont autant de sauvegardes de la liberté. Sans se servir des expressions techniques de jury, de responsabilité ministérielle, de division des pouvoirs, il en décompose avec précision les idées. « Tout serait perdu dans l'Etat si le même homme, ou le même corps des principaux, nobles ou peuple, exerçait les trois pouvoirs, celui de faire les lois, celui d'exécuter les résolutions publiques et celui de juger les crimes. » Ce livre austère eut vingt-deux éditions en dix-huit mois. C'est dire son immense succès et l'influence qu'il exerça, surtout au temps de la Révolution. Les disciples de Montesquieu furent les plus sages réformateurs de notre grande Assemblée constituante.

Les écrits de Voltaire sont plus variés et plus incisifs. Le théâtre, le roman, le conte, l'histoire, les lettres philosophiques, servent indifféremment à son infatigable polémique. Il attaque l'arbitraire, le fanatisme et l'hypocrisie ; il multiplie les coups contre l'Eglise, parce qu'elle a lié partie avec l'absolutisme royal pour étouffer toute liberté. Mais s'il attaque le faux christianisme, il admire la morale chrétienne. Il est déiste, et non pas athée. Ses meilleurs écrits sont ses éloquents plaidoyers en faveur de Calas, de Sirven, du chevalier de la Barre, ces déplorables victimes du fanatisme et des Parlements. Il fait réhabiliter la mémoire de Lally-Tollendal ; il défend les malheureux serfs du Jura. Il plaisante, il apostrophe, il injurie, il maîtrise ; il domine son siècle. C'est le roi de l'opinion et le vulgarisateur par excellence. Il meurt à quatre-vingt-quatre ans, en pleine possession de sa gloire, acclamé au théâtre et à l'Académie comme jamais souverain ne l'a été à Paris. C'est le plus ardent promoteur de la Révolution.

Dans la seconde moitié du siècle, et surtout après les honteux désastres de la guerre de Sept ans, les attaques deviennent plus violentes. Louis XV a tué, sinon le sentiment monarchique, du moins le respect dont vivait l'ancienne société française. Jean-Jacques Rousseau lance avec éclat ses plus fameux paradoxes : « L'homme qui médite est un animal dépravé ; — la propriété est une usurpation ; — le peuple est absolu ; il a droit sur les familles et sur les individus. » Ses chaudes périodes, ses prosopopées hardies, sa haute éloquence, entraînent la foule. C'est l'orateur du siècle. Il gagne par sa *Nouvelle Héloïse* les cœurs sensibles et les amants de la nature ; il développe dans l'*Emile* un plan complet d'éducation ; il esquisse dans le *Contrat social* les lignes principales du gouvernement républicain, avec la souveraineté du peuple et le suffrage universel comme corollaires ; ses *Lettres de la Montagne*, sa *Profession de foi d'un vicaire savoyard*, achèvent de porter le trouble dans les consciences. Misanthrope incorrigible, il se dérobe à tous les hommages, et meurt obscurément dans le paisible ermitage d'Ermenonville. Mais ses disciples cultivent pieusement sa mémoire. Danton se nourrit de son éloquence passionnée. Robespierre creuse ses sophismes et arrondit ses périodes à l'image du maître, et les romantiques le vénèrent comme un de leurs précurseurs.

Au même moment, des hommes de science, qui sont aussi des hommes d'affaires, étudient les conditions du développement de la richesse publique. Ce sont les *économistes*. Les uns, comme Quesnay, médecin de Mme de Pompadour, prétendent que la terre seule donne un *produit* net, et que le premier devoir de l'Etat est d'encourager la *classe productive,* celle des agriculteurs. Ce sont les *physiocrates.* Les autres, les *ploutocrates,* réfutent cette idée de Quesnay que les artisans et trafiquants constituent une *classe stérile;* l'intendant Gournay affirme avec force qu' « il y a des lois uniques et primitives fondées sur la nature même, par lesquelles toutes les valeurs existant dans le commerce se balancent entre elles et se fixent à une valeur déterminée ». Ces lois sont celles de l'offre et de la demande. Mais, si la nature règle la valeur des denrées, l'homme n'a pas à y intervenir; dès lors plus de règlements, plus de prohibitions, plus de tarifs, plus de droits excessifs et multipliés : « Laissez faire, laissez passer, » telle est la formule de ces ardents défenseurs de la prééminence de l'industrie et du commerce. Les vrais économistes, mieux informés et moins systématiques, Turgot, Adam Smith, concilient les deux théories en démontrant que le travail sous toutes ses formes, qu'il s'applique à la terre, à l'industrie ou au commerce, est la principale source de la richesse publique. Leur conclusion est que le travail doit être encouragé par la suppression des droits féodaux, des privilèges et des abus.

L'Encyclopédie condense en un monument grandiose toute la science acquise, toutes les théories des philosophes, toutes les conclusions pratiques des économistes. Elle est l'œuvre commune de tous les plus grands penseurs de la seconde moitié du siècle, que le fougueux Diderot enrôle à sa suite pour éclairer les esprits et porter les coups décisifs à l'ancien régime. En vain le Parlement fulmine des arrêts, fait brûler les écrits factieux de la main du bourreau, décrète des prises de corps contre leurs auteurs. L'opinion est gagnée aux réformes ; les grands eux-mêmes, par snobisme, s'en font les apôtres les plus ardents : le maréchal de Luxembourg protège la fuite de Rousseau en Suisse, et Malesherbes, directeur de la librairie et chargé à ce titre de la censure des écrits nouveaux, corrige de sa main les épreuves de l'*Émile*. Voltaire et Rousseau, menacés tous deux de la Bastille, meurent en paix chez deux grands seigneurs, le marquis de Villette et le marquis de Girardin. Enfin, les courtisans les plus influents arrachent au roi l'autorisation de laisser jouer le *Mariage de Figaro*, de Beaumarchais. Cette pièce est le couronnement du siècle. Désormais, comme le disait Louis XVI en prophète avisé, « il n'y avait plus qu'à démolir la Bastille ».

La Révolution. — La Révolution commença avec l'ouverture des États généraux. La destruction des abus s'opéra avec une extrême facilité. Le 20 juin 1789, la souveraineté de la nation fut solennellement affirmée dans le serment du jeu de paume. Le 14 juillet, la Bastille tomba entre les mains du peuple victorieux : ce fut la fin de l'arbitraire royal et des lettres de cachet ; partout des municipalités se formèrent à l'image de celle de Paris ; partout le peuple s'arma pour défendre ses droits ; le peuple armé, c'est la garde nationale. La nuit du 4 août amène la suppression des droits féodaux et des privilèges. A la suite de la journée du 6 octobre, le roi fut ramené de force à Paris. Versailles, la ville du roi, cessa d'être capitale ; Paris, la ville du peuple, le redevint. Dès lors l'ancien régime était détruit, et l'admirable *Déclaration des droits de l'homme et du citoyen* fut rédigée pour servir de charte au régime nouveau, le régime de la justice et de de la raison.

Mais, si l'égalité était acquise, la liberté ne l'était pas. Il fallait des garanties politiques pour assurer les réformes sociales déjà obtenues. Cet effort de la France nouvelle pour arriver à une constitution politique rationnelle et définitive a duré jusqu'à nos jours. Ce fut la tâche délicate toujours à reprendre et jamais achevée.

La Constituante commença avec succès la reprise en sous-ordre de toutes les institutions nécessaires à un grand pays. Elle créa le département et ses subdivisions, pour rompre avec tous les vieux souvenirs féodaux, et surtout pour constituer les cadres nouveaux où viendrait se ranger harmonieusement la hiérarchie de tous les autres services administratifs. Toutes les organisations, celles de la justice, des finances, de la religion, s'adaptèrent facilement à l'organisation départementale; et ainsi cessa le chaos administratif de l'ancien régime. En déclarant biens nationaux les biens du clergé et plus tard ceux des émigrés, en en facilitant la vente au moyen des assignats, la Constituante opéra la transmission de terres la plus importante que signale l'histoire des temps modernes, et elle intéressa au triomphe de la Révolution le paysan et le bourgeois, acquéreurs de ces biens nationaux.

Mais la Constituante avait trop confiance dans l'élection : les directoires départementaux et ceux des districts, le maire et le procureur de la commune, les juges à tous les degrés, les évêques et les curés, étaient choisis par un corps électoral composé d'électeurs de deux degrés. Les communes et les départements formaient autant de petites républiques distinctes où le pouvoir du roi n'était pas représenté. La constitution politique de 1791 ne fut pas moins défectueuse. Le roi pouvait paralyser les actes de l'Assemblée par son veto ; il n'avait pas le droit de la dissoudre. L'Assemblée était omnipotente ; mais le roi était inviolable. Il n'avait que l'apparence du pouvoir, puisque, ni par lui-même ni par ses ministres, il n'avait aucune part au choix de ses agents d'exécution, juges, percepteurs, maires, évêques, tous électifs. L'autorité réelle appartenait à une hiérarchie de conseils élus, qui n'avaient à leur tête qu'un comité, et non un chef responsable. En vertu des élections, le pouvoir va passer entre les mains des politiciens les plus hardis et les moins scrupuleux : « Les pouvoirs publics ne conservent de force que pour s'entraver les uns les autres ; il ne reste dans l'État de ressort que pour l'anarchie. On délibère partout, on n'agit nulle part. » (SOREL.)

L'Assemblée législative consacra toute son activité à la lutte contre les ennemis du nouveau régime et contre les souverains qui s'armaient pour les soutenir. Elle ne voulut pas déclarer la déchéance du roi. La Convention, nommée pour la première fois sans distinction de citoyens actifs et passifs, c'est-à-dire au suffrage universel, mais à deux degrés, eut l'honneur de proclamer la République (22 septembre 1792). Mais bientôt elle dut s'absorber tout entière dans la nécessité de lutter contre les insurrections et contre l'invasion qui menaçait toutes les frontières. Le Comité de salut public concentra entre ses mains toute l'autorité gouvernementale : les représentants en mission firent sentir au loin l'action du pouvoir central. Les comités révolutionnaires dénoncèrent partout les suspects, et les tribunaux révolutionnaires les frappèrent sans merci. L'échafaud était en permanence. La France n'était plus qu'un immense camp où l'on appliquait les rigueurs du code militaire à quiconque entravait la défense nationale. Mais l'échafaud tomba après Fleurus. L'œuvre de la réorganisation put être reprise.

La Convention a élaboré un plan d'ensemble de l'instruction nationale : calendrier nouveau, système métrique, grandes écoles, musées, conservatoires, archives, Institut national, telles sont ses principales créations, qui dénotent la grande importance qu'elle attachait au développement des sciences et des arts. Ses armées, après avoir repoussé l'invasion, ont conquis à la France ses frontières naturelles. Elle tient donc une grande place dans l'histoire et mérite à jamais la reconnaissance de la postérité.

Cependant son testament politique n'a pas été mieux respecté que celui de la Constituante. La constitution de l'an III donnait le pouvoir exécutif à cinq directeurs, et le pouvoir législatif à deux conseils. Mais chaque année l'élection devait remplacer un directeur et un tiers de chacun des conseils. Ainsi le pouvoir exécutif était encore plus désarmé que celui du roi en 1791, puisqu'il était partagé entre les membres d'un comité, au lieu d'être exercé par un seul homme. Le Directoire n'avait pas le droit d'initiative et ne pouvait proposer aucune loi; il n'avait pas le droit de veto et ne pouvait s'opposer à l'exécution d'aucune loi décrétée par les conseils. Enfin les deux conseils pouvaient trop facilement paralyser l'action du Directoire, sans avoir jamais de majorité stable, à cause de l'adjonction à jet continu de nouveaux élus. Aussi le nouveau gouvernement fut-il impuissant pour le bien et trop faible pour empêcher le mal. Le gouvernement du Directoire fut très glorieux par les succès extérieurs. A l'intérieur, il se débattit douloureusement au milieu des agitations stériles des partis. Il ne prévint les révolutions que par des coups d'Etat; ce fut le gouvernement de l'impuissance.

Un dernier coup d'Etat le renversa, celui du 18 brumaire an VIII. Le Comité de salut public avait été composé de neuf membres, le Directoire de cinq membres. Le Consulat en compta trois seulement. Ainsi se restreignait à chaque changement le nombre des chefs du gouvernement. Dans le Consulat, le premier consul seul agissait : ses deux collègues avaient seulement voix consultative : c'était donc un acheminement vers la monarchie. D'ailleurs le premier consul était Bonaparte, qui rêvait déjà l'Empire. Cependant les formes extérieures de la République étaient sauvegardées. Bonaparte était doué d'un génie administratif qui n'avait d'égal que son génie militaire. Il résolut de fonder la société nouvelle sur des « assises de granit ». La Constituante avait réussi à réunir les pièces principales de la grande machine administrative; Bonaparte y ajouta les rouages nécessaires à sa bonne marche.

Il substitua les préfets et les sous-préfets aux directoires de départements et de districts, affirmant avec raison que la délibération doit appartenir à plusieurs, et l'action à un seul. Il institua pour la justice les cours d'appel spéciales que la Constituante n'avait pas osé établir, dans la crainte de reformer les anciens parlements. Il créa de toutes pièces l'administration des contributions directes. Avec le Code civil, décrété dès la Constituante, délibéré longuement dans de nombreuses séances de la Convention et qu'il eut l'habileté d'achever et de présenter sous son nom; avec le Concordat, qui ramena la paix dans l'Eglise par un accord boiteux, mais durable, entre l'Etat et le Saint-Siège; avec la banque de France, qui organisa le crédit de l'Etat, Bonaparte acheva véritablement la refonte de la France nouvelle. Après l'achèvement de toutes ces grandes réformes, après la conclusion des traités de Lunéville et d'Amiens (1801-1802), qui avaient contraint les puissances encore armées contre la France à reconnaître la République française agrandie jusqu'à ses frontières du Rhin et des Alpes, Bonaparte eût dû être frappé de quelque balle ou mourir sous le poignard de quelque assassin. Sa tâche nationale était remplie; sa gloire eût été sans tache.

Mais il devint empereur; son ambition inassouvie suscita des coalitions toujours plus redoutables où sombra la fortune de la France. Les vainqueurs de 1814 et de 1815 ne se contentèrent pas de dépouiller notre patrie de toutes ses glorieuses conquêtes, et même des places fortes dont Vauban avait garni les points les plus faibles de notre frontière. Ils s'acharnèrent après l'œuvre de la Révolution. La Sainte-Alliance eut surtout pour but d'en étouffer les germes sans cesse renaissants. Mais la force ne vaut rien contre l'idée. Les conquêtes civiles de la Révolution ont résisté en France à toutes les atteintes : l'organisation politique, seule, est restée flottante, débattue au gré des restaurations, des révolutions et des coups d'Etat, jusqu'au jour où notre pays, douloureusement instruit par un démembrement nouveau, dû à un dernier Napoléon, a compris la nécessité d'organiser solidement la démocratie sur la double base du suffrage universel et de la République. Les institutions démocratiques pénètrent de plus en plus les autres peuples. C'est le triomphe définitif qui s'achève pour les principes de la Révolution française.

FIN

TABLE DES MATIÈRES

		Pages.
Chapitre premier. L'Égypte ancienne		1
— II.	L'Assyrie et la Chaldée. — Le culte sidéral.	24
— III.	Les Phéniciens : commerce et découvertes. — Les Hébreux : monothéisme et messianisme.	45
— IV.	La Grèce héroïque. — Religion, légendes, société	66
— V.	Athènes au temps des guerres médiques. — Le siècle de Périclès	83
— VI.	Alexandre et l'hellénisme	102
— VII.	La République romaine	118
— VIII.	Conquête de l'Italie et de la Méditerranée	136
— IX.	Jules César	158
— X.	Auguste	176
— XI.	Les Antonins	196
— XII.	Le christianisme dans l'Empire. — Constantin	217
— XIII.	La civilisation du moyen âge	237
— XIV.	Civilisation de la Renaissance	258
— XV.	Le XVIIIᵉ siècle et la Révolution. — Évolution des idées et des institutions	274

SOCIÉTÉ ANONYME D'IMPRIMERIE DE VILLEFRANCHE-DE-ROUERGUE

Jules Bardoux, Directeur.

Morale - Pédagogie

Petits et grands secrets de Bonheur, par Mme Eidenschenk.
Petit in-16, cartonné . . . . *1* fr.

Au seuil de la porte, par Pontoppidan, traduit du danois par
E. Hoskier **2 50**

Quinze ans d'éducation. *Notes écrites au jour le jour*
par Félix Pécaut. In-16, broché. . **2 50** — toile. . . . . *3* fr.

Pour les Instituteurs : *Conférences d'Auteuil*, par
MM. Gasquet, Wagner, Lanson, Alfred Croiset, Liard.
1 volume in-12, broché . . . . *2* fr.

Les Cahiers de l'Instruction publique en 1789,
par Louis Bourrilly. In-12, broché **3 50**

Cours de Psychologie et de Morale, par P. Janet
et R. Thamin.
Première année, in-12, broché **2 50** — cartonné . . . . . . **3** fr.
Deuxième année, in-12, broché **3** fr. — cartonné **3 50**

La Morale, par P. Janet. In-12, broché **4 50**

Pédagogie Historique, par P. Rousselot. In-12, br. **2 25**

Cours Théorique et Pratique de Pédagogie,
par Charbonneau. In-12, broché. . **2 75** — cartonné . . **3 25**

Histoire de la Pédagogie, par Paroz
In-16, broché. . . . . . . **4** fr. — cartonné **4 50**

Pédagogie, par P. Rousselot. In-12, broché . . . . **3** fr.

Questions de Morale et d'Education, par E. Boutroux.
In-12, broché *1 25*

L'Ecole Primaire, par P. Rousselot. In-12, br. *1 25*

L'Ecole Nouvelle, par P. Beurdeley. In-12, br. *1 50*

Conférence sur l'Enseignement Intuitif, par F. Buisson.
In-12, broché. *0 50*

Pensées et Maximes pour la Pratique de la Vie,
par E. Cazes. In-16, br. **3 50** — toile. . . . .

Les Écoles Maternelles,
par Mlle Matrat, Inspectrice générale des Ecoles. In-12, br.